U0015389

顏值
Face Value

從第一印象到刻板印象，
臉孔社交價值的科學解密

The Irresistible Influence of the First Impressions

Alexander Todorov

亞歷山大・托多洛夫 ———— 著　馮奕達 ———— 譯

紀念我的祖母

托多嘉・阿列珊德羅娃・科列娃

（Todorka Alexandrova Koleva, 1924~2015）

以及我的朋友

伊萬・托謝夫・巴紹夫斯基

（Ivan Toshev Bashovski, 1951~1998）

目次　CONTENTS

序言
Prologue

有一組韓國電視台的拍攝團隊現在在我的研究室裡，幾乎是一股腦地把韓國大選候選人的大幀照片湊到我臉上，要我告訴他們，誰擁有勝選的長相。每次有重大選舉，我總是接到這類的採訪要求。你大概會想，在普林斯頓大學這種機構裡是找不到「面相大師」的；我認同，確實不該有。我向來婉拒作答，畢竟我的研究室裡沒擺水晶球。但這組態度非常有禮的團隊（撇開把照片往我臉上湊）怎麼會到我的研究室來？十多年前，我的實驗室進行了一系列研究，測試容貌的第一印象能否預測美國大選的結果。結果第一印象出乎意料地頗具準度。簡而言之，長得能幹的政治人物比較容易贏。

以速選政治人物照片的結果預測選舉——這方法不僅在美國，在世界各地都管用，包括在巴西、保加利亞、丹麥、芬蘭、法國、義大利、日本、墨西哥、英國都得出一樣的結論。在這些研究中，研究者為了證明能預測出選舉結果的是第一印象，而非對政治人物的既有瞭解，找來的受試者通常與政治人物來自不同國家。約翰·安東納基斯（John Antonakis）與烏拉夫·達加斯（Olaf Dalgas）在瑞士的研究是我的心頭好，他們的受試者不只來自不同國家，而且分布各個年齡層。他們讓五至十三歲的小孩先玩一場電玩遊戲，重現奧德修斯（Odysseus）從特洛伊到伊薩卡（Ithaca）的旅程。接著，請孩子想像自己正要從特洛伊航向伊薩卡，再讓他們看法國國會大選候選人的照片，兩兩一組快

選，問他們會選誰當他們這艘船的船長。孩子的船長測驗對選舉結果的預測準度也達約七成，與成年人的「能幹」測驗結果不相上下。

　　幾年前，我造訪舊金山的「科學探索館」（Exploratorium）。一如任何像樣的科博館，館內孩子很多。來到心理學展區，其中一項展覽叫「選賢與能」，內容部分仿自我們對政治選舉的第一份研究。你會看到十組兩兩並置的美國參議院候選人照片，接著你得決定誰看起來比較能幹。我兒子當時七歲，對於做測驗完全沒有問題，只是他的表現荒腔走板，比瞎猜好不了多少。在此之前，已有超過一萬九千名遊客做了這項測驗，他們的判斷結果在十組中正確預測了七組。你不妨把這個展覽想成是安東納基斯與達加斯瑞士研究的非正式、無控制之趣味版。小孩跟大人一樣，習慣用對臉的刻板印象做判斷。

● ● ● ● ●

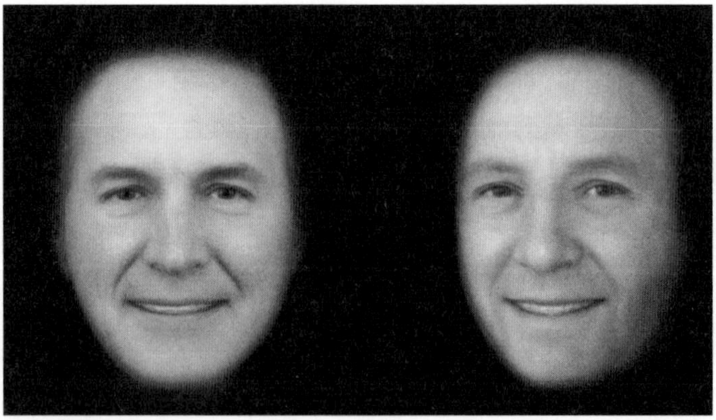

圖 1　誰看起來較能幹？多數人覺得下決定簡單又快速。
左邊的臉，是用幾位公認比對手能幹的政治人物照片合成的；右邊的臉則是用他們對手的照片合成的。

從臉形成印象就是這麼容易。你自己試試看，你會投給誰？

多數人想都不想就選了左邊那張臉。其實只消看個十分之一秒，就能給你足夠的資訊做決定了。我們不由自主地形成對他人的印象。這些印象比較接近感覺，而非思考。我們不想，我們只看。

所羅門・阿希（Solomon Asch）是現代社會心理學元勳，他在1946年寫道：「我們看見一個人，內心馬上自動對這人的性格形成既定印象。只要瞥上一眼、聽幾句話，就足以讓我們自行腦補出複雜的故事。大家都曉得這種印象形成之快、之輕易。後續的觀察也許會豐富或顛覆我們的看法，但我們無法阻止印象的迅速產生，就像我們看到一個有形物體，或是聽到一段旋律時得到的印象。」印象會馬上進駐我們的意識；至少我們這樣覺得。印象具有主觀而難以抵擋的特質，讓我們縱使手頭有相反證據仍選擇相信。

阿希並非最早提到第一印象形成之神速的人，偽科學「面相學」（physiognomy，從面容解讀個性的「藝術」）之父約翰・卡斯帕・拉瓦特（Johann Kaspar Lavater）比他早一百五十多年就說過：「初遇陌生人時，我們必然受到觸動而表現出我們的感受，在我們意識到之前，同情與反感便已占有一席之地。」拉瓦特也相信，這些感受——尤其倘若由他這種訓練有素的面相大師來感受——可充作對陌生人個性的直接解讀。拉瓦特談面相學的著作在歐洲喧騰一時。他的一番沉吟差點導致查爾斯・達爾文（Charles Darwin）錯過實現他革命性演化觀察的小獵犬號（*Beagle*）之行，問題出在他的鼻子。小獵犬號的船長是名「拉瓦特的堅貞信徒」，他顯然不認為達爾文具備「此次出航所需的足夠精力與決心」。達爾文後來在自傳中寫道：「但我想他事後大概很慶幸，我的鼻子虛有其表。」

　　面相學在 19 世紀大行其道。犯罪人類學（criminal anthropology）之父切薩雷・龍布羅梭（Cesare Lombroso）在當時寫了本書討論男女罪犯，兼論如何透過外貌體徵辨識罪犯。法蘭西斯・高爾頓（Francis Galton）是位天資聰穎的科學家，但也是「優生學」這種狼藉概念的散播者。高爾頓發明一種攝影技術，用來鑑別人的類型（type），從理想的英格蘭人到罪犯類型不一而足。所有現代合成技術（例如我們用來合成出圖 1 政治人物長相的技術）皆源自於高爾頓合成照片的方法。

　　面相學的概念滲透了大眾文化，許多解讀面相的實用指南紛紛在 19 世紀末與 20 世紀初出版。1922 年，一篇分析美國總統華倫・哈定（Warren Harding）面相的文章告訴大家，哈定的額頭「顯示他胸襟寬廣，而智能也以相當科學的方式展現出來」。更有甚者，他的下巴「說不定是我們所有總統中最堅毅的」，更進一步形容為「強大意志力與堅忍不拔結合於一人的下巴」。你可以看圖 2 欣賞一下哈定總統的額

圖 2　華倫・哈定美國第二十九任總統，從 1921 年擔任到 1923 年他過世。他同時代的面相學家從他臉上看到了偉大領導者的跡象。

頭。從這份面相分析得出的真知灼見，最後總結為「堅定、平衡、恪守正義，兼有坦率而踏實的心性」。唉呀，這些洞見與歷史學的分析不符呢。

要幫歷任美國總統排名偉大程度會是個艱鉅的任務，但若談及最糟的總統，歷史學家則有共識。贏得 1920 年美國總統大選的華倫‧哈定，奪得歷來最糟美國總統的不二人選勛章。他執政期間最有名的，就數賄賂與無能相關的醜聞。

• • • • •

我們可以嘲笑面相學家，但我們每個人都是半調子的面相學家：我們瞬間形成印象，又根據這些印象行事。本書要談的即是：為何面相學還沒消失，也將不會消失於我們的生活當中。面相學家許諾了一種簡單方法來解決認識他人的問題——知面以識人。格奧爾格‧克里斯托夫‧利希滕貝格（Georg Christoph Lichtenberg）是 18 世紀最不正統的思想家，也是揭穿拉瓦特「科學」的領頭羊。利希滕貝格視面相學為術數；其術數特質以及觀相知人心的前景，便是面相學家所承諾的。這種承諾魅力之大，今日仍不減於拉瓦特當年。

本書第 1 部將闡明面相學家的承諾多麼打動眾人。正如面相學家所相信的，人們認為自己的第一印象是對的，這項事實在一百多年前作為新興科學的心理學中被奠定下來。但 20 世紀初的心理學家對印象準確度的研究，卻忽略了這項事實的重要意涵——正是這種對第一印象理論的認同，才使得面相學家的話變得可信。那些話之所以吸引人，是因為我們會不自覺地形成印象，而也真的根據這些印象行動。

第一印象可以預測出一大堆重要的決定，從投票選擇到經濟與法律的決策。

第 2 部談第一印象的感知規則——以視覺方式呈現我們印象的共同點。藉由認識這些規則，瞭解我們為何會形成印象。研究第一印象的現代科學顯示，外貌與印象之間有系統性的可預測關係。這些印象並非徹底「不理性」。第一印象因應我們想釐清他人意圖與能耐的需求而生；它們是以共同的刻板印象、細微的情緒表達，以及我們自己獨特的人際經驗為基礎。

第 3 部談第一印象的迷思：一種難以抗拒卻不準確的感受。20 世紀初的心理學家沒發現什麼證據能支持第一印象的準確性，但面相學的主張卻在過去十年的科學期刊捲土重來。據說從一個人的臉就能看出其政治傾向、宗教偏好、性取向，甚至犯罪傾向。或許面相學家對我們形成第一印象的天性，包含在這些印象的準確性上都說對了。然而，細細檢視這些現代研究就會發現，新面相學的主張就跟 18、19 世紀時的一樣誇大不實。

第 4 部要帶你歷覽臉部感知科學中最令人振奮的若干發現。以面相學而言，臉是解開性格祕密的關鍵。對現代科學來說，臉則是解開內心祕密的關鍵。打從一開始，臉在我們的社交生活中便至關重要。我們生來就準備好要注意臉，而這種「準備就緒」發展成腦部複雜的神經區，專門用來處理面容。這套腦部神經網路不僅支持我們豐富的面相推論，也向其他神經網路提供輸入，協助我們理解社交世界。我們的腦會自動計算長相的社交價值。

●●●●●

　　面相學家把臉視為一張地圖，能揭露臉主人的隱藏性格。臉的價值就在於展示這些性格的能力。然而，我們在本書要解讀的地圖，不是面相學家展望的那種地圖。我們要解讀的是我們內心的地圖——由我們的文化、個人歷史、偏見形塑而成，會在我們對面容的解讀中浮現。儘管這張地圖的意義難以捉摸，我們還是忍不住去解讀它。我們就是創造「顏值」（face value）的人——從太少資訊中生出太多意義。本書談的就是我們如何創造世上最具娛樂效果的地圖：臉的地圖。

PART 1

面相學的魅力

The Appeal of Physiognomy

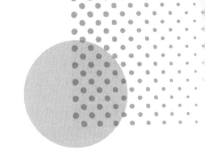

第 01 章
面相學家的承諾
The Physiognomists' Promise

　　阿格涅絲卡‧霍蘭（Agnieszka Holland）的電影《歐洲歐洲》（*Europa Europa*）改編自所羅門‧裴瑞（Solomon Perel）的自傳。身為德國猶太裔男孩，裴瑞被迫逃離納粹德國。他經歷一連串跌宕，包括在波蘭與俄羅斯的拮据生活，最終還是被德軍抓走了。為了保命，裴瑞假裝自己是來自波羅的海德意志地區的日耳曼人，化名約瑟夫‧彼得斯（Josef Peters）。最終，他贏得士兵與軍官的賞識，被送去聲譽顯赫的柏林希特勒青年團學校（Hitler Youth School）念書。他在學校裡最恐懼的時刻發生在一堂講種族純正的科學課上。巨大的萬字旗旁掛了上面有三張臉的大海報，押了比例尺。老師走進來問，「你們要怎麼認出猶太人？」接著說明，「很簡單，猶太血統與我們的構成完全不同。猶太人有高額頭、鷹勾鼻、後腦扁平、招風耳，而且走路像猿猴。雙眼閃爍詭詐。」相較於猶太人，「北歐人是大地瑰寶，是創造喜悅最耀眼的例證。北歐人不只最有天賦也最美麗，髮色閃亮如成熟小麥，雙眼湛藍如夏日青空，舉手投足盡皆和諧，身體至臻完美。」老師繼續說，「科學是客觀的。科學公正不出錯。如同我向你們說過的，只要你們徹底瞭解種族的差異，就沒有哪個猶太人騙得過你們。」接著裴瑞／彼得斯最恐懼的時刻來了。老師轉過來看彼得斯，喊他上前。彼得斯

大駭，不情願地走到教室前面。老師抽出捲尺，開始量他的頭──先從下巴量到頭頂，再從鼻子量到頭頂，接著從下巴量到鼻子。老師測量時一度湊近看彼得斯的臉，他隨著老師一舉一動焦慮不已。老師繼續量彼得斯的頭有多寬，接著拿對照表比對他眼睛的顏色。「大家看。看看他的頭型，他的前額，還有輪廓〔把彼得斯的頭轉過來，他臉已明顯漲紅〕。儘管他祖先的血脈經過數代與其他種族混和，但還是可以看出他獨特的雅利安人特徵。」聽到這裡，彼得斯差點轉頭看老師。「東波羅的海種族就是從這種混和中演化的。可惜你不屬於我們最高貴的種族，但你確實是道地的雅利安人。」

　　面相學這門「客觀科學」不是納粹科學家的發明，而是自有一段起於遠古文化的漫長歷史。面相學家的主張在 19 世紀一度被認為具科學可信度，但這種可信度又在 20 世紀早期遭到新學科──心理學──的撻伐。面相學家的主張是錯的，但他們講對了幾件事：我們一瞬間就能從長相形成印象，我們認同這些印象，而且還依之行事。這些心理事實讓面相學家的主張變得可信，而他們的主張也從未消失過。近年來有一波科學研究的高峰，想驗證面相學家想必會同意的那些假設。一間以色列科技新創公司為私人企業與政府部門提供臉部側寫服務，用的不是捲尺，而是現代電腦科學。這間公司所承諾的就跟老面相學家的一樣：「側寫人物並揭露其性格，單單靠他們的臉部影像就能辦到。」面相學家的承諾引誘著我們，因為我們很容易把從一個人臉上瞬間形成的印象，與在臉孔主人身上察覺到的性格混為一談。若要領會這種承諾的魅力以及第一印象在日常生活的重要性，我們得先從面相學的歷史，以及其與「科學化」種族主義的固有關聯談起。

• • • • •

　　現存最早的面相學專著是一部名為《面相學》（*Physiognomica*）的
著述，據傳為亞里斯多德所作。書中主要的論點是，動物的體態透露
了牠們的性格，而外貌與特定動物類似的人具有這些動物的性格。文
中舉出許多例子套用這種邏輯，好比說「柔軟的毛髮意謂著懦弱，而
粗糙的毛髮代表勇氣。這個推論是根據對整個動物王國的觀察。鹿、
野兔、綿羊是最膽小的動物，而牠們擁有最柔軟的皮毛，至於最勇敢
的獅子與野豬，則擁有最粗的皮毛。」這套邏輯還能推及種族：「無
獨有偶，在人類不同種族中也可以觀察到同樣的組合，北方民族勇敢
且毛髮粗糙，南方人膽怯且毛髮細軟。」

圖 1.1　喬凡尼・巴蒂斯塔・德拉波塔《論人類面相》（*De Humana Physiognomia*）
的插圖。德拉波塔的書從人們與動物之間所謂的長相相似處推斷其性格，這本書
大受歡迎，影響了一代代的面相學家。

　　到了 16 世紀，義大利學者兼劇作家喬凡尼・巴蒂斯塔・德拉波塔（Giovanni Battista della Porta）大大拓展了這些觀念。臉（與身體各部位）與特定動物「類似」的人，天生就有該動物的假定特質。德拉波塔書裡充滿類似圖 1.1 的插圖。

　　德拉波塔的書在歐洲大受歡迎，從拉丁文翻譯為義大利文、德文、法文、西班牙文等等共二十種譯本。這本書影響了 17 世紀法國藝術要人──夏爾・勒布朗（Charles Le Brun）。勒布朗不僅是路易十四欽點的第一位御用畫家，也是法國皇家繪畫與雕塑學院（Royal Academy of Painting and Sculpture）院長。1688 年，勒布朗針對臉部的情緒表情做了一次演講：這是人類史上第一次系統性地探索、描繪表情的嘗試。勒布朗死後，這次受到藝術家討論、讚賞、痛恨的講座內容已出版超過六十個版本。勒布朗還開了第二場談面相學的講座。可惜第二場講座內容現已佚失，但有些插圖流傳了下來。我們可以比較圖 1.2 的德拉波塔人獅圖和圖 1.3 的勒布朗人獅圖。

圖 1.2　喬凡尼・巴蒂斯塔・德拉波塔《論人類面相》的另一張插圖。請將這張圖與圖 1.3 對比。

圖 1.3　夏爾・勒布朗的獅子與獅臉的人。勒布朗發展了一套比較動物與人類臉孔的體系。

勒布朗畫得比較漂亮，也更栩栩如生，顯然他試圖發展一套更成熟的體系，來比較動物與人類的頭部。勒布朗拿眼睛的不同角度作實驗，以達到不同的感知效果。他提到，人的一雙眼睛位於水平線上，因此如果讓眼型下斜，看起來就會更像獸臉。這個說法就呈現在圖 1.4 他所畫的羅馬皇帝安敦寧‧畢尤（Antoninus Pius）臉上。

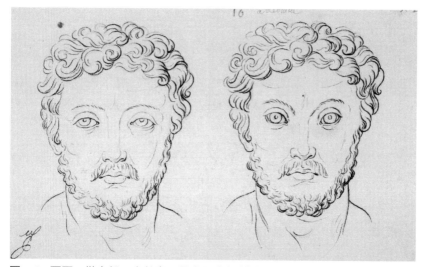

圖 1.4　夏爾‧勒布朗，安敦寧‧畢尤配上傾斜的眼角。勒布朗用眼睛的角度作實驗，讓人類看起來更像動物。

同理可證，把動物的眼睛畫成水平，就能讓牠們更像人類。這種實驗跟現代心理學測驗臉部特徵改變會如何影響我們的印象，兩者相去不遠。

接下來的三百年間，比較面相學的主題將持續出現在歐美面相學家的著作以及許多漫畫作品當中。若干最有才情的漫畫家——例如英格蘭的湯瑪斯‧羅蘭森（Thomas Rowlandson）與法國的奧諾雷‧杜

米埃（Honoré Daumier）和 J. J. 格蘭維耶（J. J. Grandville）等人——
都利用這個主題達到幽人一默的效果。其他作家對此倒是嚴肅以待。
1852 年，一本名叫《比較面相學：人與動物的相似處》（*Comparative
Physiognomy or Resemblances between Men and Animals*）的書在美國出版，
當時許多民族的刻板印象與偏見都可在書中找到：日耳曼人像獅子，
愛爾蘭人像狗，土耳其人像火雞，諸如此類。

• • • • •

　　面相學的大明星約翰‧卡斯帕‧拉瓦特十分推崇德拉波塔的書，
即便如此，他仍批評說：「我覺得，愛幻想的波塔經常會誤導人，
〔從人獸之間〕找出來的相似處，也是真相之眼絕不會發現的」。
在拉瓦特之前，面相學總是與手相（chiromancy，解讀掌紋）、額相
（metoposcopy，解讀額頭紋路）、占星術這幾個不受信任的行業聯想
在一起。當時英國甚至有法條指出，那些「假冒身懷相面絕技」的人
是「惡棍與無賴」，「應予鞭笞示眾」。拉瓦特與 18 世紀若干最有才
幹之士唇槍舌戰，讓面相學合法化。19 世紀末，義大利神經學家兼人
類學家保羅‧曼特加札（Paolo Mantegazza）回顧面相學的歷史後如此
總結：「作者至多，卷帙至繁，但鮮有原創性，且抄襲無數！要是拉
瓦特沒有在上世紀中葉橫空出世，為這門研究開創新時代的話，天曉
得我們得在同樣的老套上浪費多少時間。」在曼特加札眼中，拉瓦特
是「科學面相學的使徒」。
　　拉瓦特出生成長於瑞士的蘇黎世，早年便顯現出對宗教的熱誠。
他接受神學教育，而後在蘇黎世歸正宗（Reformed Church）升秩成為

聖彼得教堂（Saint Peter's）的牧師。根據當時許多記載，他是個極具魅力的人。他的講道很受歡迎，逗樂過百來訪客。拉瓦特也是一位高產作家，撰寫超過一百本書，還維持大量的通信。諷刺的是，他不是很想寫面相學的東西，雖然博物學家齊瑪曼（Johann Georg Ritter von Zimmermann）一直以來都不斷敦請他寫。齊瑪曼也是瑞士人，是英格蘭國王的私人醫生也是歐洲名人，日後一直是拉瓦特最大的贊助人與支持者。

拉瓦特第一份談面相學的出版品純屬無心插柳。身為蘇黎世自然科學會（Society for Natural Sciences）會員，拉瓦特受邀發表一場演說，題目自選。他講了面相學，結果被齊瑪曼拿去出版，他「完全沒讓我知道他拿去印。結果我突然發現自己以面相術捍衛之士的身分出現在公眾之間」。由於被迫站上風口浪尖，讓他意識到面相學激起的強烈情緒，拉瓦特便找上許多當代的名人協助他寫出《論面相學》（*Essays on Physiognomy*）。當時的他已是個知名神學家，各方紛紛向他伸出援手——從鼓勵他到要求他分析肖像的都有。其中，協助拉瓦特編輯第一卷，並且為全冊繪製了若干幅優秀插圖的人竟然是歌德。這套四卷本的著作在1775年至1778年間發表，成為「德語書籍空前精美的印刷精品」。確實，這部大開本、插圖豐富的書即便從今天的標準來看也依舊美麗。

儘管要價高昂，該書依舊造成洛陽紙貴。許多貴族與頂尖知識分子都預購了該書，這點對書的銷售有不少幫助（其中不少人是因為拉瓦特承諾分析他們的肖像而上鉤的）。更有甚者，人們組織讀書會購買和討論這套書。不出幾十年，英格蘭就出了二十個版本，日耳曼十六個版本，法國十五個版本，美國兩個版本，俄羅斯、荷蘭、義大利版各一個版本。1801年，《紳士雜誌》（*The Gentleman's Magazine*）

刊登了拉瓦特的訃聞，撰文者如此形容：「瑞士、日耳曼、法蘭西甚至英國，全世界都熱情擁戴拉瓦特的面相科學。他的書以德語發表，如今已有多個語言版本。以這些版本受到研究與讚賞的熱度來看，世人甚至認為它應該像《聖經》一樣，家家戶戶都有一本。曾經有那麼一度，若沒有先參考拉瓦特的文字描述與書上版畫，仔細比對年輕男女的面容，人們甚至連個僕人都不敢雇用。」

● ● ● ● ●

　　拉瓦特將面相學定義為「發現的才能，透過外貌發現一人內在的才能」。儘管他志在將面相學當成一種科學引介給人們，他的著作中卻沒有多少科學證據。他提供的反而是「放諸四海的至明公理與無可辯駁的原則」。以下是其中一些公理：「前額至眉毛乃智慧之鏡；雙頰與鼻子構成道德生活的基座；口與頰適切地展現肉體生活。」裡頭所謂的「證據」，來自與事實不符的陳述，還以今日看來簡直是公然種族歧視的方式加油添醋：「何人膽敢冒失斷言牛頓或萊布尼茲長得像天生的白痴」，或是有「類似拉普蘭人（Laplander）的畸形腦袋」或「有顆像是愛斯基摩人的腦袋」。

　　其他類型的「證據」則來自許多插圖，功能有如羅夏克墨漬測驗（Rorschach's inkblots），[1] 讓拉瓦特（和他的讀者們）可以把自己的知

1　譯注：1920 年代由瑞士精神病學家赫曼・羅夏克（Hermann Rorschach）提出的一系列以墨漬圖做心理測驗或精神診斷的方法。在全球風行半世紀之久，但近代學界對其是否有科學可用性，乃至該如何應用，仍未有共識。

識與偏見投射其上。他把面相知識投射在他對名人的描述上。拉瓦特分析尤里烏斯‧凱薩，稱「任何有一丁點判斷力的人——除非他言不由衷——肯定都會承認從整個臉的形貌、各別部位的輪廓，以及部位之間的關聯來看，都能看出這是個偉人。」分析摩西‧孟德爾頌（Moses Mendelssohn）這位人稱「日耳曼蘇格拉底」的傑出哲學家，也是柏林最知名猶太人的樣貌時，他說「此人的側影真叫我沉迷。我的目光糾纏在這道從前額下到銳利眼眶的弧線……蘇格拉底般的魂靈，就居於這深邃的眼中」。

圖 1.5　拉瓦特《論面相學》中的插圖〈駭人的臉〉。拉瓦特這本談面相學的書插圖豐富，在 18、19 世紀極受歡迎。（Image courtesy Princeton University Library）

　　書裡也有特定的人臉類型，例如圖 1.5 的「駭人的臉」，拉瓦特如此描述：「這張駭人的臉表現不出美德，無論是坦率，或是高貴的簡約，或是誠摯，都絕對無法安居於此。最醜陋的貪婪、最執拗的邪惡，以及最可惡的狡詐，已讓那雙眼狂亂，讓嘴型歪斜。」拉瓦特也為「民族類型」提供文字描述與插畫。歐洲人（尤其是日耳曼人與英格蘭人）理所當然發展得比其餘人類好上太多。在他的書裡，許多非

歐洲人勉強跨過人類的門檻而已。

　　拉瓦特的人就跟他的書一樣受歡迎。其中一位貴族友人在信上寫道，她對拉瓦特造訪伯恩（Bern）的行程保密，「免得地方上所有人都圍到我們頸邊，要求解讀面相。」神聖羅馬帝國皇帝約瑟夫二世（Joseph II）蒞臨瑞士時也沒錯過跟拉瓦特見面的機會。皇帝在會晤後寫信給他：「你能洞見人心，這個事實會讓太靠近你的人升起戒心。」約瑟夫其實還提議讓面相學成為一門學科，在大學裡講授。拉瓦特明智地婉拒了：「我想，我們先把面相學的體系化再推遲個四、五十年吧。與此同時，〔我們可以〕進行日常觀察，證明原有的論點，更精確地定義，並加入新的論點，直到我們能招募到夠多堅強的步卒之前，都先別糾集大軍。」

●●●●●

　　到頭來，拉瓦特這門「科學」的輝煌成就為時並不長。使其消亡出力最多的人就是格奧爾格・克里斯托夫・利希滕貝格。利希滕貝格是一位新教教士之子，在哥廷根大學研究數學與物理學，那裡也是德意志地區學風最自由的大學。畢業後不久，他就獲任為哥廷根大學教授。利希滕貝格的實驗物理學講座不僅知名，來聽課的還有伏特（Alessandro Volta）、歌德、高斯（Karl Friedrich Gauss）、馮・洪堡（Alexander von Humboldt）等傑出人物。他獲選進入世界上最有聲望的幾個科學協會，備受尊重。但世人記得他泰半是因為他對文學與哲學的貢獻，而非自然科學。歌德將他的文字譽為「最神奇的探測杖」，而利希滕貝格也因為開創德語文學中的格言警句而廣受讚譽。

　　利希滕貝格的思想非常現代，他對當時普遍的種族歧視並不買帳。拉瓦特主張不可能想像「牛頓或萊布尼茲長得會像」來自「低等」族群出身的某個人，利希滕貝格對此的回應是，「這等膚淺、一頭熱又不成熟的夸夸其詞，只要簡單回問一句『為何不可能？』就能讓人啞口無言」。至於對非洲人最深的偏見，他則寫道，「我只想幫黑人說句公道話，把黑人的輪廓線視為愚笨與固執的典型，也可說是條標記著歐洲人的愚笨與固執之漸進線。」

　　利希滕貝格就跟拉瓦特一樣，對於臉孔十分入迷。「從我很小的時候開始，臉孔和對於臉孔的詮釋就是我最喜歡的休閒。」但他懷疑拉瓦特的面相學，「讓每一個軟弱的心靈逮到機會，把自己混亂的想法投入惡名昭彰者的大旗之下，而不是去培養思維能力。」利希滕貝格著手要讓世人瞭解拉瓦特的面相學並非科學，他急就章寫了篇文章，發表在《哥廷根袖珍年鑑》（*Göttinger Taschen Calendar*）上。儘管這本年鑑的初版印刷並不精美，但八千本銷售一空。不久後，許多人身恐嚇紛至沓來，拉瓦特著作的主要贊助者齊瑪曼甚至警告利希滕貝格說，「反面相學將遭到**嚴厲**而**強力**的駁斥。」如此具敵意的反應讓利希滕貝格大吃一驚，於是他在第二版年鑑中擴寫了前一篇文章。簡而言之，他主張，你我的行為既是生活處境的產物，也是性情的產物。「你希望從面孔的相似處，尤其是固定不變的特徵上得出什麼定論呢？說不定上絞刑台的同一個人（無論其性情如何）在不同處境中得到的不會是繩套，而是桂冠？機緣不只能造就竊賊，也能造就偉人。」對利希滕貝格來說，從人臉上不變的特徵不可能得到結論，「畢竟人一直在變」。他很好奇是什麼造就了「英俊的惡棍」與「圓滑的騙徒」。面相學等於是「從身體外表到心靈深處做出了高深莫測的一躍」。

　　除了齊瑪曼，拉瓦特的友人都沒人出來幫他說話。利希滕貝格的論點難以反駁，而且拉瓦特對若干友人肖像的詮釋也讓他們不悅。歌德早已跟拉瓦特分道揚鑣，因為他熱情洋溢的「拉瓦特式」風格與他的基督教狂熱冒犯到了歌德。

　　儘管拉瓦特走下神壇，他的想法卻感染了 19 世紀文化，成為普羅面相學的黃金期。當時正是大規模產業移民的時代，背景差異甚鉅、甚至連共通語言都沒有的人們從各地齊聚。面相學家的想法有望帶來一種簡單直覺的方法，處理這種多樣性所產生的不確定感。無數書籍提供解讀性格的面相學訣竅，包括口袋版的拉瓦特著作，甚至有從鼻子解讀個性的口袋版專書。法國還出現一種大受歡迎的文類——形貌學（physiologie），描繪不同社交類型的人有什麼樣的外貌與習慣。人氣高峰時，光巴黎就賣出大約五十萬本這種文類的書，而巴黎的一百萬人口中只有半數識字。專門的人氣漫畫刊物也在此時創刊，而社交類型人的漫畫也隨著「新聞與晨間咖啡」一同下肚。人物角色的面相學描述在歐洲小說中成為標準。拉瓦特的構想不僅及於名不見經傳的作家，連偉大如巴爾札克、狄更斯、司湯達都受到影響。狄更斯看了某個犯人伏法後落下來的頭顱，旋即寫道：「就算沒有其他不利於他的證據，光是這種頭型與臉部特徵的組合，或許就能提供足夠的道德基礎，隨時隨地將他就地正法。」面相學家的想法不證自明。

●●●●●

　　雖然拉瓦特志在將面相學當成一門科學來引介，但他個人卻視面相學為一種藝術形式，只有少數有天賦的人才得以從事。他說：「面

相學更屬於創造力與感悟力的領域，這一點恐怕甚於任何其他科學。」他沒有幫面相學研究帶來任何可複製的實作方法。他在書中確實草繪了一種他稱為「量額器」（Stirnmaaß）的工具，用來測量顱骨，比弗朗茨・加爾（Franz Gall）的顱相學（phrenology）早了數十年，而他也有志讓面相學盡可能如數學般精確，但沒有一樣實現。拉瓦特訴諸的都是觀察的力量，以及他的「專業」證詞。少了實作方法，就很難幫面相學的科學身分說話。法蘭西斯・高爾頓在 19 世紀末發明的合成攝影術改變了狀況。高爾頓跟不同於拉瓦特，他是受人尊重的知名科學家，而他對測量也很沉迷。

高爾頓是個萬事通，他是查爾斯・達爾文的表弟，也是許多 20 世紀科學家心目中的偉人，所謂「先天 vs. 後天」（nature versus nurture）的說法就來自於他。他對地質學、氣象學、生物學、統計學、心理學都有科學貢獻。他是最早探索西非各地區、製作當地詳細地圖的歐洲人；他發現天氣模型的反氣旋，繪製了最早的氣象學地圖，於 1875 年發表於《倫敦時報》；他發展出「相關」（correlation）與「迴歸」（regression）的概念，是經驗數值統計分析時不可或缺的工具；他最早對指紋進行系統性研究，最終改變了警方指認犯人的做法。

高爾頓對心理學有無數貢獻，許多心理學家都對他十分景仰。20 世紀初研究智商與天才兒童的傑出美國心理學家路易斯・特曼（Lewis Terman）估計，「法蘭西斯・高爾頓在三到八歲時的智商肯定逼近兩百」。特曼還提到，「小法蘭西斯雖然聰明，但他認真的程度不下其智力」。高爾頓是第一個在心理學研究中使用問卷來衡量家族史，並以之探索個體間心智想像力差異的人。他構思出自由聯想測驗的時間遠早於佛洛伊德（Sigmund Freud）。他還是利用雙胞胎研

究遺傳的第一人。

　　高爾頓亦是發明行為非正統測量法的先驅。1960 年代有本談心理學非正統研究法的書，叫《暗中衡量：社會科學中的非反應式研究》（ *Unobtrusive Measures: Nonreactive Research in the Social Sciences* ），就題獻給高爾頓。這本書試圖解決的研究難題，是如何在不影響人類行為的情況下衡量人類行為，也是高爾頓早就思考過的問題。假如你知道有人在觀察你，你就會相應改變自己的行為，危及觀察的有效性，也影響所有關於你行為動機的推論。在科學上（假使先撇開研究倫理），只要你不知道自己正受人觀察、研究，事情就容易多了。想研究「一個人對另一個人的偏好」，高爾頓建議在受試者的椅腳上裝計壓器。只要測量椅腳承受的壓力，就能量化人們身體上表現出的偏好。《暗中衡量》的作者尤金‧韋伯（Eugene Webb）、唐納‧坎貝爾（Donald Campbell）、理查‧許瓦茨（Richard Schwartz）與李‧施策勒斯特（Lee Secherest）就表示，「假如人類觀測者的出現會影響受試環境，而且又沒有方便觀察的隱藏地點，這樣的裝置顯然可以取代觀測者。」

　　連如何測量無聊程度，高爾頓都有點子。「我想向觀察哲學家提議，假如事實證明他們參加的會議非常枯燥，他們自個兒不妨專心估算受苦同行表現煩躁的頻率、強度和持續時間。」他還繪製大不列顛群島的「美女地圖」，方法是用「裝根針當作刺洞器，偷偷在紙上刺小洞做紀錄……將我在街上或其他地方經過時遇到的女孩分類為吸引人、沒興趣或反感」。他發現「倫敦美女排行最高；亞伯丁（Aberdeen）最低」。

• • • • •

要不是因為高爾頓在下半生執迷於遺傳與優生學，今人原本也會視他為 19 世紀最偉大的科學家。此份執迷讓他在 19 世紀末揚名國際，也害他在死後的 20 世紀下半葉聲名狼藉。針對如何運用達爾文演化論讓人類世界更美好，高爾頓的看法是優生學。優生學的「光明」面涉及對超級人類——能力最為出眾的人——的選擇育種；黑暗面則涉及限制被視為無能者的繁衍。高爾頓晚年埋首寫作小說《不可名之地》（Kantsaywhere），在裡面鋪陳出他的優生學版理想國。在書中的不可名之地，以高分通過優生學院測驗的人會被鼓勵早婚，無法通過測驗的人則押往勞動集中營，並禁欲終身。幫高爾頓說句公道話，當時整個當代思潮光譜上的人都支持優生學，著名支持者包括音樂家蕭伯納、科幻小說先鋒威爾斯（H. G. Wells）、性心理學家艾利斯（Havelock Ellis）以及傑出馬克思主義科學家霍爾丹（J. B. S. Haldane）。

高爾頓對優生學的偏執，讓他走上研究面孔與指紋的道路。兩種研究皆承諾能帶來指認個人的方法，終極目標是藉由分辨特定的人類類型，將能幹的人與無能的人區分開來。1870 年代，獄政總長埃德蒙・杜凱因（Edmund Du Cane）與高爾頓搭上線。杜凱因關心的是從臉部特徵辨識出罪犯，這種觀點在當時相當流行。切薩雷・龍布羅梭與高爾頓是同時代人，也是犯罪人類學的奠基者。他主張「每一種犯行都是由帶有特定面相特徵的人所犯下……小偷最明顯的特色就是他們豐富的表情與靈巧的雙手，咕溜咕溜的小眼睛常常歪斜，眉毛懸長且濃密，鼻子歪曲或扁平，鬍鬚與頭髮皆稀疏，前額後傾。」龍布羅梭寫了幾本書談辨認「男性罪犯」與「女性罪犯」，並且在幾次刑事審判中提供自己的「科學」證詞。但辨識罪犯的實作方法仍付之闕如。

杜凱因提供數以千計的囚犯照片讓高爾頓審視，最後分成三組。

高爾頓解說：「第一組包括謀殺、過失殺人與竊案；第二組包括重刑案與偽造罪；第三組涉及性犯罪。」高爾頓根據幾種特徵幫照片打分數，但沒有浮現明顯的差異。他日後反省，「不同人之間的面相差異實在繁多又瑣碎，不可能測量，也不可能互相比較……通常的作法是判斷出誰是普遍型的代表，挑出幾個人來拍照；但這種方法並不可信，因為判斷本身就不可靠。罕見與奇特的特徵比一般特徵更容易影響人，而理應為典型的肖像反而更像是誇張漫畫。」

　　高爾頓的創意解方就是合成攝影術。融合臉部影像的構想已在醞釀之中，一位來自紐西蘭的紳士奧斯丁先生（Mr. L. A. Austin）寫信給達爾文，描述自己發現把兩張類似大小與角度的臉部圖像放進立體眼鏡中，讓兩張臉看起來融合，「若以某些女士的肖像來操作，每一回都能為其美貌帶來決定性的提升。」赫伯特・史賓賽（Herbert Spencer）與高爾頓討論過一種臉部素描畫的融合方法，是把人臉描在透明紙上，再將幾張紙疊加找出共同點。高爾頓的構想則是把人像照片融合在同一張感光片上。他根據這個目的所構思出來的裝置就如圖1.6。

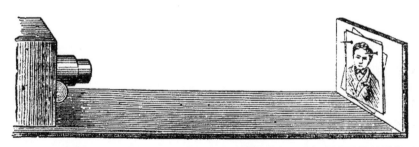

圖 1.6　法蘭西斯・高爾頓設計的第一台合成攝影裝置。高爾頓將不同的影像攝影影像融合在同一張感光片上，創造「平均圖像」。

　　合成攝影是一種能得出「平均圖像」（pictorial averages）的實用方法，藉由捨棄對特定類型臉孔來說特殊的因子，同時保留其共通點的方式，為一批臉部影像建立基本要素。高爾頓與其在英美兩地的追隨者從事系統性研究以改善技術，並打造更好、更精確的儀器。他們拿影像的排序做實驗，得出的結論是：只要曝光時間相同，先後順序就沒有影響。

　　高爾頓為合成攝影設定了崇高的目標。若依照「人格皆有其相應外貌」的論點，人類的分類方式可能數不清。合成攝影是用來辨識常見類型的工具，從理想的「英格蘭人」到「罪犯」都行。合成攝影也是高爾頓的「選擇育種科學」——優生學——的工具。高爾頓深信，每個族群都有「理想典型」或「核心類型」，只有近似於該典型的人才該鼓勵生育。合成攝影是「發現任何種族或群體核心面相的方法」。

　　高爾頓進一步融合家庭成員、士兵與軍官、結核病人、囚犯，以及精神病患的肖像。蒐集照片有時伴隨著風險。有個精神病患認為自己是大人物，對於自己的拍照順位位在第二感到侮慢，於是「當攝影師把頭埋進絨布罩、身體前傾，呈現攝影師常見對焦姿勢時，亞歷山大大帝迅速溜到他身後，在攝影師毫無防備的臀部上狠狠咬了一口。」

　　科學家對合成攝影也額手稱慶。1886 年的《科學》（Science）社論提到「有了高爾頓掌握到的這項偉大貢獻，我們或許終於能踏入此前尚未探索的研究領域——人臉，而面相學也總算搆到精確科學的邊了。」該期雜誌用一張美國國家科學院（National Academy of Sciences）三十一名院士的合成肖像（見圖 1.7）來說明這項技術。儘管你可能看不出來（至少我看不出來），作者卻觀察到：「這張臉讓我想到完美的平靜、突出的智慧，以及在科學調查中與智慧同樣不可

圖 1.7　美國國家科學院三十一位院士的合成肖像，1886 年。

或缺的想像力。」我們認得出這種拉瓦特式的描述：一如拉瓦特給名人雅士的肖像分析，這篇《科學》文章的作者也把自己對這些人已知的特質，投射到他們的合成面容上。無論如何，人類類型分類這份曾經得留待藝術家處理的工作，如今交到了科學家手中。

　　高爾頓最後對一切的源起，也就是囚犯合成照的結果感到失望：「我已經為許多罪犯群製作了無數張合成照，結果一反預期。他們的肖像創造出平庸的臉孔，沒有一絲邪惡寫在上面。他們各別的臉孔夠邪惡，但邪惡的方式各不相同，而且當這些邪惡處結合起來，個別的特色就消失了，餘下的盡是下等人的平凡樣貌。」但高爾頓發明的方法繼續蓬勃發展。所有現代合成技術都源自他的合成攝影術。第一張數位合成照片是藝術家南希・伯爾森（Nancy Burson）與麻省理工學院科學家在 1980 年代合作的成果。圖 1.8 是她的其中一張合成照「彈頭一號」（Warhead I）。這張照片是把擁有核武的政府首腦合成後得出的樣子。

圖 1.8　南希‧伯爾森的〈彈頭一號〉（1982 年）。將羅納德‧雷根（Ronald Reagan）、列歐尼‧布里茲涅夫（Leonid Brezhnev）、瑪格莉特‧柴契爾（Margaret Thatcher）與鄧小平的臉數位合成的影像。雷根占 55%、布里茲涅夫占 45%，柴契爾與鄧小平皆不到 1%。這個比例依據的是各國在當時擁有的核武比例（因四捨五入之故，百分比加起來會超過 100）。

　　今天，任何人只要有電腦，灌個像樣的合成軟體，都能在臉部照片上動手腳。媒體也經常用臉部合成圖說明新概念，好比報導「美國新面孔」，就會用一張合成臉像代表生活在美國的各個族群。而高爾頓的計畫依舊生龍活虎。過去這十年來，仍有幾位心理學家設法製作出不同性格類型的合成圖。高爾頓想必含笑九泉。

● ● ● ● ●

　　拉瓦特與高爾頓皆視面相學為讓人類更上一層樓的工具。拉瓦特《論面相學》的副標題是「促進人類的知識與愛」（*For the Promotion of the Knowledge and the Love of Mankind*）。根據拉瓦特的神學思想，每一個人都是神所設計的產物。面相學只是揭示神的意圖，促進人類的愛與理解。雖然直到最後，拉瓦特的面相學都沒能促進人類之愛，但身為牧師與蘇黎世公民的他確實盡力了。1801 年，數千名蘇黎世公民參加了他的葬禮。

　　高爾頓讓人類變得更好的方式，涉及繁衍超級人類與限制「次級

人類」生育。他把自己的後半輩子都奉獻給推動優生「科學」，最後也成功了。第一個有組織的優生學協會於 1905 年成立於德國，名為「種族潔淨協會」（Race Hygiene Society）。高爾頓是榮譽主席。類似的組織在英國與美國如雨後春筍般湧現。數十年後，人稱「種族君特」（Rassen-Günther）的 H. F. K. 君特（H. F. K. Günther），嚴格遵循高爾頓的邏輯，以辨識理想的和「高人一等」的北歐人類型為題寫作。他在耶拿大學（University of Jena）的就職演講中連阿道夫・希特勒（Adolf Hitler）與赫爾曼・戈林（Hermann Göring）都參加了。在君特區分北歐人與「次級」人種的實務方法中，使用的主要工具就是面相學與顱相學。納粹德國期間，他的其中一本著作更是所有德國學校的指定閱讀教材。納粹德國實現了高爾頓的優生學理想國，這個理想國也以較小規模在美國成真。1907 年，印第安納州通過最早的強制絕育法，該法的目標對象是州立設施中的人──囚犯與被認定心智能力不足或有精神疾病的人。二十年內，美國另有二十三州也通過了類似的法律。

利希滕貝格不同於拉瓦特或高爾頓，他不認為面相學能讓人類進步，反而會成為創造偏見、將偏見合理化的工具。他比喻，「我願能阻止人們以促進人類之愛為名從事面相學，因那就如同以促成上帝之愛為名，在歌聲中燒死活人。」但利希滕貝格曉得不可能阻止人們「從事面相學」，這正是他在拉瓦特文字中看到的危險之處。拉瓦特的書籍像是特許了我們憑外表形成印象的本能衝動，並將所有社會規範與疑慮從這些印象上除去。利希滕貝格說過，「假如面相學成了拉瓦特期待的樣子，人們就會在孩子還沒犯下該上絞刑台的罪過之前，先把他們吊死；以後每年都會舉行某種新的堅信禮，一種面相學信仰審

判。」而他的話並不誇張。約莫一百年後，這想法大大影響了歐洲的龍布羅梭，便倡議根據臉部與身體測量的結果區隔小孩：「藉由指出犯罪類型、身體早熟、缺乏對稱、小頭以及誇張的面部尺寸，人類學測驗可以看出小孩在學業與紀律上的缺陷，因此要及時指出，把他們跟天分更好的同伴分開，引導他們往更適合其性情的職涯發展。」

　　拉瓦特與高爾頓對人類本性的概念出奇相似。對拉瓦特來說，人生中的一切都由神的旨意決定；對高爾頓來說，則由遺傳決定。他們的任務是從臉部辨認出這些決定性的力量。兩人理所當然地認為性格與容貌有完美的對應。試圖披上科學外衣的現代版面相學，也是建立在同樣危險的假設上，換湯不換藥。那間以色列臉部輪廓新創公司背後的「科學」，奠基在「我們有些個性與外貌特徵是遺傳而來」的事實。但這兩項遺傳事實在邏輯上並不暗示個性與容貌之間有對應關係。按照他們的思路，手和大腳趾應該也能揭露人格才是。不過，為五官輪廓賦予虛假合理性的，其實是我們從臉形成印象的天性。

　　現代面相學家就像拉瓦特與高爾頓一樣，想直接從臉看到臉主人的本質，但他們忽略了關鍵性的事實——我們在別人臉上看到的，是我們自己的印象。研究第一印象的科學，就是研究我們與生俱來、形成印象的天性。這種天性是我們本質的一部分，只不過不是拉瓦特與高爾頓想要探索的那種，而是我們追尋本能的一部分——我們想要認識與暸解他人。

第 02 章

一瞥即印象
Single-Glance Impressions

　　我眼睛盯著一款桌遊——《連連臉，第一印象狂歡》（Faces, The Hilarious Game of First Impressions）。根據盒子上的標籤，這款遊戲贏得不少獎項：孩童創意獎（Creative Child）、父母優選獎（Parent's Choice，但我先聲明我才不會選這款）、《家庭好趣雜誌》（Family Fun Magazine）推薦、大趣獎（Major Fun）等。盒子裡有一大堆臉牌（男女與動物）和一大堆印象牌，例如「英雄」「騙子」「自以為萬事通」「圖書館員」「水電工」「犯罪首腦」「大富翁」「共產主義者」「無趣之人」等等。目標是讓臉牌與印象牌搭配。先隨機選幾張臉牌，再抽出幾張印象牌，接著讓每一位玩家決定哪張臉與哪種印象最搭，如此進行個幾輪。哪一位玩家配出來的結果最符合其他玩家的搭配結果，就是贏家。這款遊戲玩的是對第一印象的共識。

　　隨便上網搜尋，這款遊戲的評價多是「超級爆笑」和「是我碰過最好玩的派對遊戲——大家都想一直玩一直玩」，帶來「許多碎碎念和瘋狂大笑……派對桌遊就該有這種效果」。你幾乎可以感覺到幾世紀以前，那些購買、討論拉瓦特面相學書籍的讀書會成員所體驗到的樂趣。這款遊戲的魅力來自拉瓦特知之甚詳的事實：形成印象就在倏忽間。而且這很好玩——尤其當大家都有共識的時候。這種共識不完

美但確實存在，讓這款遊戲有趣，也讓面相學誘人。

　　將人臉照和「社會角色」配對，正是心理學家大量研究的題目。最早的研究進行於約莫一百年前。在 1933 年的一次研究中，研究人員從《時代雜誌》挑出男男女女的照片，將照片出示給受試者，請他們將照片與正確的社會角色配對。男性的社會角色有「大學校長、新聞報紙編輯、政治要角、美國參議員、共產派激進分子、王族成員、金融鉅子、私酒販子和槍手、演員和諧星」。女性的社會角色則有「歌劇女伶、王族成員、政治人物、共產派激進分子、演員、律師、大學教授、女記者」。這些標籤和「第一印象狂歡」桌遊裡的其實大同小異。

　　受試者猜中正確「社會角色」情況比完全隨機來得好，但也好不了多少。正確指出「歌劇女伶」的次數占 18%──隨機的結果是 12.5%──但將她錯認為「律師」的次數卻達到兩倍，誤認為「大學教授」或「女演員」的比例也差不多。受試者指認「共產激進分子」的情況最好，文章作者認為關鍵在「粗糙的服飾」，「將這名女子與其他穿著時髦服裝、皮草、穿戴首飾的女子區別開來」。

　　無論從這項研究中可以找出多少陷阱，我們對外貌有刻板印象這點作者確實說對了：「照片其實已在我們腦海裡了。」我們輕易且一再地將陌生人的形象塞進主觀的類別中。在半世紀後進行的另一項研究中，研究人員從演員名冊中挑出高加索中年男子的照片，挑出的都是不帶表情，沒有鬍鬚、傷疤或眼鏡的正面頭像。受試者接獲要求指出「殺人狂、武裝搶匪、強暴犯」和「內科醫生、神職人員、工程師」。受試者的結果相當一致。挑選「殺人狂」時，大多數照片都沒有人選，但有一張照片被選出來的頻率高達 31%，前五名的照片幾乎合占

80%。高人氣的罪犯照片與那些高人氣的高尚職業照片鮮少重疊。

「我們腦海裡的照片」告訴我們誰長得像好人，誰長得像壞人，甚至幫我們細分了不同類型的好人與壞人該有的長相。少了這些，「第一印象狂歡」就不會存在，面相學隱然或顯然的背書也不會存在。若要讓第一印象顯得極為吸引人，需要兩個心理學事實為基礎。第一個事實是他們的感覺就像直覺。達爾文以「非常小心」的態度讀拉瓦特的書，他懷疑「這些荒唐的想法是否有任何可取之處」。但他寫下拉瓦特的見解，「每個人生來都帶有部分的面相學感受能力，正如只要不是天生殘疾，每個人生來都有兩隻眼睛，」還補充道，「我想這點毋庸置疑。」第二個心理學事實是外表上的共同刻板印象，亦即對印象的共識確實存在。少了這種共識（就算只是一部分人之間的共識），第一印象就不會持續下來。我們需要他人的認可，才會相信我們自己的印象。唯有「我們腦海裡的照片」與別人心有靈犀，面相學才能生意興隆。在拉瓦特與稍後達爾文的時代，這些事實皆尚未得到確認，有待新科學心理學為之。

•••••

20 世紀早期，面相學與顱相學成為大眾文化中根深柢固的一部分。《實用科學面相學體系》（*A System of Practical and Scientific Physiognomy*）、《分析個性》（*Analyzing Character*）、《性格學》（*Characterology*）、《伏氏實用個性讀本》（*Vaught's Practical Character Reader*）這類書滿街都是，還有私人機構保證教會你解讀面相、判讀性格，標榜「準確、迅速而科學」。但面相學與顱象學正面臨新成立

的科學——心理學——的質疑。心理學家認真看待面相學家與顱相學家的主張，對它們進行測試。結果，早期心理學研究多半都在關注第一印象的準確性。20世紀初的心理學家對其準確性都表示懷疑，知名行為學家克拉克·赫爾（Clark Hull）在檢視既有實作證據後斷言，「根據照片來判斷性格，整體的結果肯定非常糟。」赫爾甚至試著想考考一位知名顱相學家，但後者識時務地拒絕了。

心理學家並未找到多少支持其準確性的證據，但他們確實為印象的共識找到證據。1924年一份論文的作者提到，「一般人觀察結果的對錯可說相當一致。無論哪一種身體徵象，凡是能讓某個馬虎觀察者留下印象的，似乎也能讓另一個馬虎觀察者留下印象。」斯圖亞特·庫克（Stuart Cook）在一個方法死板出名的研究中，請資深人事經理與社工人員（一般公認善於判斷性格的兩種職業）從一百五十張學生照片中判斷其智力。他們的判斷結果與學生測出的智力（及其學業分數）之間的相關性趨近於零。也就是說，這些評分員無法預測學生的智力。不過，儘管不具可預測性，但這些人的判斷結果卻相當一致。庫克還比較了推測智力最高十人與最低十人的照片，結果發現，那些被評分員認為聰明的人都有典型的臉部特徵、舒坦的表情（相較於另一群人大惑不解的表情），儀容也比較乾淨。我們對於聰明臉龐該有的樣子有共通的刻板印象，容易受到一些線索觸發。

這些早期研究提及了心理印象，但仍被視為附帶發現，不值得進一步關心。直到社會心理學家保羅·西科德（Paul Secord）和同事在1950年代帶來改變。他們不研究面容與實際性格的對應，反而開始研究面容給人帶來的相應心理印象。重點在於感知、在於理解「我們腦海裡的照片」。此番研究焦點的轉移很可能受到心理學界的大變動影

響。時值認知革命（cognitive revolution）的年代，行為學派正漸漸被認知學派取代。對行為學家來說，外部刺激與行為回應之間有個黑箱（black box），他們對無法觀察的黑箱內涵不感興趣。但對認知科學家來說，這才是他們感興趣的。對他們來說，感官資訊來自外界，但知覺（perception）並非對感官資訊的直接解讀，而是這種資訊轉變為心理表徵（mental representation）的結果。這些表徵就是心理學家需要研究和識別的。第一印象豈不正是一套特定的心理表徵嗎？

西科德與同事以一組令人印象深刻的研究，揭開了現代心理學第一印象的研究序幕。首先，他們觀察到人們對於如負責、友善、誠實、聰明等數十種人格特徵的臉部印象有高度共識。這種高度共識不僅存在於出身同一文化的受試者，也存在於來自不同文化的人之間。第二，人們對許多特徵形成的印象共識，會高於對髮型、魚尾紋、雙眼間距等可見面部特徵的共識。藝術史學家宮布利希（Ernst Gombrich）曾表示，「我們看的是整張臉：早在分辨出是哪一種特徵或關係導致這些直覺印象之前，我們就已經看到一張和善、自重或積極的臉，看到悲傷或嘲弄。」第三，在「值得信任」、「親切」、「誠實」、「友好」等人格特質中分數相近的臉，都有類似的臉部特徵組合，例如眼眶淺、淺色眉毛、淺色皮膚、中等寬度的臉。西科德和同事開始試著辨別是哪些特徵組合帶來這種「直覺印象」。第四，受試者鮮少意識到哪些外表特徵影響了自己的印象。這幾項發現構成了現代第一印象研究的基礎：你我形成印象毫不費力，而且產生共識，就算我們不見得注意到哪些實際差異讓我們有這些印象，但它們仍然是以外貌差異為基礎。

● ● ● ● ●

　確認人們會生成共通印象或臉部刻板印象存在是一回事，證明透過改變臉部特徵可以操控他人印象，又是另一回事。這麼做能讓你更有機會找出刻板印象的內容，瞭解是什麼推動了這些印象。早在心理學家之前，專業畫家便已經曉得臉部的細微變化能帶來不同印象，並且拿這些變化做實驗。達文西（Leonardo da Vinci）說不定是第一位面容實驗家。他對怪頭像情有獨鍾，歐洲各地其餘藝術家也廣泛模仿他對這種頭像的素描。圖 2.1 即為其中一張他的知名素描。

圖 2.1　達文西畫的五個醜怪頭像。根據其中一種歷史詮釋，中間的頭像看起來最正常，而周圍圍繞的四個頭像（由左至右）分別為樂觀、易怒、憂鬱、冷淡的性情。

　對於這張素描的一種詮釋是：他畫的是面相學的處理手法，描繪當時盛行的四種性情──樂觀、易怒、憂鬱、冷淡，圍繞著最一般長相的頭像。李奧納多擁有面相學的書，根據某些證詞，他自己也打算寫一本。但他卻不認同面相學：「我不打算再增添虛偽面相學與手相

學的內容，因為裡面沒有真相；事情明擺著，這種東拼西湊的東西沒有科學根據。」然而，他在同一段文字中卻又主張「臉上的特徵確實表現出人的部分本質，表現出他們的缺點與性情」，接著他提出幾個例子，例如「面部特徵起伏明顯的人，會是個性殘忍狂暴之人，沒有多少理智」。

　　對於達文西的醜怪頭像素描比較可信的詮釋則是：他只是拿臉部特徵的組合作實驗而已。他是傑出的素描畫家，以取用相同母題組合並實驗出各種不同結果聞名。談到「如何在只看過對象一次的情況下畫出側面肖像」，他的建議是「努力回憶側臉四種特徵的變化，即注意鼻、口、下巴、額頭」，接著他把鼻子分為不同類型：直鼻、塌鼻、隆鼻，每一種都可以細分出次類。畫家只需對輪廓特徵的類型稍事著墨，就能迅速畫出肖像。對於達文西醜怪頭像的研究成果指出，這些頭像是同一類臉部特徵的不同組合，例如鼻子的類型（鷹勾鼻 vs. 豬鼻）與額頭類型（扁額頭 vs. 鼓額頭）的組合。他著名的大鬍子「自畫像」也是其中之一。

　　第一位系統性地以臉部外貌變化作實驗的畫家，是英國畫家亞歷山大‧寇曾斯（Alexander Cozens）。他在名為《美的原則，以人的頭部為例》（*Principles of Beauty, Relative to the Human Head*，1778 年發表）的論文中，區分純粹美（「與個性無涉的美麗臉龐」）與複合美（「帶有若干個性的美」）。寇曾斯主張「一套面部特徵透過規律且特定的藝術手法結合，可以創造出純粹的美」，至於許多其他種類的美，也可以從特徵的安排獲致。他提出人類面部特徵主要變化表——有前額（四種變化）、鼻子（十二種）、口部（十六種）、下巴（二種）、眉毛（十二種）、眼睛（十六種）——並畫出每一種變化型。接著他

圖 2.2 　亞歷山大‧寇曾斯《美的原則》一書中的插圖。寇曾斯以素描作實驗，創造不同種類的美。中央的是純粹美，從左上角順時針方向起分別為：堅決美（「一種從堅定不移中尋得的特質」）、柔弱美（「體質纖弱」）、慧黠美（「精明，帶一點自我滿足」）、銳利美（「精明，洞察敏銳」）。

運用這些變化型進行不同組合，創造出純粹美的臉龐與十六種不同性格的臉。圖 2.2 是其中五張臉。

　　在優美畫和幽默畫的素描指南中，都可找到系統性改變臉部特徵以影響印象的構思。法蘭西斯‧格羅斯（Francis Grose）在其著作《漫畫素描法》（*Rules for Drawing Caricaturas*，發表時間比寇曾斯的專文晚十年）中建議畫家學習畫出完美、美麗的頭像，然後將這些成果變形以自娛，「藉此能創造出各種奇怪的臉，娛樂的同時也為自己帶來驚喜」。他和寇曾斯一樣列舉出各種特徵的變化，針對特徵的組合如何

創造不同效果下評語：「前突的臉、突出的五官和鷹勾鼻，雖然與美相去甚遠，但會給臉主人帶來一絲威嚴；至於內凹的臉、扁鼻、蒜頭鼻或鼻梁斷裂，則始終是自私庸俗的印記。」

就外貌影響印象的效果而言，最偉大的畫家兼實驗家就數連環漫畫鼻祖魯道夫‧托普費爾（Rodolphe Töpffer）。他對顧相學沒什麼好話——評之「從未帶來立即可靠的結果；不僅沒用、沒好處，甚至根本行不通」——但他贊同把面相學當成繪畫技巧使用：稱面相學「有益於學徒的畫筆與畫家的鉛筆，能達成立即可靠的豐富結果，有大量可行、有價值且便利的應用成果」。如同格羅斯，托普費爾也敦促畫家畫不同的臉作實驗，比較這些臉像激起的印象。更有甚者，托普費爾知曉臉孔總蘊含了意義：「無論畫的筆觸多糟、多幼稚，任何人的臉在這張臉存在的事實之外，都擁有某種確切無疑的神情。」他不認為這種確切的神情是辨識臉主人道德性格與智慧的關鍵，但他清楚只要畫家有意，就能用神情操弄印象。

托普費爾採用「學童風格」，示範連「最幼稚的人頭像」都不可能在感受不到某種性格的情況下存在。來看圖 2.3。

圖 2.3　魯道夫‧托普費爾《論觀相術》（*Essay on Physiognomy*）的插圖。只要在畫臉時做點簡單的更動，托普費爾就能輕易操縱我們的印象。

左邊這張臉「長得就像個會口吃的笨傢伙，對自己的命運甚至也不怎麼難過」。稍事修改，右邊的這張臉就「沒那麼笨，沒那麼像是

會口吃的人，就算不是有幸生來機智，至少也有一定的專注思考力」。托普費爾還做了更多系統性的分析研究。

他以同一張臉為底創造多種變化。圖 2.4 畫的是他的一些實驗。上排的臉有一模一樣的上半臉。你要是不相信我，就拿張不透明紙把鼻梁以下蓋住。運用非常簡單的變化「就能調整、轉變或削弱智力感」，也能「對道德感炮製出一樣的效果」。保持下半臉不變，只改上半臉，也可以達到類似的效果，如圖 2.4 下排所示。托普費爾還實驗過只改鼻子和上唇，只改鼻孔，只改眼睛，以及只改眉毛。無論哪一種情況，我們對那張臉的印象都會改變。他最後下了結論：「畫畫時，你可以結合這些微調，用相當簡單的方式成功且任意地表現出智慧與性格的特質，達到你的目的。」但他也警告不要對面相學照章全收，「畢竟這對繪畫來說，是用專業的戲法和聲東擊西的把戲取代正道，我們不該把面相學的把戲當成建立體系的權威。哲學上來說，這麼做有時就和疹子一樣有害。」

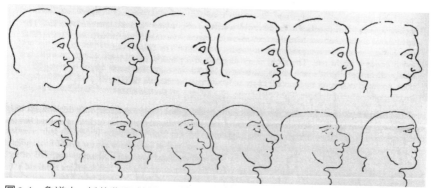

圖2.4　魯道夫·托普費爾《論觀相術》中的插圖。上排的臉有一模一樣的上半部（眼睛以上）。下排的臉有一模一樣的下半部（嘴唇以下）。儘管有半張臉完全相同，但每張臉給人的印象卻非常不同。

‧‧‧‧‧

　　達文西、寇曾斯、格羅斯、托普費爾都曾拿臉部特徵的組合做過實驗，但這些組合對印象的影響，他們全都是憑直覺判斷。寇曾斯瞭解這個事實，於是「將這些原則留給全人類依感受與體會做最終決定」。衡量這些感受與體會則是心理學家的份內事。在我們這一行，直覺向來不足以構成證據。

　　1937 年，伊貢‧布朗胥維克（Egon Brunswik）與洛特‧萊特（Lotte Reiter）主持了最早的實驗性研究，藉由操縱火柴人臉上的特徵，進而測量對印象的影響。兩人如同寇曾斯那樣開始操縱面部特徵，例如嘴的高度（三種變化）、前額高度（三種變化）、雙眼間距（三種變化），以及鼻子的高度與位置（七種變化）。不同於寇曾斯的是，他們用這些特徵創造了所有的組合──結果有一百八十九種（3×3×3×7）臉部示意圖，並讓受試者針對心情（快樂到難過）、年齡（年輕到老）、美貌（美到醜）、個性（好到壞）、吸引力（討喜到不討喜）、智力（聰明到不聰明）、活力（有精神到沒精神）等等面向幫這些臉圖打分數，藉此測量特徵組合對印象的影響。

　　這樣做才構成了嚴謹的實驗。研究者一旦定出重要的變項，便會創造所有可能的組合，接著衡量它們對印象的影響。儘管過程比隨機扭曲臉部特徵自娛來得無趣許多，卻能讓研究人員分辨每一種特徵變化有什麼樣的重要性。布朗胥維克與萊特發現，當臉部特徵改變時，受試者的判斷有序地變化，而非隨機改變，從而證實了畫家的直覺。例如嘴部的高度就是影響最大的特徵，嘴部位置高能帶來快樂、年輕、傻氣、無精打采等印象。這些所有印象上的差異，都會從極簡圖案的

差異浮現出來。

你自己看看，圖 2.5 的兩張臉，哪一張比較有活力？

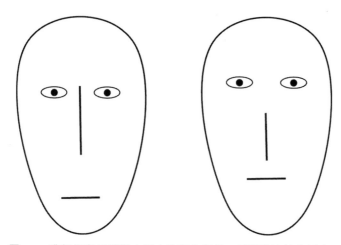

圖 2.5　我們很容易就對火柴人臉產生印象。哪張臉比較有活力？

　　蜜拉‧山謬斯（Myra Samuels）重現了布朗胥維克與萊特的部分發現，她挑出最常得到極端分數的兩張圖案（最有精神的臉有高額頭、正常的嘴、長鼻子，雙眼間距靠近；最無精打采的臉額頭低、嘴巴高、鼻子短，雙眼間距靠近），然後請受試者選出「正確」的臉。請注意，兩張圖案雙眼都很靠近，只是在那張「無精打采」的臉上顯得分得比較開。這是臉部感知諸多奇怪現象的一部分，我們會在第四章重新回來談這個主題。在山謬斯的研究中，絕大多數受試者都選出了「正確」的臉——左邊那張，是比較有精神的臉。山謬斯接著出示跟上述臉部圖示盡可能接近的真人臉孔，只不過受試者對照片的共識就遠不如對圖案的了。

　　這些使用過度簡化刺激物的研究，跟「我們腦海裡的照片」內容

不太對得上。而且儘管這個實驗方法很有系統，卻不見得是探索該內容的最佳方法。這些探索（本書第 2 部的主題）要等到日後現代實驗方法的發展。不過這些研究至少顯示，我們的臉部刻板印象並非隨機，也不是完全主觀的。我們對第一印象有所共識，而且這些印象是可以受到操控的。

· · · · ·

　　針對臉部特徵進行專業、實驗性的操縱以激起不同印象，得等西科德下一代的研究者來進行實驗。這些研究人員跨出「證實印象有共識」的範圍，對印象的起源與內容提出理論。其中影響最為深遠的，是布蘭戴斯大學（Brandeis University）的萊絲莉・澤布羅維茨（Leslie Zebrowitz）。她引入的卓越理論觀點具有極大的解釋力。

　　來看圖 2.6。你能選出小嬰兒或小男孩的側臉嗎？三歲小孩都辦得到。這些側臉不是由畫家繪製，而是由數學演算模擬產生，呈現我們的頭型如何隨年紀變化。相較於整張臉，我們的前額會變小，下巴會變大且變明顯。我們眼睛的相對位置也會上移。

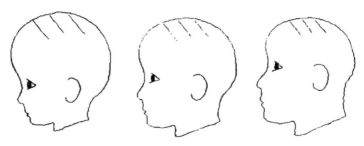

圖 2.6　你能指出哪個是小寶寶嗎？隨著年齡增長，我們的臉型也會改變。

　　澤布羅維茨與同事指出，你我對這些改變極為敏感。此外，就算是同年齡的成年人，只要誰的臉比較年輕或比較年老，我們就會對他們的性格有不同預設。一般認為「娃娃臉」的大人體能較差、天真、聽話、誠實、友善、溫暖。澤布羅維茨有一套精緻的理論解釋這一切：我們對社交環境中重要臉孔的差異很敏感，而年齡便是乘載了許多個人身心能力資訊的差異之一。小嬰兒沒有大人聰明，體格較差，需要保護，而且傷害不了我們；大人聰明，體格健壯，能照顧自己，還能傷害我們。由於察覺年齡差異對我們日常的社會功能至關重要，我們對於這類差異極端敏感。因此就算是同齡人，我們對他們的印象仍會建立在他們的臉與不同年齡樣板的相似度上。用專業用語來說，這叫作「過度概化」（overgeneralize）。

　　我們可以用澤布羅維茨的理論來認識歷久不衰的面相學信念。18世紀的格羅斯對於畫家如何利用側臉輪廓的凹凸產生幽默效果提出建議，20世紀初的面相學家則是用這些側臉揭露人的性格。幾乎每一本談面相學的書都會討論臉的凹凸，以及臉的各個部分。以下是當時最有名的「性格分析師」凱薩琳・布萊克福德（Katherine Blackford）與亞瑟・紐康（Arthur Newcomb）所做的描述：純凸型的關鍵在於精力，而且身心皆然。充沛無比的精力讓極凸型的人熱情、警覺、迅速、積極、進取、缺乏耐心、正向且洞察力高。想當然，純凹型的人個性完全相反：「他個性的主調是溫和。他塌陷的鼻子意味著溫文或精力不足。他思考慢，有耐心，能持之以恆。」赫爾認真看待這些想法，認真到設計一種專門工具測量側臉的凹凸程度。唉，偏偏沒什麼證據證明臉的凹凸程度透漏性格。然而這些想法從何而來？我們再看一眼圖2.6。隨著我們年紀漸長，我們的側臉形狀會從相對凹變成相對凸，而

面相學家歸諸於這種形狀的若干性格，也符合我們對於嬰孩和成人的認知。澤布羅維茨的理論不只可以說明我們何以形成這些印象，還能解釋歷久不衰的面相學信念從何而來。

一旦將理論應用於其他面相學信條，情勢也就更加明朗。來談談下巴吧：「小而不完美的下巴代表意志不堅，體力差。」相形之下，「強健、大而比例適當的下巴則代表意志堅定……而且有無窮的精力與耐力。」事實上，我們的下巴會隨年齡越顯剛強寬大，面相學的歸納也符合這些改變。

至於我們成年人的下巴是否能透漏我們堅毅與否，這又是另一回事了。還記得最糟糕的美國總統華倫・哈定的下巴嗎？「說不定是我們所有總統中最堅毅的〔下巴〕」，點出「強大的意志力與堅忍不拔，結合於一人的下巴」。

我們多數人都喜歡小嬰兒、小狗、小貓以及各種幼獸。跨許多物種而論，這些幼體都有類似的頭部特徵：突出的額頭、後縮的下巴，以及大大的眼睛。知名動物行為學家康拉德・洛倫茲（Konrad Lorenz）主張，一觀察到這類孩子氣的特徵，就會自動觸發育雛反應。我們不只把自己對人類嬰兒的反應概化到有「娃娃臉」的成人身上，甚至會推及幼獸。這些反應也與我們的印象有關。澤布羅維茨不久前就指出，長著一張稚臉的成年獅子、拉布拉多犬、狐狸，我們會預期牠的支配力低於其同類。這些印象也影響了文化創作。史蒂芬・傑・古爾德（Steven Jay Gould）在一篇談米老鼠「演化」的論文中，記錄了這個迪士尼角色如何隨時代過去而獲得更多孩子氣的特徵。自 1950 年代開始，米奇相比於 1930 年代的他，不僅頭部更大（相較於身體），頭蓋骨更大，眼睛也更大。1930 年代的他是個搗蛋鬼，隨著他得到越

來越討喜和合宜的性格,他的外貌也改變了。

　　澤布羅維茨剛開始研究第一印象時,這還不是心理學的熱門主題。儘管她的下巴並不突出,她還是堅持了下來。我上面只點出我們對於臉上透漏的年齡差異有多敏感,但我們熟知的臉部差異還可以列出一份更長的清單。臉看起來陽剛或陰柔,會影響我們對人的印象。這是因為知道他人的性別,以及我們對於不同性別的聯想,是相當重要的事。臉上親切或不滿的表情也會影響我們的印象。這是因為表情對於我們瞭解他人的情緒狀態,以及我們面臨這些狀態時相關的行為期待來說非常重要。三十多年過去了,澤布羅維茨的觀點仍然在相關領域占據主導地位。

● ● ● ● ●

　　甩開面相學家很容易,但他們確實有些重大發現。說到底,他們的直覺跟我們是一樣的。我們對他人的外貌有種立即性的「本能」反應。根據外貌做決定有多容易?下面有個小小的範例。看一眼圖 2.7。你走進一場派對,圖中就是你最先看到的兩個人。

　　你會想靠近誰?假如你和多數人一樣,參加派對是為了找樂子,而非安慰別人,該怎麼選擇馬上一清二楚。左邊這個人看起來比較外向,而且已經準備好找樂子了,你遇不到更好的派對玩伴了。這些圖像太有說服力,因為它們掌握到我們對「外向」、「內向」的印象共識。這些圖像不是哪個畫家畫的,而是出自純粹的實證力量。我和電腦科學家出身的荷蘭神經科學家尼克・烏斯特霍夫(Nick Oosterhof)為這種共識創造了電腦模型。只要對印象的共識存在,我們就能打造出這

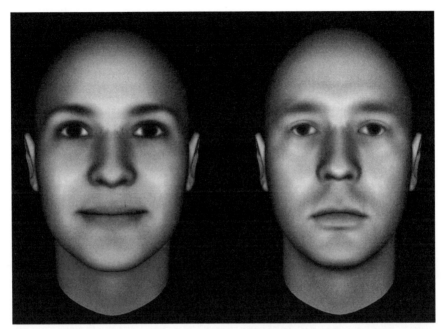

圖 2.7　以視覺方式呈現「外向」與「內向」印象的臉。第 06 章會加以討論。

些印象的精確模型，並加以視覺化。

　　對第一印象的共識從少少資訊中浮現的速度之快讓人咋舌。我們最初針對第一印象做的研究是預測美國參議員的選舉結果。我們請受試者在兩兩成對的政治人物臉孔顯示一秒後快選出誰比較能幹。一秒內對臉下判斷乍看荒唐，但一秒鐘──差不多是念出「一秒」二字所需的時間──對於自動的感知過程來說已經多過頭了。初期的發現激勵我們接著實驗人們是否可以在更短的時間裡對臉形成印象。我們給受試者看臉圖，以一百毫秒的時間（十分之一秒）、五百毫秒，或是像我們先前那樣整整閃過一秒。對於「值得信任」「積極」「能幹」等特質的判斷，我們原本以為大家需要圖片呈現較長時間才能決定，

畢竟十分之一秒就只有十分之一秒，結果我們錯了。對我們的受試者來說，看個十分之一秒已有足夠的資訊讓他們下定決心。多餘的時間純粹是讓他們對自己的判斷更有信心。

所有普林斯頓的大學本科生畢業前都得在系上選一位指導教授，完成一篇學士論文。上面提到的研究就是珍寧‧韋利斯（Janine Willis）的論文。因為興奮過頭，加上學年時間限制，從專業角度來說我們做的並不完善。假如你想確保圖像只呈現特定的（短暫）時間，該圖像在預計時間結束後就該用別的圖案取代，例如沒有任何意義的陰天圖。用心理學行話來說，這叫「知覺遮蔽」（perceptual masking）。假使你讓同一張臉顯示一百或五百毫秒，卻沒有使用遮蔽圖，你幾乎不會注意到這兩種時間的差異，因為圖像會在你的意識中延續。假使你顯示臉的時候搭配遮蔽圖，差異就會非常明顯。實驗心理學家花了大把時間思索和煩惱這類問題。我們研究時是用字卡（一個關於印象的問題）在顯示時間結束後立即取代臉像，但那不是最恰當的知覺遮蔽圖。

我們的研究發表於 2006 年。同年，神經科學家摩什‧巴爾（Moshe Bar）的團隊也發表了另一份研究。他們使用適當的遮蔽圖，而臉像呈現的時間更短——分別是二十六與三十九毫秒。經過二十六毫秒，受試者的判斷並未顯示出如同兩秒顯示後的共識。不過在經過三十九毫秒後，就有明顯的共識了。差別在於，二十六毫秒的感知遮蔽圖像實驗少於大多數人視覺所需。換句話說，我們等於沒看到圖片。三十九毫秒的圖片則會出現在多數人的視覺中。我們當時不曉得摩什也在做類似的實驗，這卻讓一致的發現更顯有力。此後，許多重複我們結論的後續研究也完成了。若想對某張臉形成印象，你只需看個少少的

三十到四十毫秒就夠了，儘管這時間快到臉幾乎看不清楚。然而，臉像顯示時間就算長過兩百毫秒，印象也不會改變。對臉的印象確實是一瞥即生。

　　對第一印象的共識不僅浮現得快，在發展過程中出現得也早。我與哈佛大學的愛蜜莉・寇格斯蒂（Emily Cogsdill）、麗茲・斯佩爾克（Liz Spelke）、馬札琳・巴納吉（Mahzarin Banaji）一起研究三至四歲小孩的印象形成。我們讓小朋友看如圖 2.8 的一對臉像，請他們指出「人很好」的那位。這一對臉像是從成年人實驗的「值得信任」印象模型中產生出來的。只要經過三十三毫秒的臉像顯示，成人就會覺得左邊的臉值得信賴，而右邊的臉不值得信任。

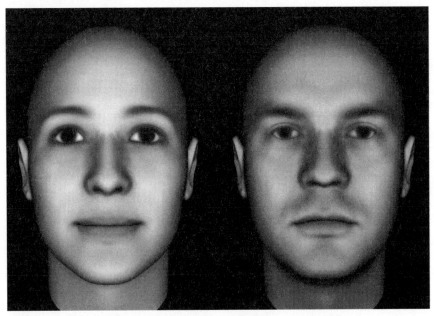

圖 2.8　以視覺方式呈現「值得信任」與「不值得信任」印象的臉。

　　我們沒有用超短的顯示時間來折磨小朋友。我們純粹只對他們的印象跟大人的印象是否接近感興趣。結果確實如此。小朋友和大人一樣，當研究人員請他們指出好人時，有超過 75% 的孩子指著那張「值得信任」的臉。要孩子決定誰比較強壯（從「強勢」印象模型產生的臉）或誰比較聰明（從「能幹」印象模型產生的臉），結果也很相似。

　　結果，對於研究第一印象的理解來說，三歲這年齡已經太老了。德國心理學家札拉‧延森（Sarah Jessen）與托比亞斯‧格羅斯曼（Tobias Grossmann）最近研究起七個月大的嬰兒。精確來說，這些嬰兒的平均年齡是二百一十三天。有個行之有年的方法能用來測量小嬰兒（與猴子）的專注行為：注視時間。由於嬰兒不會說話，要他們聽從指示也有困難，研究人員因此必須反向操作，在控制好的環境中研究他們的自發行為。使用「注視偏好研究法」（preferential looking paradigm）時，研究者一般會讓嬰兒看一對圖像。他們看不同圖片的時間比例，顯示他們對圖片的興趣度。再怎麼不濟，不同的觀看時間也顯示了嬰兒能區分這些圖像。總之，延森與格羅斯曼讓嬰兒看幾組從「值得信任」印象模型中產生的臉像（如圖 2.8）。小嬰兒舒服地坐在父母的大腿上，面對一塊擺了兩張臉圖的板子。每一次測驗開始前，兩張臉都用黑布遮住。把布拿開之後，嬰兒有三十秒時間看這兩張臉。期間他們的父母若非閉眼，就是望向他方，以避免影響嬰兒的行為。假如嬰兒注意力分散，看向別的地方，實驗人員就會敲敲板子中央。結果，嬰兒喜歡看「值得信任」的臉勝於「不值得信任」的臉。

　　在不同的實驗條件下，我和麻薩諸塞大學阿默斯特分校（University of Massachusetts Amherst）的艾瑞克‧切里斯（Erik Cheries）、阿什利‧里昂斯（Ashley Lyons）、瑞秋‧羅森（Rachel Rosen）在年紀較長的嬰

兒身上也獲得類似的發現。進行研究時，我們讓十一個月大的嬰兒呈爬行的姿勢，面對兩個距離相等的桶子。一只桶子貼著「值得信任」的臉，另一只貼著「不值得信任」的臉，兩張臉都是從「值得信任」印象模型中產生的（如圖 2.8）。只要嬰兒面向這兩個桶子，實驗人員就會讓他或她看一塊全麥餅乾，表示「看看我有什麼？我有好吃的全麥餅乾喔。」然後吃掉餅乾。示範過後，實驗者在每個桶子上各擺三塊餅乾，讓嬰兒爬去拿餅乾吃。一如所料，大多數嬰兒會往貼有「值得信任」臉的桶子爬去。

上述研究顯示，「值得信任」印象模型提供的暗示已強到足以讓嬰兒挑出照片。有些暗示跟表情的細微差異有關（你注意到圖 2.8 的差異了嗎）。到七個月時，嬰兒已觀察到足夠多的正向與負向表情，有能力區辨它們了。

●●●●●

面相學家有幾件事情說對了。臉可以瞬間抓住我們的注意力。記錄眼球移動的研究指出，我們看著有臉出現的場景時，絕大多數人第一眼會停在臉上，而且我們眼神落在臉上只需十分之一秒多一些。沒有別的物體能這麼快就吸引到我們的注意力。對臉的注意是種反射。臉對我們實在太重要，重要到我們能從雲朵和隨機的物體上看出臉；從可愛童書上的各種蔬菜都是。

我們除了會立刻注意到臉之外，還會把討不討喜、情緒與心理狀態，以及個性等內容賦予在這張臉上。比如我們會說：「耳機小傢伙」是個開心、興奮、健談的傢伙；「拖把小伙」身材削瘦，嚴肅而疲憊。

托普費爾老早就說過，每一張臉只要存在，就有意義。

　　如果我們對第一印象沒有共識，就不會有面相學。我們輕輕鬆鬆產生印象，面相學家的承諾也因此獨具魅力。面相學家用錯誤的方法得出錯誤的結論，但他們倒是說中了我們會不自覺形成印象的事實。可惜，縱使單憑外表形成印象這件事很荒唐，造成的影響卻不好笑。我們會在下一章探討這些影響。

第 03 章
印象重大
Consequential Impressions

　　20 世紀初，凱薩琳・布萊克福德與亞瑟・紐康構思了一套「科學雇聘計畫」，用來幫每個工作找到最適合的員工。他們有許多主張相當合情合理（方法就不見得了），還提倡建立雇聘部門，相當於今日的人力資源部。關於找出最適合人選的難題，布萊克福德與紐康的解決方法是把雇員的個性與工作特性配對，使用的工具是面相學，只不過他們喜歡稱之為「性格分析」科學。

　　在描述面試過程時，他們建議面試官要極為親切。面試官先是讓對方感到放鬆，簡短討論應徵資格後，就會請對方填寫應徵該職位的申請表格。在應徵者填表時，面試過程最重要的一塊才要開始。受過布萊克福德與紐康訓練的專業面試官「不曉得你寫的內容，但能從你藏不住的外在跡象與暗示瞭解你的天賦、你的性格，以及你如何運用老天爺賦予你的才能。他們做這些筆記時用的是三號分析表」。請見圖 3.1。

　　面試官可不是只確認你的髮色和頭型，她其實在分析你的性格。整個過程祕密進行，面試剛開始讓你放鬆只是為了降低戒心。理論上，你不會發現有人在分析你。三號表格「會以暗碼填寫，因此除了雇聘部門的主管和部門員工，沒人看得懂。整體上，表格內容是對你的身

BLANK NO. 3
ANALYSIS
———

Name_____ Personal_____
Address_____Photo_____

Colouring: Hair_____ Eyes_____ Form: Nose_____ Mouth_____ Body: Texture_____ Motive_____ Mental_____ Vital_____ Condition_____
   Eyes_____
   Skin_____
   Beard_____
   Chin_____

Head: High_____ Low_____ Long_____ Short_____ Narrow__ Wide_____ Square_____ Round__

Hand: Flexible— Rigid_____ Hard_____ Soft_____ Short__ Medium__ Long_____

Intellect: Capacity _____
   Type_____

Energy _____ Vitality_____ Endurance_____
Health_____ Dress_____

CONCLUSIONS:

Positives   Negatives

_____   _____
_____   _____
_____   _____
_____   _____
_____   _____
_____   _____

RECOMMENDATIONS

_____
_____
_____
_____

Date_____ (Signed)_____

圖 3.1　布萊克福德與紐康的「科學」雇聘方案中用來記錄應徵者身體特徵的表格。兩人相信他們可以對臉作性格分析，找出最適合的員工。

心狀態、個性與才能、受過的訓練、經驗等等所做的完整但扼要的陳述」。

許多工作甚至連面談都不用。比方有一次，需要雇十八名工人來做木工、開起重機等十四種不同的工作職位，以及找一人做組裝工作。雇聘部門的專業助理拿了名單，「快步走過在場上百人，一個個挑出要的人。」另一位專業助理馬上告訴你誰做哪份工作。當然，這兩位助理都受過布萊克福德與紐康的訓練。

布萊克福德是許多大公司的顧問。她也為哈靈頓・艾默生（Harrington Emerson）工作過，後者是「科學管理」運動的領軍人物，延攬她幫自己公司建立選才方法。有超過兩百間公司使用艾默生公司的服務。布萊克福德並非唯一一位為企業效力的面相學家，還有霍爾姆斯・莫頓（Holmes Merton）和他成立的職業指導協會（Institute for Vocational Guidance）、威廉・吉布比（William Kibby）與人事公司（The Personnel Company）以及其他許多人。越來越多公司行號在應徵過程中要求提供照片，他們不只可以從照片中看到應徵者的種族與性別，還能解讀其面相。布萊克福德認為照片能透露的應徵者性格遠多於面試。為了不受應徵者的風格舉止影響，性格分析人員可以「不帶感情，以幾近數學的方式運用科學的原則與定律」。儘管心理學家努力戳破面相學，但當時商界乃至可說整個世界都聽信面相學。心理學家唐納・萊爾德（Donald Laird）與赫曼・雷默斯（Herman Remmers）曾形容，「某些心理特質或能從臉部輪廓與表情洞悉而得，這點在現今幾乎成了普世價值。」

他當時所謂的「現今」是 1924 年。眼下我沒注意到有任何大規模運用「科學性格分析」的情況，不過這想必是第一章開頭提到的那間

以色列面部側寫新創公司的行銷夢。總之，這種分析還是沒有在商業活動中消失。2014 年聖誕節當天，《紐約時報》頭版的一篇報導是關於 NBA 球隊密爾瓦基公鹿聘了面相師。這位面相師曾幫過 NFL 和一些大學球隊工作。公鹿隊希望他幫助球隊挑選球員。球隊的心理學家稱他為隊上的「祕密武器」。到了賽季末，公鹿隊輸贏的場次各半，他們成功進入季後賽，但第一輪就被刷下來。他們下個賽季的戰績也許會好些，但我可不會把錢押在他們的「祕密武器」上。我寧可把錢押在比利・比恩（Billy Beane）這類非正統的運動經理人身上。比恩是奧克蘭運動家隊的總經理，而該球隊是 MLB 最窮但戰績最好的球隊。比恩的祕密武器是充分利用外表的偏見：選擇那些外表不怎麼樣，但比賽表現優異的球員。這些球員始終無法讓球探留下印象，在球員市場上一直被低估。麥可・路易斯（Michael Lewis）在他那本扣人心弦的書《魔球》（*Moneyball*）裡，描述了奧克蘭運動家隊看似渺茫的成就。借他的話來說，「開始的想像力失靈，最後走向了市場失靈（market inefficiency）：一旦你只因為外表就把一整批人從一份工作中排除，你就不太可能找到最適合這份工作的人」。

● ● ● ● ●

我和學生發現第一印象能預測重大政治選舉結果之後，我便開始對研究這種印象有了興趣。第一印象確實關鍵。那時我在普林斯頓當助理教授沒幾年，實驗室規模很小，只有一位兼職助理與兩位研究生。當年沒辦法在網路上輕鬆蒐集資料，於是我們參與了心理學系主辦的問卷日的其中一天。問卷日在學生之間打了廣告，願意花自己一小時

換十美金的人會拿到一疊厚厚的問卷填寫。我們的問卷夾在這一大疊問卷中間：上面是 2000~2002 年間美國所有參議員選舉勝選者與落選者兩兩一組的照片，但排除了希拉蕊・柯林頓（Hillary Clinton）與約翰・凱瑞（John Kerry）等眾所皆知的政治人物。不同學生分配到不同問題，例如「誰看起來能幹？」和「誰看起來正直？」，我們希望其中某些問題能預測誰贏得選舉。在我們分析資料後，結果遠超乎我們的預期。「誰看起來能幹？」的評比預測中了 70% 的選舉結果。科學的通則就是結果必須能重現，尤其是結果超乎預期之時。於是我們把別的事情全擺一邊，開始準備新的問卷。我甚至聘了一位大學部學生幫忙。之後結果回來，外貌判斷似乎什麼都沒預測到，結果跟隨機沒兩樣──勝選者獲得比敗選者更能幹的評價，約莫占 50% 的組別。扔硬幣決定也會有一樣的結果。

　　當晚我夜不成眠。我一直在想第一次會不會只是走運，現在是不是該認賠殺出，進行新的計畫？一連幾天我都無心思考其他事情。我開始審視問卷中的圖像，想找出為什麼新舊結果差別這麼大。結果是我請來幫忙的大學生出了一個錯誤。當你進行以電腦進行實驗時，通常你會讓每一位受試者接受的刺激物以亂數排序，排除因為特定順序而導向明顯結果的任何因子。若實驗程式在電腦上設定好，這會是小事一樁，但在紙本問卷上執行就會難上許多。這次的情形是，我幫參議員選舉的實驗跑好了亂數的組別順序，比方說第一組是明尼蘇達州參議員選舉，紐澤西州是第二組，羅德島州是第十五組。這位同學的工作是準備幾份問卷，每一份的參議員選舉組別都有特定順序。影印剪貼一堆圖像是很昏頭的事，結果同學排出來的順序與我請她準備的不一樣。由於統計分析根據我原先的順序進行，結果就變得隨機。說

起來，這就好比拿紐澤西候選人的臉預測明尼蘇達的選舉。排回正確的順序後，我們也就順利重現了最初的結果。我從來沒有因為發現自己的研究助理犯了大錯而如此開心過。經過其他幾次重現，我們最終寫下了自己的發現，論文後來發表在《科學》期刊上。這次的發表促成不同的研究團隊在不同國家重現一樣的結果。這種現象並不限於美國選舉。

$$\bullet\ \bullet\ \bullet\ \bullet\ \bullet$$

在我們發表此番發現之前，我幫這次研究提出經費申請。申請的作法是，寫好研究計畫提案後，由匿名審查人評估。評估結果從非常正面到非常負面都有。你八成猜得到哪一種對提撥經費的決定影響較大。其中一位審查人寫的評語，等於在說我們提到的現象——從長相預測政治選舉的幼稚判斷——想必只發生在我的研究室裡。原話是這樣說的：「我很想看看這種情況發生在 P. I. 實驗室以外的證據，否則我很難認為這些研究提案有說服力。」這個「P. I.」指的是我——計畫主持人（principal investigator）。還用說嗎，我沒拿到撥款。

成果發表後，我收到了我的第一封仇恨郵件。我還是不懂到底是哪裡戳到信的作者，但此君卻因為我們「無足輕重」的研究結果火冒三丈。在連篇髒話底下，他對我們的發現另有一種似是而非的解釋。據他說，我們觀察到的結果顯然與媒體曝光度有關。雖然我們的受試者無法明確認出這些政治人物，但他們肯定經常看到這些臉，而這種曝光度會讓他們對眼熟的政治人物給出能幹的分數。假如高知名度的政治人物較可能勝選，就能解釋我們的結果。儘管看似合理，但這種

假設最後得出是錯的。

　　要質疑出乎意料的研究發現，正確的方式是再現研究的執行，並測試其他的解釋。以此事為例，政治科學家是最先驗證一些無關緊要解釋的人，比方說照片解析度或選舉花費的差異。結果這類差異無法解釋選舉結果上的外表效應。性別與種族的差異也解釋不通。事實上，當候選人種族與性別一致時，我們的預測反而得出最好的結果。對候選人的眼熟程度也無法解釋這些效應。如前言所提，我最喜歡的是安東納基斯與達加斯的再現研究——瑞士兒童的判斷合乎過往法國國會選舉的結果。有些參與研究的孩子在這些選舉進行時甚至都還沒出生。在其他的歐陸再現研究中，美國與瑞典受試者的判斷預測到芬蘭大選的結果。我與我的一位研究生艾比・薩斯曼（Abby Sussman），連同一位保加利亞裔同事克莉絲汀娜・佩特科娃（Kristina Petkova），我們運用美國受試者的判斷，預測到我長大的國家保加利亞 2011 年總統大選的結果。這幾場選舉很有意思，因為參選門檻非常低，有許多候選人投入競選，這一年更有十八人之多。看到我在索菲亞大學（Sofia University）的一位教授在外表評價與選舉得票的成績都不好，我感到遺憾。最後的再現研究，來自政治科學家加百列・倫茨（Gabriel Lenz）與查佩爾・勞森（Chapel Lawson）讓美國與印度受試者幫墨西哥與巴西政治人物的臉評分。儘管刻意讓評分者與政治人物來自迴異的文化背景，受試者對政治人物的判斷確有共識，而這些評價也預測出了選舉結果。

●●●●●

　　但這在現實世界會怎麼產生作用？一方面，心理學實驗受試者（尤其是孩童）並不代表那些真正投票的人。另一方面，你很難想像政黨支持者會根據候選人的外表來投票。他們重視的是候選人的政治傾向，而不是長相。勞森與倫茨進行了傑出研究，推敲出第一印象在真實世界如何運作。他們研究真正的選民，發現外表只會影響對政治幾近無知的人。天天守在電視機前面，會讓外表的影響更強烈。簡而言之，對政治無知的電視迷最易受到外表的影響，其中有些人是所謂的搖擺或中間選民。

　　心理學家完全能理解倫茨與勞森的發現。有個比喻很能描述這種心態，叫做「認知吝嗇者」（cognitive miser）。當你我需要下決定，尤其是所知有限時，我們就會抄捷徑：直覺、反射、刻板印象，我們抄捷徑是因為比較容易。我們已經準備好驟下結論，特別是我們懶惰或忙得沒時間找確切證據時，而我們多數人總會有認知懶散或忙碌之時。一旦得做出關乎陌生人的決定，最簡單、最好的捷徑就是我們的第一印象。沒見識的選民就走這條捷徑。

　　人為實驗室中表現出的這種效應是否也對現實世界有所影響？選戰拉鋸時，沒見識或「以貌取人」的選民可能影響選舉結果。倫茨與勞森估計，長得稍微能幹的候選人從無知、愛看電視的選民身上獲得的選票，至多比競爭對手多 5%。倫茨和他的學生最近找來加州等十九州的選民進行實驗，選前兩週，這些投票人會被展示印有照片或無照片的選票，並給出自己的投票意向。結果當選民看得到照片，最好看的候選人會比長相不如人的候選人多得到 10~20% 的青睞，視選舉性質為黨內初選或全民普選而異。倫茨估計，候選人的長相在初選中可影響 29% 的選票，普選時則為 14%。這些結果令人印象深刻，因

為實驗的設計已排除了候選人的催票與選舉花費等可能解釋外表效應的其他因素。對選民來說,這兩種實驗唯一的條件差別是選票上有沒有照片。

　　對於這些實驗結果有種無趣的解釋:一旦呈現了候選人的照片,選民就會受到照片難以抵擋的影響,這種立即效應沛然莫之能禦,會讓外表對投票的影響像吹氣球般膨脹。我們應該慶幸美國不像巴西、比利時、希臘、愛爾蘭,美國的選票上沒有候選人照片。但整體來說,我們都曉得外表的影響向來被低估。許多無照片組的選民已知道候選人的長相,這種情況本該讓他們與照片組選民的選擇差異減到最小才是,並且這種可能性是可驗證的。倫茨和同事的推論是,隨著競選活動靠近選舉日,外貌對控制組(選票無照片組)的影響應該會增加,原因是選民越來越可能在日常接觸到候選人的照片。這正是倫茨與同事的發現。就算外貌對實驗組(選票有照片組)有影響,這種影響似乎也會越來越弱,因為選民會得到更多其他與候選人有關的資訊而影響選擇。上述的二次分析指出,外表對投票的影響不能完全用「實驗組選民看到了候選人照片」解釋,而且實際效應可能甚至強過預估。另外還有個教人沮喪的發現:國會初選中會有多名同黨候選人彼此較勁,而政治知識無法讓選民在初選時對外表的影響免疫。

　　偶而會有人用「其貌不揚」來描述亞伯拉罕‧林肯(Abraham Lincoln),暗指他在現代不會是個成功的政治人物。這點仍有爭議。林肯是最早在競選活動中使用照片的候選人,而且他也很注意自己外表的潛在影響。他留了落腮鬍來提升外貌,這很可能是來自一群共和黨同志的建議,他們「明確直言,那樣能讓勳章顯眼,鬢鬍讓你看來素養不凡,而且與亮色衣著相襯」。

・・・・・

　在我們的研究中，其中一項最教人訝異的發現是外貌效應的特異度（specificity）。「能幹」這個特定的評判標準，是目前為止最準確的選舉預測因子。先於我們的若干研究指出，長相有魅力的政治人物更可能勝選，但長得較能幹的候選人平均而論也較有吸引力。一旦你把這兩種放在一起較勁，「能幹」會遠強過「吸引力」。結果，我們並不是第一個發現「能幹」比其他標準更能預測選舉結果的研究。在試著描述我們的發現時，我們徹底搜尋所有文獻，以確保沒有我們忽略先前的相關研究。D.S. 馬丁（D. S. Martin）在 1978 年《澳大利亞心理學報》（*Australian Journal of Psychology*）的論文中提到，從臉對「能幹」（而非「討喜」）的判斷曾準確預測一次澳洲地方選舉的結果。我們的「原創」發現看來一點都不原創。

　約莫三十年前，政治科學家蕭恩・羅森堡（Shawn Rosenberg）及其同事進行了另一項開創性研究。他們在指出人們能根據國會職位適任度（「你會希望哪種人在國會中為你喉舌」）輕鬆幫中年男子的照片排行之後，又接著用「非常適任」與「不太適任」的候選人照片製作了投票傳單。順帶一提，國會適任度標準中不包括吸引力：「非常適任」的候選人長的沒有比「不太適任」的候選人更具吸引力。傳單上不只擺了候選人照片，也呈現關於其政黨傾向與政策立場的資訊。儘管刊登了這些資訊，外表占優勢的候選人仍囊括受試者大約 60% 的選票。

　可是，「能幹」為何這麼重要？就算是所知不充分的選民，他們的投票選擇也不盡然非理性。假如你問大家「理想的政治代表最重要

的特質是什麼？」，「能幹」會登上榜首。這些特質感受對選舉結果的預測準度，取決於選民覺得它多重要。若選民不在乎民意代表性格是否外向，外向就無法預測誰會勝選。但選民關心自己的代表是否能幹，能幹就確實能預測贏家。以貌取人的選民只不過是用簡單的抉擇取代困難的抉擇。瞭解某個政治人物是否真的能幹，得消耗時間與精力。判斷哪個政治人物長得比較能幹則輕而易舉。以貌取人的選民在錯誤的地方想尋找正確的資訊，這都是因為輕鬆。

• • • • •

在心理學當中，我們會將心理過程區分為相對自發、不費力的，以及相對有意、受到控制的。諾貝爾獎得主丹尼爾・康納曼（Daniel Kahneman）在美妙的《快思慢想》（*Thinking, Fast and Slow*）一書中描述這些心理過程之間的諸多差異。如同感知到物體的存在或是察覺巨響來的方向，形成對臉的印象一樣是自發過程的例子。有許多方式可以說明這類印象的自發特質，其中一個是以非常短的時間呈現臉像；另一個是強迫受試者以比平常更快的速度形成印象。兩者皆無法阻止印象形成，或是改變其本質。

我們已經從珍寧・韋利斯的論文（見第 02 章）瞭解到，人們可以從呈現時間極短的臉像中形成印象。幾年後，另一位天資聰穎的大學部學生查斯・巴留（Chas Ballew）繼續發展這項研究。為了他的論文，我們修改了先前的政治選舉研究。我們讓地方首長選舉（在美國重要性僅次於總統大選的重要選舉）勝選人與敗選人的一對照片，以一百毫秒、二百五十毫秒的時間閃現，或是持續到受試者做出反應為止。

結果一如珍寧的研究，十分之一秒便足以讓受試者做出判斷，而這些判斷也預測到了選舉結果。事實上，影像呈現的時間就算更久，預測結果也不會更精確。在不限時的情況下，受試者平均用三點五秒來決定兩位政治人物中誰看起來比較能幹。我們第二次實驗時，讓受試者在兩秒內回應，他們的預測成績就跟不限時組差不多。唯有在一種情況下，受試者的預測判斷非常糟糕——請他們審慎做出良好判斷。乍聽之下這很讓人訝異，但其實受試者沒什麼好審慎的。我們的第一印象不是我們有意為之，而是印象自動找上我們。上述指示不過是為受試者徒增雜訊。

偶而會有人明確拿外表作為支持候選人的理由。曾在 1996 年總統大選中輸給比爾·柯林頓（Bill Clinton）的鮑勃·杜爾（Bob Dole），他對 2012 年共和黨總統提名的看法是：「就我看來，獲得提名的不是羅姆尼（Romney）就是紐特（指紐特·金瑞契〔Newt Gingrich〕），可是……羅姆尼比較有總統相。」我們的研究發現指出，外貌的影響力恐怕沒那麼明顯，選民自己也不容易意識到。根據長相而來的性格判斷來得很快，只要從受到控制的心理過程中得到最少的輸入就能運作，並且在一些情況導致大幅仰賴捷徑做決定時，會影響最大。以選舉為例，這類情況包括選民缺乏知識、低投入、候選人多於兩人導致獲得資訊的成本很高，以及選舉以候選人為中心而非黨派為中心時。上述所有情形都會增加外表對選民決策的影響。

• • • • •

一般都認為「能幹」是政治人物最重要的特質。但情況不同時，

人們所認為的重要特質也會改變。想像現在是戰爭期間要去投總統票，你可能會投給比較強勢、陽剛，比較像強硬領導人，這是戰時的重要領導人特質。相反地，如果是承平時期，你則有可能會投給看起來比較聰明、寬容、討喜，長相有這種重要特質的領導人。這種偏好的翻轉很容易理解。

　　我們認定什麼特質重要，也同樣端視我們的意識型態傾向。來看圖 3.1。誰會是比較優秀的領導人？

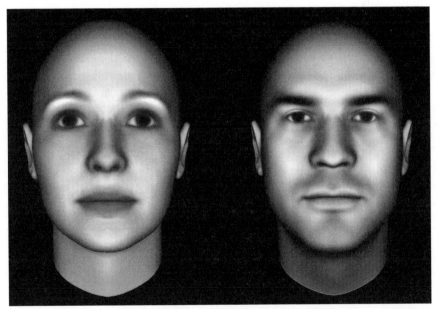

圖 3.1　以視覺方式呈現「不強勢」與「強勢」印象的臉。第 06 章會加以討論。

　　丹麥研究人員拉斯・勞茨森（Lasse Laustsen）與米謝・彼得森（Michael Petersen）用我們的「強勢」印象電腦模型產生了這兩張臉，顯示自由派選民傾向於選左邊的臉，保守派選民傾向選右邊的臉。這

些偏好反映了我們對於右派、陽剛、強勢型長相領導人，以及左派、陰柔、非強勢型長相領導人的意識型態刻板印象。回到真實生活中的丹麥選舉，勞茨森與彼得森重現了能幹效應：能幹的長相對整個意識形態光譜的政治候選人都有幫助。但強勢型外貌的優勢則因候選人的價值取向而有不同。強勢型長相的保守派候選人會得到選票，但強勢型長相的自由派候選人會失去選票，不過這一點只在男性身上成立。不分保守派或自由派，強勢長相對女性候選人來說都是壞消息。性別刻板印象很難改變。

勞茨森與彼得森還用電腦微調了真實政治人物的臉，讓他們看起來更強勢或更不強勢。假如政治人物不大有名，這種微調就會造成差異。假如候選人的臉變得比較不強勢，自由派受試者會比較願意接受其政策立場。反過來，當候選人的臉變得比較強勢，保守派受試者才會比較願意接受其政策立場。政治環境或我們的意識形態傾向，會改變我們認為重要的特質，但不會改變我們形成印象並據之行事的習性。

● ● ● ● ●

印象不僅形塑我們的政治決定，也影響我們的經濟決策。摩根銀行創辦人摩根（J. P. Morgan）的貸款決定就大大仰仗性格判斷。他說過，「就算拿全部基督教國家的債卷來抵押，我不相信的人就是沒法從我這裡拿到錢。」以長期經濟業務來說，我們可以把聲譽當作根據，而聲譽靠的是重複的業務往來建立。但許多經濟業務都是一次性的交換。以拍賣網站 eBay 為例，上面絕大多數的交易都是一次性的。你有

機會看到眼下交易對象從其他用戶那裡得到的評價，但這種回評機制
與完美相去甚遠。並非所有用戶都會提供評價；看得到的評價泰半正
面，而出現負評的機率則低得教人懷疑，這是因為負評的代價較高。
連評價網站「安琪點評」（Angie's List）等靠為消費者提供精確資訊而
生意興隆的服務業者，也有傾向壓低負評的內建機制。遭到負評的供
應商能試圖安撫不悅的消費者，而不難想見後續消費者就會提高對服
務的給分。

　　每當面臨決定是否要相信別人──尤其是過往行為資訊少之又少
的一次性業務時，外表扮演的角色就跟政治人物選舉時一樣吃重。來
看圖 3.2。假如你得做出投資決定，你比較願意把你的錢交給哪個人？

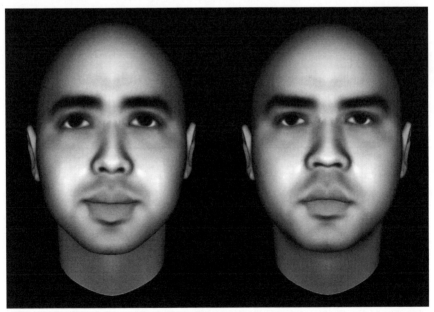

圖 3.2　將「值得信任」印象的電腦模型套用在一張臉上，讓它看起來更值得信任
（左影像）或比較不值得信任（右影像）。

對多數人來說，左邊那張臉長得比較值得信任，因此也比較有機會得到錢。英國一個研究團隊（裡頭有我以前的研究生克里斯·奧利沃拉〔Chris Olivola〕）運用我們的「值得信任」印象模型所產生的臉像進行投資實驗。受試者要玩一系列線上投資遊戲，他們以為對手是真人，由螢幕上的臉代表。這種遊戲是典型的高風險模擬金融遊戲。如果你決定投資你的夥伴，你的投資額便會增加三倍，但錢會握在夥伴手中，由他決定如何運用。真正值得信賴的夥伴應該要投桃報李，回報這個三倍數字的一半或是更多給你。完全不能信賴的人就會把錢全部私吞。研究者非常仔細地確保受試者相信他們在和真人玩遊戲。他們會拍下受試者的照片，輸進電腦程式，產生數位化且沒有頭髮的臉部圖像，與他們投資「夥伴」的臉相去無幾。假如受試者遲到超過五分鐘，研究人員就會重新安排時程，讓受試者以為自己錯過與線上夥伴的約會。受試者一如預期，對值得信任長相的夥伴投資較多。甚至當受試者獲得這種經濟交換中唯一有用的情報——其夥伴過往投資行為的資訊時，長得值得信任的臉還是出乎意料地拿到比較多錢。

我們已經曉得，小孩對臉的印象與大人差不多。在我與哈佛同事所做的研究中，三到四歲的小孩會選長得值得信任的臉，當成比較親切的人。由姬蓮·羅德斯（Gillian Rhodes）率領的澳洲團隊，則研究五歲與十歲小孩的信任行為。他們讓孩子玩「代幣追尋」的遊戲，這種遊戲跟英國研究中的投資實驗結構一樣，只不過孩子「投資」的是外型像海盜寶藏的代幣。結果一如大人，五歲與十歲的孩子同樣對長得值得信任的夥伴投資了更多代幣。研究人員還進行另一輪遊戲，讓玩家可以付出代價，換得親眼看見夥伴。有超過三分之一的成年受試者這麼做了，而孩子比大人更願意付代價看到對方。

　　這種外貌效應並不局限於實驗環境。實地研究顯示，外表對於真實世界的經濟業務有很大的影響。我在普林斯頓的同事兼好友艾爾達·夏菲爾（Eldar Shafir）在南非進行研究，當地有間銀行會寄貸款申請書給潛在客戶。有些貸款申請書會附上一張誘人女子的照片。附上照片的申請書會增加男性的投資入，效果相當於減少 3% 的貸款利率。他頭一次告訴我這項發現時，我大喊：「我們〔男人〕也太膚淺了。」而他回我：「不，是蠢得可以。」經濟學家對美國「個人對個人」借貸網站龍頭 Prosper 進行研究，也發現長相會大大影響借貸行為。網站上的借款人要提交借款要求（金額從二千美金至三萬五千美金不等），放款人則提交投標。假如有足夠的投標，借款提案便能獲得資金。雖然沒有規定借款人必須上傳自己的照片，但有些人會這麼做。附上照片顯然是個好主意，有照片的借款人比較有機會得到借款。但也不是每張照片都有同等效果。借款人若長得值得信任（但不必然吸引人），比較可能得到貸款，利率也比較低。這一點相當驚人，畢竟網站已提供豐富的借款人資訊，包括信用歷史、債務對收入比、收入與就業狀態。

　　外貌能幫助或傷害的不只是需要貸款的人，連 CEO 也不例外。若干研究發現，長得比較能幹的 CEO（用類似先前提到的選舉研究中的幼稚方法來衡量誰長得能幹）帶領的公司比較成功。儘管人們常常把這發現詮釋為「能幹的外表反映了真實的才幹」，但深入的資料分析卻顯示，純粹是比較成功的公司會雇用長相比較好看的 CEO。杜克大學（Duke University）的經濟學家指出，幸運生著能幹長相的 CEO，有辦法得到更有利可圖的職位。所以關鍵是「長相能幹」只能預見經理人的報酬，而非公司的表現。也就是說，這樣的外表對臉主人有好

處，而非有利於雇用他或她的人。作者群說，「所見不盡然等於所得」。

●　●　●　●　●

　　對臉部外貌的印象還會影響司法判決。第二章提到的桌遊「第一印象狂歡」有好些印象牌和作奸犯科有關：詐欺犯、犯罪首腦、邪惡天才、逃犯、暴徒、郵局張貼的 FBI 通緝海報中的人。從面部特徵判斷出不正直的人格，是面相學歷久不衰的訴求。高爾頓之所以發明合成攝影，動機就是這項訴求。他的技術最早正是應用在囚犯的照片上。

　　1920 年代與 1930 年代，哈佛人類學家厄尼斯特‧虎頓（Earnest Hooton）跟隨高爾頓與龍布羅梭的腳步，從超過一萬四千名囚犯、約一千二百名「精神錯亂的平民」，以及二千名「心智正常的平民」身上蒐集大量的身體量測數據。光是頭和臉就有十二種不同的測量數據，從頭顱周長與臉長等顯而易見者，到顴弓間最大直徑等不易測量者，不一而足。這項大工程的結果在 1939 年化為兩本書，第一本是《美國罪犯‧卷一》（*The American Criminal, Volume 1*，後來就沒出了），重量五磅多一些。針對本書，作者的原話是：「針對令人沮喪的題材，進行單調至極的統計研究。」這本書確實有不少統計，比方說，你會發現美國西南區的囚犯髮量比麻州囚犯來得多。不過，後者的鬍鬚比較濃密，凹型側臉輪廓比例也最高。至於體毛，則是由肯塔基與德州拔得頭籌。

　　第二本《罪行與人》（*Crime and the Man*）則意在將枯燥的統計成果轉譯成普羅大眾能懂的內容，而且書中還有豐富插圖，像是一級謀

殺犯的素描，呈現了一級謀殺犯的綜合特徵。

　　虎頓不是隨便一個宣稱自己懂得怎麼由臉解讀性格的路人甲，他是一位傑出的科學家，身後被譽為美國第一代體質人類學家的培育祖師爺。他是幾個最有聲望的科學組織會員，也是多產作者，或許是最早試圖拓及普羅大眾的學院中人。他比龍布羅梭考慮更周詳，而且不相信有明確的罪犯外貌類型存在：「只有對人類學無知者和數學白痴，才會認為可能有任何形貌特徵的固定多重組合能構成罪犯類型，並且具有判斷罪犯的實用目的。」但他書中類似前述一級謀殺犯速描的插圖卻傳達出相反看法，認為到頭來，「訓練有素、經驗豐富的人類學觀察者」有能力辨識出這種類型。「人類的演化衰落趨勢正在我們這個物種中創造上百萬身心低劣的動物」，而辨識罪犯類型對於阻止這股趨勢非常重要，而且只是起頭的一小步。「慣犯在體質上低劣無望，應該永久拘禁，無論如何都不允許他們生育」，就跟高爾頓的「不可名之地」一樣。

　　儘管虎頓並非向高爾頓致敬，但他的終極目標——「生養優越的類型並無情消除低劣類型，藉此導正、控制人類演化的進展」，肯定會讓高爾頓頗感欣慰。

●●●●●

　　縱使我們覺得罪犯面相類型的訴求讓人倒盡胃口，但「我們腦海裡的照片」卻包括了這些類型。看看圖 3.3，你覺得哪張臉比較像罪犯？

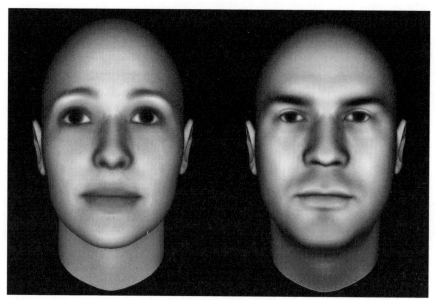

圖 3.3 以視覺方式呈現「不會犯罪」與「作奸犯科」的印象面容。

　　我們可以建立「外向」與「值得信任」的印象模型，當然也能建立「作奸犯科」的印象模型。假如圖 3.3 讓你想到「值得信任」模型的臉（圖 2.8）與「強勢」模型的臉（圖 3.1），這可不是巧合，也不是模型做得很馬虎。「不值得信任」與「強勢」的印象，是罪犯刻板印象的必備成分。我們也可以把這些模型套用到真人臉上，透過微調創造同一張臉的「罪犯版」和「無辜版」。

　　我們不只對於「誰長得像罪犯」有共識，對於不同類型罪犯的外表也有志一同。記得那個把演員的臉分類到不同犯罪類型的研究嗎（第 02 章）？1980 年代有另一項研究，研究人員拿自己朋友的照片，請不知情的受試者與員警將照片與不同的犯行配對。兩組人的選擇很類似，而且把不同的臉配給不同的犯行。最早論證罪犯視覺刻板印象的

研究來自 1973 年，唐納・修梅克（Donald Shoemaker）和同事同樣指出這些刻板印象影響重大。一張臉與不同罪行的「適配」程度，足以預測臉主人在這些罪行上是否會獲判有罪。後續研究已重現並延伸出這種「臉—罪適配」效應。

　　早在評估犯行相關證據、決定是否有罪之前，「罪犯」刻板印象就已對司法判決造成影響。影響從嫌犯辨識的那一刻起即已開始。兩位英國研究者透過真實的嫌犯列隊指認程序進行研究。當他們讓受試者看列隊，請他們挑出最可能的人犯時，發現受試者會傾向挑出有「罪犯臉」的人。對於列隊的研究分析同樣指出列隊本身無意間的偏見：員警會挑出長得比嫌疑人不像罪犯的人在隊伍當中作陪。目擊者指認出錯素有惡名，我們腦海裡的罪犯照片對此也有貢獻。倘若一開始的臉部記憶模糊、列隊組成又受偏見影響，就更容易出錯。

　　許多這類研究都是實驗室研究，我們因此可以質疑其成果是否能反映真實的司法世界。澤布羅維茨與蘇珊・麥當勞（Susan McDonald）研究了麻州五百零六件小額索賠審判，這類案件是私人因損害賠償而控告對方，法庭則由一位法官主持，沒有陪審團。結果不意外，法律援助（legal support）的程度——例如有沒有律師——影響了被告是否獲判有罪。但原告與被告的外貌也有影響，程度簡直不亞於得到法律援助。假如是故意傷害的案件，娃娃臉被告比較不會打輸官司——成熟臉被告就不是這樣了。反之，娃娃臉被告在過失傷害案件中較容易打輸官司。假如娃娃臉原告勝訴，且被告一臉老成的話，原告會拿到更多賠償。這些現象都符合「臉—罪適配」效應。我們會預期娃娃臉的人比成熟臉的人來得誠實，但也比較粗心；我們也想保護生的一副娃娃臉的人。法官的決定似乎不脫澤布羅維茨業已證實的

刻板印象。

　　近年來，心理學家約翰・保羅・威爾森（John Paul Wilson）與尼可拉斯・盧爾（Nicholas Rule）驗證了「值得信任」的印象是否能預測死刑判決。他們挑出佛羅里達州所有犯下一級謀殺並獲判死刑的男性囚犯。之所以選佛羅里達州，是因為該州的矯正署維持讓全體受刑人的照片資料庫可公開使用。威爾森與盧爾拿死刑犯與犯下一級謀殺後獲判終身監禁者的照片，比較他們的臉給人的印象。不知情的受試者覺得獲判死刑的囚犯看起來比較不值得信任。這類印象效應一如澤布羅維茨與麥當勞的研究所示，無法用一般懷疑的「吸引力」或「種族」來解釋。威爾森與盧爾在後續研究中，蒐集遭誤判謀殺後平反的冤獄者相片。結果還是一樣：這些不幸者若長得比較不值得信任，就比較可能遭到死刑誤判。

　　面相學家對於罪犯的看法或許會讓我們大皺眉頭，但這些看法的負面影響卻從未消失於我們的司法體系中。若正義女神不能無視於外貌，外貌就會影響小至簡易民事賠償，大至死刑的司法裁斷。哈維洛克・艾利斯在 1895 年提到，「中世紀有條法律，假如有兩人是一件犯行的嫌疑人，醜的那人會被揪出來處罰。今天不僅法官，連陪審席上一同正襟危坐要裁定自己同胞的素人，都同樣在有意無意間受到面相的影響。」眼下的「今天」與 1895 年的「今天」其實也相去不遠。

●　●　●　●　●

　　到了 20 世紀初，拉瓦特已不再流行，一些「科學」性格分析師甚至不會提起他。他們寧可用演化論的說法來妝點自己的主張。此後的

世局大不相同，但我們仍未拋棄拉瓦特的作法。面相學家的信念依舊潛伏。我們或許不會公開為其背書，但這不代表我們不再有面相學家的行事作風——至少不時會來個一招半式。

第一印象來得不僅又快又容易，而且視需要而生。衡量他人——無論是其能力或是道德性格，都是一件難事。一旦資訊有限或證據不明確，刻板印象與外型推論便會以此或彼的方式使我們動搖。假如情勢需要釐清他人是否能幹，我們對能幹的印象遲早會派上用場；假如情勢需要釐清他人是否性格強勢，我們對強勢的印象遲早會派上用場。這些印象影響我們的決策與行動。假如我們必須判斷某人是否是個暴力犯，強勢外表就會不利於他。假如我們必須判斷同一個人是否能當個優秀軍官，同樣的強勢外貌就會對他有利。我們的印象總是能配合情境演出。

但是，是什麼催動了我們的第一印象？本書的第 2 部談第一印象的認知規則，這些規則能解釋我們為何會不由自主地形成印象。面相學家相信外表與性格之間存在有序而可預測的關聯，只是他們沒有找到。現代科學指出這種關聯確實存在，但它們存於外表與印象之間，而非外表與性格之間。

PART **2**

瞭解第一印象
Understanding First Impressiona

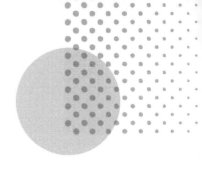

第 04 章
心理學家這一行
The Psychologist's Trade

借句利希滕貝格的話來說，臉是「全天下最有趣的表面」。臉的魔法就在於我們始終想從中看出意義。利希滕貝格說過，「人臉就像一塊石板，上面所有線條都分配有先驗的意義；稍微擠個臉看起來就像譏笑，來條紋路看起來就像不誠實。」這種魔法讓印象的研究既迷人又困難。人臉雖然都大同小異，但其中仍變化萬千。格羅斯在他那本 18 世紀的漫畫指南中說過，「乍看之下，有鑑於構成人臉的部位數量之少，兼之其普遍相似，似乎幾乎不可能提供足夠數量的性格區分，分別此人與彼人；但憑藉放大一部位，縮小另一部位，增加或減少兩部位的距離，或是改變其比例，則變化非常驚人，組合的力量彷彿無限。」

組合的力量不只讓臉各自不同，還能創造不同印象。這是托普費爾的真知灼見。只消用鉛筆畫個幾筆，他便能輕鬆將我們對人的印象從「口吃的笨傢伙」轉變成「沒那麼笨，口吃沒那麼嚴重……有一定的專注思考能力」。這些正是西科德早期的發現：同樣的臉部部位以不同方式組合，就能創造不同印象。同樣厚度的雙唇在前一種組合創造溫和的印象，在另一種組合卻會帶來容易激動與自命不凡的印象。

臉部特徵有無限種組合，而我們的心智能為每一種組合賦予意義。

心理學家的任務就是確認是否有通則，能簡化這些變化萬千的組合。
證明我們的印象有共識還不夠，我們得找出是哪些部位的組合帶來這
些共識。假如我們通曉創造組合的規則，我們就更有機會瞭解你我的
印象從何而來。接下來四章，我們要當起實驗心理學家，鑽進心理學
家的百寶箱。我們的目標是讓不可見的心智內容變得可見，為此我們
將驗證我們的直覺，設計簡單實驗，探索臉的幻象，想出新方法來解
構我們的印象。

　　先來把問題明確化──找出能創造我們印象的臉部特徵組合。看
看圖 4.1 的臉。

　　我沒必要叫你特地形成印象，因為你已經有了。這些印象有其影

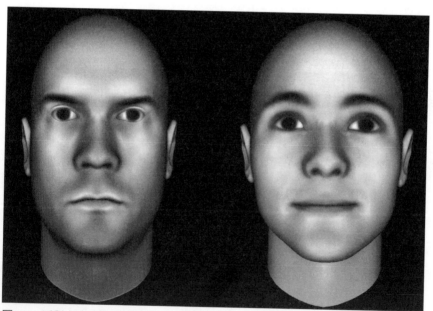

圖 4.1　派對上你會更想接近誰？打野場籃球時，你會選誰跟你一隊？

響。如果在派對上，多數人會接近右邊這個人，那麼，在城裡附近湊隊的籃球賽呢？在這類比賽中，隊長必須從他或她不見得認識的其他球員裡選四個人。選到好球員很重要，因為贏球隊伍可以一直留在場上，直到輸球為止。如果是你當隊長，你會選誰？假設兩人身高相同，多數人會選左邊那個人。這些印象有可能錯得離譜──現役最強的 NBA 三分射手史蒂芬・科瑞（Stephen Curry）可是人稱「娃娃臉殺手」──但這是題外話了。

　　臉上有些什麼觸發了這些印象。我們覺得右邊的傢伙比較討喜，左邊的傢伙比較強勢，但我們要如何去捕捉到是什麼讓我們這麼想？每一張臉之間有許多不同點：臉型、眼睛、眉型、鼻子、嘴唇厚度、膚色、不同部位之間的距離，諸如此類。我們如何把自己複雜的印象濃縮為對臉孔的明確描述？

• • • • •

　　仰賴你我的直覺是條可行的路。當我們想到臉，腦中第一個想到的特徵是什麼？當然是眼睛。對於辨識情感狀態來說，是眼睛比較重要還是眉毛呢？早在 17 世紀，勒布朗就已經知道正確答案了：「眉毛是臉上最能清楚展現情感的部位，只是許多人以為是眼睛。」他根據法國哲學家笛卡兒（René Descartes）的說法，認為靈魂是透過大腦內的松果體來表現。當眉毛往腦的方向上揚，表現的就是「最溫和蘊藉的情感」，眉毛往心臟方向下彎則是表現「最狂野殘酷的情感」。這個推論是錯的，但觀察多少正確。現代研究泰半指出，眉毛在表現情緒上比眼睛更重要。當我們表達情緒時，我們的眉毛會以特定方式移

動，有助於他人解讀我們的情緒狀態。恐懼是最容易從眼睛察覺到的情緒之一。人感到恐懼時會睜大雙眼，眼白（即鞏膜）因此會露出更多。

那麼認臉呢？請看圖 4.2。你認得這張臉嗎？

圖 4.2　你認得出這張臉嗎？

給你一點提示。這是美國某任知名的總統，猜到沒？視覺科學家巴萬・辛尼亞（Pawan Sinha）與同事已經證明，比起從大家熟知的從臉上消去眼睛，消去眉毛會讓人更難辨認。要是你不相信，就看圖 4.3。臉有沒有變得更好認？

比起把眉毛消掉，把眼睛消掉比較容易認得出這人是理查・尼克森（Richard Nixon）。假如你覺得這是因為尼克森的眉毛太過好認的關係，研究人員還試過許多其他名人的臉，例如眉毛不怎麼特別的薇諾娜・瑞德（Winona Ryder）。當然，眼睛很重要，但沒有我們以為得重要。我們對於「臉部哪個特徵重要」的直覺，就算發揮得好時也

圖 **4.3**　你認得出這張臉嗎？比起消去眉
毛（見圖 4.2），消去眼睛的臉比較好認。

稱不上充分，發揮不好時還會造成誤會。

　　就算細問受試者，在他們形成印象當下，哪一項臉部特徵比較重
要，對我們幫助也不大。你已經在第二章讀過山謬斯的研究，她微調
臉部特徵，測試這些調整如何改變印象。她也請受試者列舉形成這些
印象的理由，結果受試者鮮少提到那些實際被調整過且影響其印象的
特徵。山謬斯總結，「從作答紙上經常出現的刪除與留白，以及對於
面部特徵矛盾而模糊的陳述來看，顯然學生在說明他們的判斷時遭遇
困難。我們有理由相信大多數人常常提到眼睛，其實是基於理智思
維。」這毫不意外，畢竟我們看一張臉時少至四十毫秒就能形成印象，
短到看整張臉都快不夠了，遑論注意到不同臉部特徵之間的微小差
異。對於是什麼驅動我們的印象，我們沒有多少意識。

　　認為是直覺不靈光，似乎是我們解釋自己的判斷與行為時共有的
特色。1977 年，理查・尼斯貝特（Richard Nisbett）與提摩西・威爾森

（Timothy Wilson）發表一篇知名但在當時頗具爭議的論文〈透露得比我們所知更多〉（"Telling more than we can know"）。在這篇論文中，兩人的主要論點是，我們無法觸及內在產生判斷的認知過程。當然，我們注意到這些判斷的成果，但我們並不曉得它們從何而來。尼斯貝特與威爾森提供許多例子，證明人們能為自己的行為提供解釋，但這些解釋與其行為成因卻沒有任何明確的關係。他們做了許多研究，其中一項要求受試者記住類似「海洋—月亮」這樣的字詞組合。接著，他們讓受試者看到類似「去汙劑」的字詞，請他們回答心裡想到的第一個詞。果不其然，記完「海洋—月亮」之後，許多受試者對「去汙劑」的回應是「汰漬」（Tide）[2]。可一旦問他們為何會有這種特定回應時，受試者幾乎都沒提到之前聽到的字詞組合，他們反而提供種種奇怪的理由，例如「汰漬是最有名的去汙劑」或「我媽都用汰漬」。

　　透過某些極端案例，我們更能清楚看到行為與解釋之間的脫鉤。神經科學家麥可・加贊尼加（Michael Gazzaniga）對裂腦（split-brain）病人的研究相當迷人。這些病人的胼胝體（corpus callosum，將左右腦連接起來的神經軸突）斷開了，以致左右腦彼此無法溝通，因此病人有可能做出了動作，卻不瞭解自己為什麼這麼做。實驗人員拿「大笑」這個詞在一位病人的左視野前方晃動（資訊在右腦處理），病人開始大笑。儘管病人沒意識到自己行為的動機，但當實驗人員問他為什麼笑時，他還是馬上回答：「你們這些傢伙每個月都出現來給我們做測驗，真是生財有道啊。」看來我們的大腦（在這個案例中是左腦）會被迫產生對我們行為的解釋，即便這些解釋完全脫離現實。

2　譯注：Tide 作為單字，本身為潮水之意。

我們大家都有點像裂腦病患。當完全正常的人要選擇臉的時候，也會出現類似的效應。看看圖 4.4 的實驗步驟。實驗者讓受試者看兩張照片，問受試者哪一張臉比較有吸引力。實驗者是位訓練有素的魔術師，兩手袖子裡都藏了另一張照片的複本。一旦受試者指了其中一張臉，他就會把照片掉包成受試者剛剛否決的那張臉。我們直覺認為受試者應該馬上就能看出這種彆腳把戲。事實上，許多次實驗中的受試者不僅沒注意到換了張臉，還樂得生出解釋，說他們「偏好」的這張臉「臉型就是比較好看，下巴也是」。

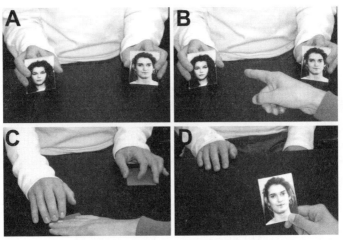

圖 4.4　訓練有素的魔術師掉包受試者剛選出的比較有吸引力的臉。受試者會注意到不同嗎？

● ● ● ● ●

自從尼斯貝特與威爾森開創性的論文發表之後，心理學家便對自陳報告（self-report）抱持懷疑態度。我們轉而設計實驗，以找出真正

影響行為的關鍵。辛尼亞和同事便這麼做，想看看眼睛或眉毛到底哪個對認臉比較重要。他們設計一項簡單的實驗，調整的只有眼睛與眉毛是出現還是消失。即便這麼簡單的實驗，你還是得注重細節。假如給受試者看名人臉的順序都與圖 4.2 和圖 4.3 一樣——先看沒有眉毛的臉，再看沒有眼睛的臉——實驗就會有偏誤。因為你對第一張臉不見得有把握，但還是會得到一些資訊。這些資訊能幫助你辨識第二張照片。為了控制這種情況以及許多其他變數（例如識別完整的照片），研究人員也安排了一些名人照是只消去眉毛的，有的則只消去眼睛。假如你有個簡單而明確的假設，這種研究方法會非常合適。

　　不過，要是你的問題是個開放式問題——例如試圖辨別出是哪種臉部特徵組合推動了我們的印象，情況馬上變得複雜起來。咱們就先從一個簡單但開放的問題開始吧：是什麼讓一張臉看起來值得信任？標準的實驗方式是從特定的假設開始。為了舉例，我們就假設「正向的心情讓臉顯得值得信任」。因此，我們預料微笑的臉在人們心中會比面無表情來得值得信任。我們拿人們微笑或面無表情的照片給受試者看。理想情況下，照片要在標準化的環境下拍攝，而微笑是兩張照片唯一的差別。接下來，我們隨機分配受試者，請他們看微笑或是沒有表情的臉，並幫值得信任程度打分數。等到從數量充分的受試者身上蒐集到資料後，我們就會拿不同的評分進行適當的統計測試，看看微笑的臉得到的值得信任分數是否比面無表情更高。不同於眼眉重要性的實驗，我們的這個假設有很大機率能得到證實。但我們真的能得出是什麼讓臉看起來值得信任嗎？沒錯，我們辨識出一項能改變我們「值得信任」印象的因素，但對於解讀這些印象來說，這是最重要或是唯一的因素嗎？不大可能。

　　我們把問題變得稍微複雜些。除了微笑以外，我們多調整了眉毛的形狀。為簡化起見，我們調整時只讓眉毛出現兩種形狀：像 \ / 或是像 / \。身為優秀實驗心理學家，我們創造了嘴型與眉型的各種組合，最後得到四種。心理學家稱這種作法為二乘二析因設計（2 by 2 factorial design）。每一種特定組合稱為實驗小室（experimental cell），在多數實驗中，每間小室都會以亂數方式分配到人數相同的受試者。我們的實驗設計依舊超簡單。還記得第 02 章所提到，最早操縱火柴人臉部特徵的研究嗎？主持研究的布朗胥維克與萊特創造了一百八十九種不重複的特徵組合。我們只有四種。憑藉這種簡單的設計，我們不僅能衡量微笑，還能衡量眉型對「值得信任」印象的影響。更有甚者，我們可以衡量兩者加乘的影響。

　　讓我們從火柴人臉開始，因為比較簡單，而且已有研究者拿這種臉做過實驗了。來看看圖 4.5 簡化成四種臉部特徵組合的四張臉。

圖 4.5　調整火柴人臉，讓它們有不同的眉型與嘴型。有些眉毛與嘴巴的組合會對印象造成驚人的效果。你能挑出「狡詐」的臉嗎？

　　臉上不帶微笑時，不同眉毛會讓兩張臉看起來不一樣。左上角的臉看起來難過，右上角的臉看起來生氣。這並非認知錯覺，因為當我們表達這些情緒時，眉毛與嘴確實是這樣動的。一旦我們加進笑臉，「難過」眉的臉馬上變得快樂、真摯又值得信任；但我們對「生氣」眉的微笑臉就很難有同樣感受。在一項針對火柴人臉情緒意涵的早期研究中，研究人員認為最適合這張臉的標籤是「狡詐」，感覺與值得信任不太相搭。我們一開始「發現」微笑會增加臉的值得信任程度，但請注意這個「結果」如何修正我們原先的發現。值得信任程度端視你在笑臉上看到什麼臉部特徵組合。來看看我們的眉型與微笑組合在比較寫實的臉上會有什麼表現（圖 4.6）。

　　你很容易就能看出最「狡詐」型的人是誰。驚悚片裡的陰險角色就是長這種臉。這種印象由對立的特徵組合——「快樂」嘴和「生氣」眉——創造出來，彷彿臉同時表現兩種情緒。但我們不覺得這張臉奇怪或反常，我們馬上就為這張臉賦予有意義的特性，例如「不值得信任」。

●●●●●

　　就連幽微的臉部特徵組合，我們都會碰到奇特與複雜的效應。這是臉部認知魔法的一部分。我們心理學家從整體角度看臉部認知。同一種臉部特徵出現在不同的特徵之間，看起來就不一樣。一個人的雙眼會因為微笑而閃耀起來，但若把嘴巴遮住，就會發現其實雙眼跟嘴巴沒笑時是一模一樣的。差別只在於嘴巴微笑時，這個微笑讓同樣的雙眼看起來在笑。

　　對臉的認知與對其他物體的認知完全不同。雖然我們習慣談到嘴

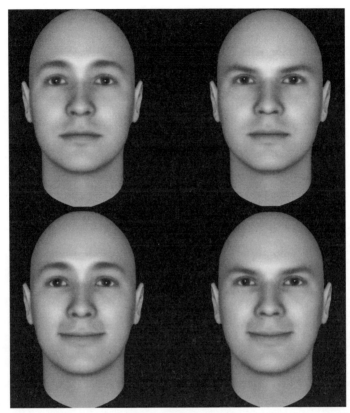

圖 4.6　調整出不同眉型與嘴型的臉。有些眉毛與嘴巴的組合會對印象造成驚人的效果你能挑出「狡詐」的臉嗎？

巴與眼睛等臉部特徵，但我們看臉時看的是一種整體配置，無法化約成各別的組成特徵。同樣的特徵只要擺的位置稍有不同，就會變成完全不同的臉。我們以感知完形（perceptual gestalts）的方式視臉為整體，亦即將之視為整合的結構，各別特徵融為獨一無二的組合方式。

　　將五張同樣的上半臉與不同的下半臉組合起來，會產生五張臉的上半部都不同的幻覺，但其實它們都一樣。幻覺的成因是下半臉，下

半臉都不一樣。只要我們把不同的面孔部位以水平方式排整齊，這種效應就會格外強大。假如把臉的上下兩半稍微錯開，混和臉的幻覺便會消失。

因此，假如你面臨得把臉圖撕碎、好讓別人認不出來的狀況，最好把圖水平向撕碎。這招應該要在 1975 年伊朗人質危機的劇碼中上演才對。電影《亞果出任務》（*Argo*，由班・艾弗列克〔Ben Affleck〕執導）以令人憂心的德黑蘭街頭暴動拉開序幕，後來情勢升高，最終席捲了美國大使館。使館職員慌忙中試圖把所有可能的文件燒掉或是放入碎紙機。其中一份碎掉的文件有使館員工的照片與名字。後來有一幕，我們看到一大堆小孩仔細地把碎掉的紙片拼回，想重新排出職員的臉，最後成功了。假如職員修過臉部認知的課，就會懂得臉圖要水平撕碎，不能垂直撕碎。水平撕碎會讓重新拼回的工作難上加難，甚至是不可能的任務。

就算是名人的臉，混和臉的錯覺還是會起作用。圖 4.7 的那人是誰？

只要你把下半臉遮起來，應該就能認出上半臉是小賈斯汀（Justin Bieber）。要是你把上半臉遮起來，說不定你也能看出下半臉是碧昂絲（Beyoncé）。縱使你知道這張「臉」是兩張名人臉的混和，你的認知還是會比只看上半臉或下半臉時來得慢。我們的大腦會馬上看出一張與眾不同的新臉。

混和臉的幻覺是在 1980 年代，由認知心理學家安迪・楊（Andy Young）和同事在英國的研究中發現的。他們指出，像我們那樣把小賈斯汀和碧昂絲等不同名人的半臉結合起來，會讓辨認這幾張半臉變得更困難。當上下半臉排列整齊時，受試者認出小賈斯汀的時間會比沒

對準時來得長。如何將不同部分融合、創造一張新臉的錯覺，長久以來一直是放在人臉辨識的研究脈絡下討論。但你其實已經在第一印象的探索脈絡下看過示範了：不同特徵的融合，如何創造出新印象。那便是當年托普費爾的繪畫實驗（見圖 2.4）。這位畫家發現了臉部認知的整體特性。托普費爾說過，「固定的部位可以改變，而且絕不是心智與性格的值得信任指示。找顆頭顱來分別研究前額、眼睛或鼻子等固定部位的形狀，或者研究口、下巴、後腦，就會發現單獨考量任一部位，都無法讓你評估對整體的影響；換言之，無法衡量對象的智慧與道德。」托普費爾的意思是，除非我們已知一張臉全部特徵的配置，否則是無法從凹形鼻等單一特徵，預測出它如何影響第一印象的。

圖 4.7　把兩位名人的上下半臉對準合起來。你認得出是哪兩位名人嗎？

托普費爾的繪畫實驗正中要害。來看圖 4.8。專心看臉的上半部，忽略下半部。哪個上半臉看起來比較值得信任？

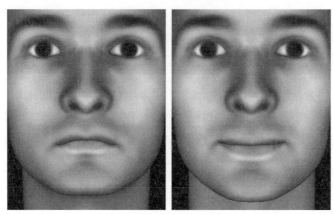

圖 4.8　忽略臉的下半部，專注於上半部。哪張上半臉看起來比較值得信任？

多數人會選右邊那張臉。但你有沒有注意到，兩上半臉其實一模一樣？不一樣的是你被要求忽略的下半臉。然而，無論要求你忽略下半臉還是上半臉，其實都沒有差別。

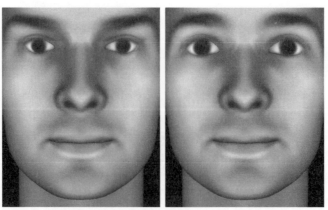

圖 4.9　忽略臉的上半部，專注於下半部。哪張臉的下半部看起來比較值得信任？

　　這是因為當要求判斷圖 4.9 的下半臉，忽略上半臉時，多數人還是認為右邊的下半臉比較值得信任。以此圖為例，下半臉是一模一樣的，不一樣的是上半臉。要創造出這些「混和」臉，我們用的是「值得信任」印象的電腦模型，創造出同一張臉的「值得信任版」與「不值得信任版」，再剪成上下半臉加以重組。我們對於相同臉孔部位的判斷，會受到與之結合的部位影響。假如結合的部位來自「值得信任」臉，我們就會覺得值得信任。假如來自「不值得信任」臉，我們就會覺得不值得信任。我們就是沒辦法忽略別人要求我們忽略的那個部分。

● ● ● ● ●

　　我們無須結合兩張不同的臉，就能劇烈轉變我們的印象。只要微調一張臉的皮膚表面，我們就能幫它「變」性。圖 4.10 哪一個是女人，哪一個是男人？

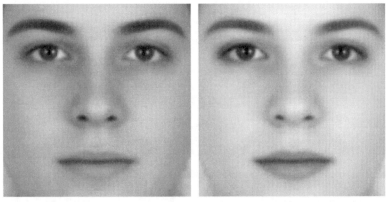

圖 4.10　誰是女的，誰是男的？改變臉部對比，我們就可以讓一張臉看起來像男人或女人。

我們很容易會指認右圖是女人，左圖是男人。但兩張圖幾乎一模一樣，只有一處細微差別：左圖的皮膚稍微暗沉一點。眼睛與雙唇完全一樣，但左圖的其餘部分較暗，右圖的其餘部分較亮。這麼一調整，左邊的臉看起來就變得比較陽剛，右邊的臉則比較陰柔。這是造成性別錯覺的方式之一。圖 4.11 還有一種。

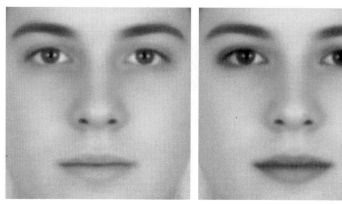

圖 4.11　誰是女的，誰是男的？改變臉部對比，我們就可以讓一張臉看起來像男人或女人。

這兩張臉一模一樣，只是左圖的眼睛與嘴唇比較亮，右圖的比較暗。這種調整讓左邊的臉看來陽剛，右臉看來陰柔。這兩張圖的差異，都是藉由提升眼、口與臉上其餘部分的對比而得來。題外話：這種錯覺也能解釋化妝為何流行；化妝可以提升這種對比，讓臉看來更陰柔。

藝術家南希·伯爾森（最早創造電子合成臉像的人）已能透過合成男人與女人的臉，以及運用高男性臉比例（〈他加她〉〔"He with She"〕，圖 4.12 左）或高女性臉比例（〈她加他〉〔She with He〕，圖 4.12 右）的臉像來達到這種效果。

圖 4.12　〈他加她，她加他〉。南希·伯爾森的數位合成（1996 年）。

　　頭髮與臉部特徵的不同組合也能改變我們的印象。看一下圖 4.13 的臉。這個人來自哪個族群？多數人會覺得這人是西班牙裔。

圖 4.13　這張臉是哪個族裔的？

那這樣呢？

圖4.14　這張臉是哪個族裔的？只要改變髮型，我們就能讓同一張臉看起來像不同族群的人。

　　多數人會覺得這張臉屬於非裔美國人。兩張臉唯一的差別在於髮線與髮型。每當將西裔髮型加在一張種族模糊的臉上，多數人就會認為是西裔。同一張臉一旦加了非裔髮型，多數人就會認為是非裔美國人，

　　靠研究臉吃飯，也不會讓這些效應消失。幾年前，我和太太打算去看電影《搖滾啟示錄》（*I'm Not There*）。克里斯汀·貝爾（Christian Bale）與希斯·萊傑（Heath Ledger）等演員在片中扮演巴布·狄倫（Bob Dylan）。電影開場是幾幕靜止畫面，上面是飾演巴布·狄倫的幾位演員。看到一個我認為是巴布·狄倫本人的鏡頭時，我大嘆自己從來沒有意識到他居然長得這麼帥。我太太好聲好氣地點出那是凱特·布蘭琪（Cate Blanchett）。將布蘭琪俊美的臉與巴布·狄倫的髮型融合在一起，就足以愚弄我的認知。

●●●●●

　　我們之所以必須進行實驗，創造所有可能的特徵組合，最主要的原因就是臉部認知之複雜——單一臉部特徵的意義，會隨整張臉的其他特徵改變。可一旦我們增加要研究的特徵項目，馬上就會讓人意興闌珊。只要特徵的數量大於二，可能的組合就會迅速增加。這就是許多心理學家喜歡簡單實驗設計的其中一個原因：結果比較容易詮釋。你很難看到像布朗胥維克與萊特那麼複雜的設計，測驗一百八十九種組合對印象的影響。

　　我們回顧一下第二章提到的寇曾斯繪畫實驗，來領教一下同時結合不同特徵時迅速增加的複雜程度。為了幫自己的畫創造不同類型的美，寇曾斯在側臉輪廓中簡單而相對少的特徵變化上做文章：額頭（四種變化）、鼻子（十二種變化）、嘴（十六種變化）、下巴（兩種變化）、眉毛（十二種變化）、眼睛（十六種變化）。拉瓦特與寇曾斯都偏好側寫，因為比較簡單。寇曾斯心裡清楚，特徵組合實在多得無法簡單分析，不同組合也會造成不同印象：「可以創造成千上萬種不同的特徵組合，其中許多缺乏性格與美，卻又呈現出混和面貌的某些特定意涵。」但究竟到底有多少種組合呢？將近三十萬種；精確來說，以寇曾斯這些簡單的變化，他原本可以創造二十九萬四千九百一十二種不同的側臉。

　　若想追究哪種組合能創造哪種特定種類的美感印象，合理的實驗就需要二十九萬四千九百一十二間實驗小室。如果我們要為每一種獨一無二的組合分配不同受試者，就算每一間小室只需十位受試者（對行為研究來說是非常少的樣本數），也需要將近三百萬名受試者。就

算來到線上測驗的時代，我們也很難進行一場需要三百萬名受試者的實驗。另一種選擇是招募一小批具有高度決斷力的受試者來判斷所有組合。假如每一種特徵組合只需要一秒鐘便能判斷，他們也得用將近八十二小時來參與我們的實驗。而且這還只是判斷「美」而已。除非他們嗑了什麼用來殺無聊的藥，不然很難想像有這麼投入的受試者。

雪上加霜的是，我們甚至還不曉得怎麼樣才算構成某個臉部特徵，尤其談到真人的臉，而非側臉的簡單輪廓時更是如此。我們會直覺點出像「眼睛」和「嘴巴」等部位，但每一個部位都可以細分成若干更小的部位。想像一下有瞳孔大小、鞏膜尺寸、鞏膜顏色、嘴唇厚薄、眉型與濃淡……諸如此類。其中的任何一種都有兩種以上的變化值。頭髮也有金色、黑色、棕色、鬈髮、直髮等等。想找出是哪些特徵組合造成印象的共識，不是件容易的事。

有日耳曼蘇格拉底之稱的摩西・孟德爾頌在一篇未發表的論文中，表達自己對拉瓦特面相學抱持的疑慮：「實際研究需要冷靜謹慎……這馬上就在拉瓦特的熾熱想像中盡數灰飛煙滅了。」但孟德爾頌也意識到研究面相學是種挑戰：「然而，錯不盡然在拉瓦特。在我看來，對面相學來說，我們的語言與我們的心理學發展得都還不夠。」一百五十多年後，西科德與同事（開創第一印象現代化研究的團隊）發現面部特徵組合與不同印象之間的複雜關係。他們談論的口吻讓人想到孟德爾頌的感懷：「這些結果顯示，心理學試圖詮釋資料時所使用的傳統『元素化』（elementalizing）方法，對面相研究就是派不上用場。若想徹底研究面相，就需要新的面相學『概念化』（conceptualizing）方法才行。」面部特徵的組合會在我們的腦海裡創造圖像，而接下來兩章要談的，就是能用來探索此種力量的工具——

不至於把臉「元素化」的工具。有了這些工具，我們就能看見那些不
為人所見的腦內圖像。

第 05 章
化不可見為可見
Making the Invisible Visible

　　哲學家湯瑪斯・內格爾（Thomas Nagel）在他的知名論文〈身為蝙蝠是什麼感覺？〉（"What is it like to be a bat?"）中主張，理解意識乃至於理解心智，就科學而言是不可能的，因為界定意識的那個「什麼」（what）本身就具有主觀的性質。本質上，科學所力爭的是以不依賴任何主體觀點的客觀詞彙來描述事件，這構成了所謂的「事實」。但若論及界定意識（或任何一種特定經驗）的「什麼」，就避不了獨有的主體觀點，這就無以將之化約成客觀詞彙。我們可以想像身為蝙蝠是什麼感覺，但我們永遠無法體驗身為蝙蝠的感覺，因為我們終究受限於我們人類的觀點。我們真的就是沒辦法從蝙蝠的觀點看事情。

　　內格爾的論文發表於 1974 年。同年，達維達・泰爾勒（Davida Teller）和她在華盛頓大學的同仁也發表了一篇論文，但標題無聊得多：〈人類嬰兒對垂直與斜紋柵格的視覺敏銳度〉（"Visual acuity for vertical and diagonal gratings in human infants"）。他們在實驗中採用很簡單的程序，讓嬰兒看一個單色灰圓圈與一個條紋圓圈，如圖 5.1。結果發現，嬰兒傾向於看條紋圓圈。一位成年觀察者（他看不到圓圈）透過觀察孔，從嬰兒頭部的方向與觀看行為來猜條紋圓圈的位置。當條紋圓圈和灰圓圈差異很大時，觀察者猜得都很準。可一旦條紋圓圈

圖 5.1　讓圓圈變得越來越近全灰色，可用來評估嬰兒的視覺敏銳度。

變得越接近灰圓圈（如圖 5.1 底圖顯示的變化），觀察者猜測的準度
也變得越差，直到近乎瞎猜。時至今日，我們能用眼動追蹤器等精密
電子儀器來追蹤、記錄嬰兒眼球運動的確切位置與時間點，但這個實
驗程序（注視偏好研究法的一種版本，第 02 章提過這種方法）的邏輯
基本上是一樣的。等到觀察者猜測的結果變得近乎瞎猜，我們就可以
推論，此時嬰兒已看不出灰圓圈與條紋圓圈的差異。憑藉對條紋寬度
的有序調整，我們能傳達出嬰兒的視覺敏銳度——她所能看出的最細
條紋。

　　如果你不是視覺科學家，上面這些聽起來大概很無聊。我們在世
界上看到的是充滿人事物的豐富畫面，而非畫了條紋的圓圈。是這
樣沒錯，但所有視覺畫面都可以分解為多種不同的條紋。從畫面中

圖 5.2　以低空間頻率（左）與高空間頻率（右）呈現前總統歐巴馬的影像。

移除極細的條紋——視覺科學術語稱之為影像的高空間頻率（spatial frequency）——會讓影像變得粗糙，很像放大過頭的低解析度照片，也像從很遠的地方看這幅畫面的樣子。移除極寬的條紋——亦即低空間頻率——會讓畫面看起來像極細緻的鉛筆素描畫，沒有任何陰影。圖 5.2 是美國前總統巴拉克・歐巴馬（Barack Obama）的影像，分別以低空間頻率（影像的粗糙視覺部分）與高空間頻率（影像的細節部分）輸出的樣子。中間的圖像則是低與高空間頻率的結合。

　　我們甚至能運用影像的空間頻率來創造錯覺。看看圖 5.3，你馬上就能認出愛因斯坦（Albert Einstein）。現在把書拿遠，然後再看一次。或者瞇起眼睛也行。如果你看的是電子書，就把螢幕上影像的尺寸縮小。

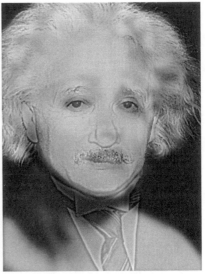

圖 5.3　你認出愛因斯坦了嗎？但影像中只有他嗎？瞇起你的眼睛，或是從很遠的地方看圖，找找看。

　　愛因斯坦是不是行蹤成謎了？你應該能從左邊的影像認出佛洛伊德（Sigmund Freud），從右邊的影像看到瑪丹娜（Madonna）。這種錯覺的根據在於：當我們近看影像時，我們的視覺與注意力是由高空間頻率資訊——愛因斯坦的影像——所主導。從遠處看，我們看不到高空間頻率資訊，只能看到低空間頻率資訊，也就是佛洛伊德與瑪丹娜的影像。假如你把影像縮得夠小，就完全看不見愛因斯坦。想創造這種錯覺，你只需把不同空間頻率的兩張影像重疊，接著拿影像的距離或尺寸來玩就好。

　　不過我們還是回來談小嬰兒吧。達維達・泰爾勒的實驗步驟能理解嬰兒對不同空間頻率的敏銳度。用心理物理學的方式來說，我們可以描繪出知覺（視覺）如何隨物理刺激物（空間頻率）而改變。有了泰爾勒以及許多其他人的研究，我們曉得不滿六個月大的嬰兒（尤其是新生兒）看高空間頻率資訊的能力特別弱。如果我們找來某個視覺景象，移除所有嬰兒看不見的空間頻率資訊，剩餘的就是嬰兒眼中看到的畫面。這很令人激動。運用簡單的心理物理學方法，我們就能化不可見為可見。以臉為例，剩下來的就是圖 5.4 的影像。對新生兒來說，臉看起來就像模糊的一團東西，沒有多少可以感知得到的細節——就算距離很近也是。

　　同一種手法也可以應用在非人類物種上。只要能引發對一對刺激物的行為作出回應，我們就能理解非人類主體的視覺感受。我們不見得能知道當隻蝙蝠、作為新生兒或先天失明者的感受，但我們能弄清楚他們的知覺。這讓我們在瞭解他們的心智上又進了一步。

　　心理物理學的目標，是在物理刺激物的變化和心理知覺的變化之間，找出法則般的關聯。藉著改變外界刺激物的物理性質，我們便能

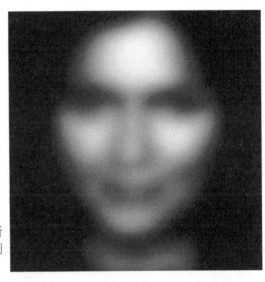

圖 5.4　距離十二英寸的臉在新生兒眼中的樣子。新生兒看不到高空間頻率資訊。

繪製內在世界的相應改變。教課書上多數的標準例子都是光線強度、聲音響度、物體重量等簡單的刺激物，我們可以用同樣方法去瞭解看似無法瞭解的東西——從新生兒看到的臉，到引發繁複「值得信任」印象的臉部特徵配置，不一而足。

● ● ● ● ●

　　還記得研究人員測驗眼睛和眉毛哪個對臉部辨識較為重要的實驗嗎？他們針對這些特徵的出現與否做調整，並比較消去眼睛或消去眉毛時辨認名人的情況。但是，我們能否在不調整特徵出現與否、也不仰賴主觀報告的條件下，瞭解哪一種特徵比較重要呢？ 1980 年代，英國研究者奈傑爾・黑格（Nigel Haig）引介了一種手法，無須假定哪一種特徵比較重要，也不用管是什麼構成了完整的特徵。他的作法不是

調整特徵，而是讓受試者看部分受到遮擋的臉。想像一下從窄孔看臉的零星片段，如圖 5.5。

圖 5.5　受試者的任務是從部分的資訊中認出臉孔。你認得出是哪位美國名人嗎？

　　實驗中的受試者要先熟悉四張臉。熟悉完之後，實驗才真正開始。每一次測驗時，電腦都會隨機選出一張臉，接著選擇一至八個窄孔，再隨機將窄孔分配到臉上預先分割好的方塊位置（圖 5.5）。受試者的任務是從這種零星資訊中認出是哪張臉。有好幾種方式可以分配窄孔位置，四位精神可嘉的受試者（包括黑格本人）做了二十輪的測驗，每一輪都要花上二十分鐘。

　　這種步驟的好處是能在不帶預設立場下，讓我們找出識別臉孔所需的重要特徵。這些特徵是從準確的識別回應中浮現的。假如某個方塊有助於我們辨認臉部，則該方塊裡的那個特徵就很重要。比方說，如果我們多半是在方塊顯示出左眉外角時認出臉，就可以推斷這個資訊對識別臉孔很重要。假如某個方塊無助於我們辨認臉，則方塊中出現的特徵就不具重要性。例如當方塊顯露的是部分的右顴骨，而我們認臉的準確度幾近亂猜時，就能推測這種資訊對辨認臉並不重要。黑

格發現對辨識臉孔來說，範圍涵蓋眼睛與眉毛、髮線，以及額頂的方塊最能提供所需的資訊。

　　本章提到的幾乎所有心理物理學手法，都是黑格實驗法的變化。我們能運用這些手法，找出臉上哪些資訊對於辨識性別、識別情緒表現與形成印象具重要性。在一組典型的實驗回合中，受試者看到臉的影像，但影像經處理劣化，只能看到部分，或是與無意義的影像混在一起。我們把後者稱為「視覺雜訊」。我們可以調整臉和視覺雜訊混和的程度，讓臉更清楚或更不清楚。

　　運用這些劣化的影像，我們就能請受試者猜臉的性別、身分、情緒表現，甚至臉主人的性格。從雜訊中浮現的特徵，就是對做決定當下而言重要的特徵。講起來有點抽象，因此我們不妨考慮幾種以雜訊為基礎的運用手法，讓情況更具體點。

　　弗里德里克・歌斯林（Frederic Gosselin）與菲利浦・勳斯（Philippe Schyns）開發了這些手法的其中一個版本，稱之為「氣泡」。作法是

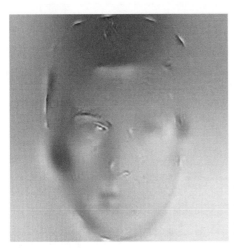

圖 5.6　氣泡手法讓影像只有部分可見。運用這種技術，就有可能找出人們判斷一張臉是男是女時所運用的資訊。

混和不同類型的雜訊模式,每一種都含有不同大小的「氣泡」。假如你是氣泡實驗的受試者,你就會看到類似圖 5.6 的影像,接著研究人員會請你做出些判斷,比方說猜這張臉的性別。

　　你能看到部分的前額、右眼、右顴骨、右嘴角。氣泡的功能在於控制你做判斷時所能運用的資訊。在每一回試驗中,氣泡都會不同,顯現的影像部位也跟著改變。藉由隨機改變氣泡的位置與大小,接著根據受試者判斷的準確度整理排序,就有可能辨別對判斷來說關鍵的影像資訊。假如你的性別判斷在右嘴角出現時維持一貫的準確,我們就能推論這部分的影像是你判斷時的重要依據。圖 5.7 為我們猜一張臉的性別時所需要的所有資訊。

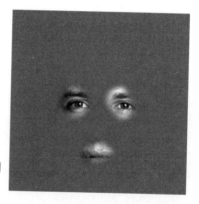

圖 5.7　判斷臉是男是女時能派上用場的資訊。

　　順帶一提,影像中雖然沒有顯示頭髮,並不代表頭髮不重要。在這次實驗中,男女臉孔的髮型一模一樣,因此完全無法提供辨別性別所需的資訊。

　　圖 5.8 是我們用來辨別不同情緒表情所需的資訊。你可以看到不同情緒間的系統性差異。口部是辨識快樂、驚訝與嫌惡的重點部位;眼睛

| 快樂 | 驚訝 | 恐懼 | 憤怒 | 嫌惡 | 難過 | 中性 |

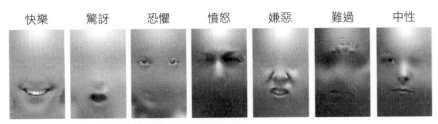

圖 5.8　辨識不同情緒表情時能派上用場的資訊。

用來辨識恐懼；眉毛用來辨識憤怒；鼻樑用來辨認嫌惡；額頭則是難過。

　　氣泡手法在辨別我們知覺判斷使用的資訊上表現出色。前提是我們必須知道哪個判斷準確，哪個有誤。對於相對好界定的判準——例如性別與情緒表情，這很容易執行。假如受試者將臉上覆有氣泡的男性面孔判別為男性，我們知道這判斷正確，進而推論影像中可見的資訊對下決定來說有用。氣泡手法能揭露哪些資訊有助於我們做出正確判斷。但如果是不容易界定的類型，例如覺得一張臉是否值得信任呢？假如我們無法事先界定答案的對錯，還能使用這些以雜訊為基礎的手法嗎？

●　●　●　●　●

　　想想一些撲朔迷離的臉部表情。達文西的〈蒙娜麗莎〉（*Mona Lisa*）是藝術史上名氣最響亮的畫作。蒙娜麗莎究竟哪裡特別？藝術史家指出，達文西採用極為創新的手法，不用銳利線條繪製蒙娜麗莎的臉龐，從而為這幅肖像創造出栩栩如生的感受，與當時的其他肖像形成鮮明對比。蒙娜麗莎另一項獨有特色是她若有似無的微笑。對於她的情緒狀態，我們就是無法斬釘截鐵地評斷。有時她看來開心，有

時看來傷心。視覺科學家李奧尼德・孔切維奇（Leonid Kontsevich）與
克里斯多福・泰勒（Christopher Tyler）利用這種模稜兩可，將視覺雜
訊覆蓋在原本的圖案上，請受試者區分這張臉是開心還是傷心。圖 5.9
是幾張覆有雜訊的範例圖。

圖 5.9　達文西的〈蒙娜麗莎〉加上視覺雜訊，扭曲她的表情。

　　這種雜訊遮蓋手法，感覺有點像把達文西在文藝復興時開創的暈
塗法（sfumato）發揮到極致。我們揮刀直入，注意這些隨機產生的遮
蓋雜訊如何微妙地改變臉上的表情。你我的心智能從模糊的影像中讀
出不同東西。實驗最有趣的部分，會出現在每一次我們把受試者做出
「開心」或「傷心」判斷的遮蓋雜訊平均的那一刻。我們將這張非隨
機的新遮蓋雜訊覆在原圖上，就能看出受試者如何從影像細微的雜訊
扭曲中建構出兩種情緒狀態（圖 5.10）。

　　我們還能找出影像中讓受試者的感知判斷出現差異的部分。以此
研究為例，差異出現在嘴角。另外請你注意：嘴的些微差異如何造成
錯覺，讓人以為兩張圖的眼睛不一樣。它們其實一樣。這種錯覺和第
四章（圖 4.8）說明的是同一種錯覺。

　　蒙娜麗莎有部分祕密似乎藏在她的嘴上。但我們看這幅畫時，為
何我們的視覺經驗中蒙娜麗莎的臉孔會產生動態的變化呢？哈佛神經

圖 5.10　將受試者看到蒙娜麗莎哀傷的扭曲影像（例見圖 5.10）加以平均，結果就是左圖。將受試者看到蒙娜麗莎開心的扭曲影像加以平均，結果則是右圖。

生物學家瑪格麗特・李文斯頓（Margaret Livingston）主張，這完全取決於我們望向畫的何處。當我們凝視蒙娜麗莎的雙眼，她的嘴巴會落在我們的視覺邊緣，而我們從邊緣影像中看到的主要是低空間頻率區段的資訊。看看蒙娜麗莎在最低到最高的空間頻率下是什麼樣子（圖5.11）。她在最低頻圖像中看起來最開心。這正是為什麼當我們看她的眼睛時，她看起來開心的緣故。可一旦我們凝望她的嘴，笑容好像就消失了，而她看起來也不再快樂。德國有一批研究人員用實驗證明李文斯頓的假設。他們請受試者交替把視線停留在眼睛與嘴巴上。每當受試者把視線從嘴巴移往眼睛，研究人員就會把嘴從無表情改成微笑。由於變化發生在受試者移動眼睛時，因此他們不會注意到變化。儘管如此，微笑畢竟出現在受試者的視覺邊緣，這種改變還是會讓臉孔看起來更開心，也更有魅力。

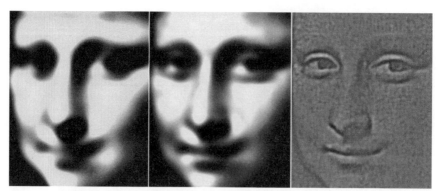

圖 5.11 以不同空間頻率呈現的蒙娜麗莎，由最低（左）至最高（右）。

　　我們回溯一下目前為止的研究步驟。不同於第四章的面部特徵調整實驗，孔切維奇與泰勒未以系統性的方式調整影像中的任何東西。他們確實創造了遮蓋雜訊，覆蓋在蒙娜麗莎的影像上，但雜訊完全是隨機的。研究者並沒有預先假設哪些特徵能區分「難過」與「開心」的情緒狀態。換句話說，他們研究這些特徵時，並未事先挑出任何特定的特徵或組合，反而是讓受試者的決定引導自己找出正確的特徵。他們的研究就像黑格的認知步驟與氣泡手法，兩者都是資料導向（data-driven）研究法的例子，不會有先驗假設來限制受試者的行為。孔切維奇與泰勒根據受試者對難過與開心的感知，來整理遮蓋雜訊，從而分辨出影像的哪些部位區別了他們的感知。他們的發現帶出更理論導向的研究，指出我們對蒙娜麗莎的知覺在什麼樣的條件下會產生動態轉變。我們當然還沒解開這幅不朽畫作的謎團，但已經對若干部分有更深入的認識了。

• • • • •

　　請注意，在孔切維奇與泰勒的研究中，答案無所謂對或錯。雜訊模式只是有助於我們視覺化受試者看到開心或難過的蒙娜麗莎時，腦海裡出現的是什麼。這種研究方式可用於各種類別的判準。心理學家麥可‧曼吉尼（Michael Mangini）與厄文‧彼得曼（Irving Biederman）已經將之使用於辨別情緒表情、性別與身分識別上。以性別認知為例，他們一開始先用同樣數量的男女面孔，合成出一張兼有兩性樣貌的臉孔。接著，他們在影像上覆蓋雜訊，藉此細微扭曲之，再請受試者判斷自己看到的是男人還是女人的臉。請再次注意，這裡頭沒有所謂「正確」的判斷──受試者看到的就只是因為視覺雜訊而失真的雌雄同體臉孔。不過，他們對性別的判斷仍產生出圖 5.12 裡的圖像。

　　可以說，是受試者的心智從視覺雜訊中打造出這些影像。這就是你我腦中的性別圖像。除了鼻子、嘴巴、眼睛周圍的細微外型差異之外，你還會注意到女子圖像中的眼睛與嘴巴比男子來得深。這應該會讓你想起性別錯覺的探討（見圖 4.10 與 4.11）。

圖 5.12　將兩性臉孔兼有的合成圖用雜訊扭曲，將受試者看出女性臉孔的圖加以平均，結果為左圖。將受試者看出男性臉孔的圖加以平均，結果為右圖。

這種特殊手法稱為「迷信知覺」（superstitious perception）。之所以用「迷信」一詞，是因為無論是男或女，抑或是「開心」與「難過」等情緒狀態，圖像中都不含任何能區別兩者的東西，真正的差異只有覆蓋的雜訊。所有的分別都來自受試者的心，是心智將無意義的視覺雜訊塑造成有意義的影像。不過，實驗方法本身毫不迷信，算是最能揭露腦內情況的方法。

假如我們的目標是探索如何將「值得信任」與否等難以界定的分類以視覺再現，這種研究手法堪稱福音。「值得信任」和「不值得信任」的臉孔和性別或情緒表情的情況不同，沒有界定明確的範例。我們的目標就是要找出確實可用的範例。

荷蘭心理學家隆・道區（Ron Dotsch）曾經是我實驗室的博士後研究員，現在是荷蘭烏特列支大學（Utrecht University）的教授。他是最早將「迷信知覺」方法應用於社會心理學問題的社會心理學家。他

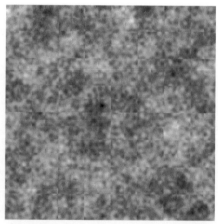

圖 5.13　男性的「平均」臉孔（左）。作法是將許多男性臉孔加以融合，再用隨機產生的雜訊（右）覆蓋在臉的影像上，將之扭曲。

的第一項研究是尋找我們腦中刻板印象與偏見的樣貌。他和曼吉尼與彼得曼一樣,用同一張臉為底——一張白人男性的合成臉——然後在這張臉上覆蓋雜訊。圖 5.13 就是那張臉與一張隨機產生的覆蓋雜訊。

每一回測驗時,受試者都會看到類似圖 5.14 的兩張影像。

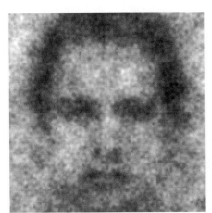

圖 5.14　這些影像是用兩種不同的雜訊覆蓋同一張臉所產生的結果。

為了驗證概念,隆請受試者判斷哪張臉比較像摩洛哥人,哪張臉比較像中國人。儘管基底的臉是張合成的白人男性的臉,最後產生的臉——以數百次實驗中受試者猜出來的臉做平均——看起來卻分別像摩洛哥人與中國人。

隆對摩洛哥人的形象特別感興趣,因為摩洛哥人在荷蘭是刻板印象很深的群體。實驗最有意思的部分,是他將對摩洛哥人偏見較深或不深的荷蘭受試者心理圖像加以比較。結果,兩者的圖像不太一樣。把這兩張圖給一群新的受試者看時,他們多數認為由偏見較深的荷蘭受試者做的選擇重建出的圖像看起來更像罪犯,也更不值得信賴。隆的發現清楚顯示,以雜訊為基礎的手法可用來當作隱藏偏見的試紙。

畢竟實驗人員不會直接問受試者有沒有偏見（多數人都會否認），只有請他們回報自己在雜訊圖像中是否看出某個族群的典型成員。

在其他應用迷信知覺手法的研究中，不同歐洲國家的受試者所看出的「典型」歐洲臉孔，都比較接近自己國人的典型臉孔。回到美國，從民主黨選民的判斷實驗中重建的米特・羅姆尼（2012 年挑戰歐巴馬總統大位的共和黨人）圖像，看起來就比用共和黨選民的判斷重建的圖像來得不值得信任。我們的偏見形塑了我們腦中的照片。

● ● ● ● ●

隆在加入我的實驗室之後，把研究興趣轉向識別第一印象看起來的樣貌。我們用同樣的實驗步驟，請受試者判斷每一對雜訊面孔中（見圖 5.14）哪一張臉看來比較值得信任。圖 5.15 的圖像則是結果。

這兩張圖像掌握到我們腦中「值得信任」與「不值得信任」的樣貌。不出所料，一旦把這兩張圖拿給新的受試者，他們都會給值得信任的臉打較高的分數。別忘了，「值得信任」與「不值得信任」的臉像不必然會像實驗的結果這樣。假如我們對於「值得信任」與「不值得信任」的樣子沒有任何既定的心智看法，這項研究就得不出任何有意義的臉像。受試者的「值得信任」判斷也將會隨每一回的實驗隨機改變，實驗的平均結果在我們看來亦將沒有任何意義。我們將沒有辦法指著圖 5.15 左邊的臉，說這張是這對臉像中比較值得信任的。但實際情形並非如此。受試者的判斷並非隨機，而是有其秩序地將雜訊形塑為有意義的臉像。

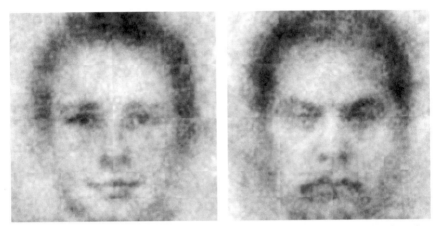

圖 5.15　將受試者看了覺得值得信任的雜訊扭曲臉像（見圖 5.14）加以平均，結果為左圖。將受試者看了覺得不值得信任的雜訊扭曲臉像加以平均，結果為右圖。

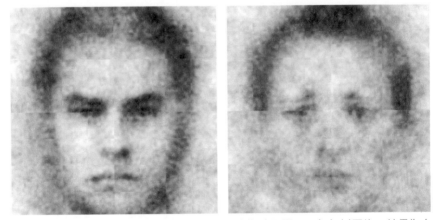

圖 5.16　將受試者看了覺得強勢的雜訊扭曲臉像（見圖 5.14）加以平均，結果為左圖。將受試者看了覺得順從的雜訊扭曲臉像加以平均，結果為右圖。

　　我們可以為任何印象創造出這種臉像。圖 5.16 是「強勢」與「順從」印象的臉像。

　　我們一樣不難看出哪張臉是「強勢」測試，哪張臉是「順從」測

試所得出的結果。將「不值得信任」的臉與「強勢」的臉一比較，你就能看出兩者相似，但不完全相同。其相似處反映出這兩種印象的相似處。我們可以用「威脅」的測試說明這一點。你在圖 5.17 看到的就是「威脅」的結果臉像。

圖 5.17　將受試者看了覺得有威脅感的雜訊扭曲臉像（見圖 5.15）加以平均的結果。

　　這張臉既像「不值得信任」的臉（圖 5.15 右），也像「強勢」的臉（圖 5.16 左）。其實，假如我們把這兩張臉加以平均，將會得出與「威脅」臉（圖 5.17）幾乎難以分辨的臉。因為，我們心裡「威脅」臉的心理圖案，就是一張強勢而不值得信任的臉。

●●●●●

　　驗證假設式的標準實驗法，與資料導向實驗法皆仰賴受試者的行為，藉此找出他們形成印象時使用的資訊。不過，不同於驗證假設的實驗法，資料導向法不奠基於對資訊的明確假設。這類假設會將搜尋

的範圍限於嘴巴和眉毛等明確特徵，在實驗中進行調整。相形之下，資料導向研究法不特別調整的臉部特徵，而是以覆蓋雜訊隨機扭曲或劣化各種特徵。如此作法並不會限縮在特定特徵。我得說，歸納性的資料導向法與演繹性的理論導向法之間並非一刀兩斷。資料導向法在設計時已融入許多想法和理論，至於理論則是建構在可用的資料上，以且應該要能夠詮釋這些資料。

　　重點是，利用使用雜訊的這類科技，我們就可以從資料出發，卸下我們心中對於「怎麼樣算一種特徵」與「哪種特徵重要」的預設重擔。這類手法能讓不可見的心智圖像化為可見。遵照心理物理學方法，追溯我們的印象如何隨扭曲臉像的覆蓋雜訊而改變，就能找出原本思索第一印象時我們不以為意的特徵或獨特的特徵組合。我們從雜訊模式出發，而得以替第一印象的視覺表現找出有意義的模式。以「值得信任」印象為例（圖 5.15），我們沒有調整任何特定的臉部特徵，就找到了有意義的圖像。我們可以參考成果圖，列出若干讓「值得信任臉」與「不值得信任臉」彼此有別的特徵組合。比方說，我們能看出「值得信任臉」與「不值得信任臉」的眉毛與嘴巴不同。這些特徵組合讓「值得信任臉」看來平靜而開心，或讓「不值得信任臉」看來在生氣。以「強勢」印象為例（圖 5.16），我們能看出「強勢臉」比「順從臉」更陽剛。以「威脅」印象為例（圖 5.17），我們能看出「威脅臉」是張生氣而陽剛的臉。

　　藉由打造印象的數學模型，我們甚至能取得更好的成就，即為一張臉任意增加或減少特定的印象——「值得信任」「強勢」或其他任何印象都行。更有甚者，靠著找出對第一印象有重大影響的特徵配置，我們就能瞭解這些印象沛然莫之能禦的影響背後究竟是什麼。

第 06 章
印象的功能
The Functions of Impressions

　　看一下圖 6.1。你會怎麼幫這張臉的「值得信任度」打分數？你會怎麼就「強勢度」來打分數？

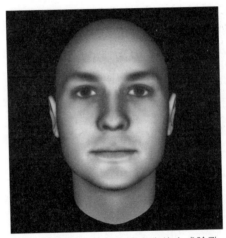

圖 6.1　透過統計模型隨機產生的合成臉孔。

　　圖 6.2 的臉呢？

　　若要根據我們對值得信任與強勢的印象打分數，多數人都不會有問題。假如我們要蒐集實驗資料，分數範圍從一分（完全無）到九分（極端強），圖 6.1 的臉值得信任度大概會拿五分，強勢度六分左右。

圖 6.2　另一張透過統計模型隨機產生的合成臉孔。

圖 6.2 的臉值得信任度大概三點五分，強勢度則約八點五分。你給的評分也許不同，但臉的相對分數很可能相去不遠。大家都會覺得第二張臉比第一張臉強勢，也沒第一張臉那麼值得信任。

　　到了這時候，這些結果大概都不出我們所料。但我們不只能衡量、記錄印象，我們還可以建立數學模型，掌握能激起如「值得信任」與「強勢」等特定印象的獨特面部特徵配置。圖 6.1 與 6.2 的臉就是靠統計模型隨機產生，對真人臉孔進行 3D 雷射掃描而成。運用這些模型，我們就能創造新面孔，而且要多少有多少。每張臉都是一組數字設定，能完全決定其形狀與反光度（皮膚表面與質地）。不同的數字設定組合對應出不同外貌的臉。一旦我們擁有這種臉的數學再現，就能直接創造第一印象的模型。這些模型是按第五章討論過的雜訊手法，以資料導向的邏輯建構而成。用這種方法，我們不用調整任何臉部特徵，而是以隨機方式扭曲之，創造出隨機的臉。接著，我們蒐集對這些臉的印象，像是剛剛對圖 6.1 與 6.2 的臉那樣。假如不同受試者得出的印

象一致，我們就能打造出這些印象的模型：我們等於是將一套數值（臉的評分）與另一套數值（決定臉型與反光度）關聯起來。創造出的模型掌握了能造成印象差異的臉型與反光度，即讓一張臉比另一張看來值得信任的關鍵。我們就是如此創造出你先前看到的模型：外向（見圖 2.7）、值得信任（圖 2.8 與 3.2）、強勢（圖 3.1）、作奸犯科（圖 3.3 與 3.9）。

有了印象模型後，我們就能推敲出是哪些特徵催生了這些印象。我們能以視覺方式呈現、誇大這些催生我們印象的特徵組合。誇大這些組合所產生的結果，非常類似於替我們的印象畫一幅誇張畫，藉此找出是什麼使這些印象有別於他者。這些模型是我們探索印象共識之知覺來源的工具。知道是什麼構成了我們的印象，才能對這些印象的功能做出充分的猜想。

$$\bullet\ \bullet\ \bullet\ \bullet\ \bullet$$

我們花這麼多時間探討值得信任與強勢印象，並非無緣無故。不同性格特質的印象其實高度相似。一般認為值得信任的臉，通常也讓人覺得有吸引力、情緒穩定、聰明、低侵略性、低威脅性，諸如此類。假如我把類似的印象一路列下去，肯定能寫滿幾頁。「印象彼此相似」的事實不見得是壞事。這代表我們的印象存在許多「重複」（redundancy），[3] 只消有個簡單的結構，或許就能把所有這些印象組

3　譯注：工程學上亦稱「冗餘」，指系統為了提升其可靠度，刻意組態重複的零件或是機能。此處所指相類。

織起來。我們可以對印象相似程度進行統計分析，來找出這個結構。結果顯示，「值得信任」與「強勢」的印象，構成了印象結構的基礎。

我們用來衡量臉孔時最重要的維度，就是這張臉是「善」是「惡」。所有蘊含可評估成分在內的印象——意思是幾乎所有印象——都與這個基本維度有關。值得信任的印象最接近這種好／壞的評估。我們衡量臉孔的第二個維度則是臉的「力量」。這個維度關乎侵略性與信心等印象。強勢的印象最接近這種對力量的評估。

印象的結構可用簡單的幾何空間來表示。為了獲得這種結構，我們分析渴了魅力、強勢、威脅、值得信任等不同印象之間的關聯性。這種關聯性就代表印象之間的相似性。圖 6.3 就是分析得出的印象結構。

「善／惡」維度由（水平的）X 軸代表。沿 X 軸由左往右，臉的正向價值也隨之增加。以圖 6.3 來說，人們覺得最右邊的女子比其他張臉正向。「力量」維度由（垂直的）Y 軸代表。圖中，大家會覺得位於頂端的男子與女子比其他臉孔更強勢。你還可以發現，一般會認為這名女子比那名男子正向。重點是，若要瞭解第一印象，我們必須從值得信任與強勢這兩種印象著手。

●●●●●

有了「值得信任」與「強勢」印象的模型後，我們就能爬梳有哪些資訊落入了這些印象裡。讓我們從值得信任模型開始。為了創造這個模型，我和同事請受試者幫類似圖 6.1 與 6.2 的幾百張臉打值得信任分數。假如受試者一貫用同樣的臉部線索來形成值得信任印象，我

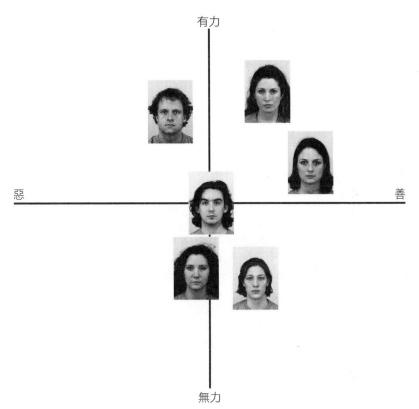

圖 6.3 第一印象結構的圖表。沿 X 軸由左往右，臉感覺起來就會更正面。沿 Y 軸由下往上，臉感覺起來就更有力。臉坐落的位置代表讓人感受到的善／惡與力量值。

們就能在模型中掌握到這些線索。比方說，只要多數受試者把眉毛 V 型的臉打上不值得信任，模型就會掌握到這種眉型；我們理應能看出當臉的可信度改變時，眉毛是如何跟著改變。反過來說，假如受試者用來形成印象的臉部線索不連貫，我們的模型就徹底無用。想測試模型是否掌握到有意義的值得信任形象再現，我們可以根據模型調整臉

部，請一組新的受試者幫這些臉打分數。根據模型，值得信任的臉在我們看來應該也很值得信任；不值得信任的臉看來就該不值得信任。

我們來看看你被說服了沒有。請看圖 6.4。要是你覺得臉的可信度會由左而右增加，那你就跟多數人一樣，「認同」這個信任度模型。這張圖採用了「值得信任」模型，我們漸漸改變臉型，讓它們看起來更值得信任。

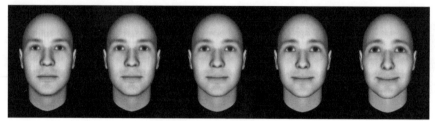

圖 6.4　增加臉型的改變，讓臉顯得更值得信任。

你不妨把這個模型當成印象信號的擴大器。我們可以把臉型線索——也就是人們一貫用來判斷一個人看來是否值得信任的線索——視覺化並加以誇大。圖中的臉有不少改變，其中最明顯的是出現了正向情緒。隨著臉變得越發值得信任，看起來也就越開心。我們可以重複一樣的作法，視覺化讓臉看來不值得信任的臉形變化。來看圖 6.5。

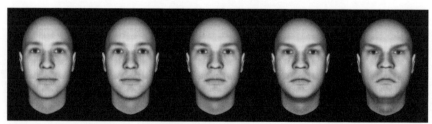

圖 6.5　增加臉型的改變，讓臉顯得更不值得信任。

　　這一回，隨著臉給人的印象變得越發不值得信任，情緒也變得越發憤怒。最右邊的臉有最突出的表情變化：我們把信號開得很大，讓臉看起來誇張到幾近醜怪。誇張到這種程度，我們就不會覺得這些臉孔情緒中立（emotionally neutral）。過程中也讓我們學到：情緒表現是「值得信任」印象的一項決定因素。我們會拿他人一時半刻的情緒狀態去推論其性格。

　　但別忘了，情緒表現不必然會出現在我們的「值得信任」模型中。我們在創造模型之前，對於可能的結果其實完全沒有概念。這是資料導向實驗法的本質。就像第 05 章提到的雜訊手法，我們並未調整相關面孔上的任何特徵，而是讓這些臉（見圖 6.1 與 6.2）的特徵隨機呈現。真要說我們控制了什麼，我們確實致力確保所有臉孔都「情緒中立」，沒有可觀察到的表情。但模型結果卻顯示受試者在形成值得信任印象時，會仰賴這些臉孔與情緒表情之間的類似之處（無論多細微）。隱約帶著正向表情的臉，會得到比較值得信任的分數；隱約帶著負向表情的臉，則會得到比較不值得信任的分數。尼克‧烏斯特霍夫採用這個模型時，對我說他不太開心，因為把模型中的臉誇大時（就像我們在圖 6.4 與 6.5 的作法）會造成情緒表現。結果，我們無法在不改變表情的前提下調整臉的值得信任程度。我怔了一會兒，才意識到這是目前為止我實驗室最酷的發現。情緒表現會自然而然從值得信任印象模型中浮現出來！這些發現和上一章隆的發現不謀而合（見圖 5.15）。雖然我們用的方法大不相同，但卻都得到類似的表情從值得信任／不值得信任的臉孔模型中浮現。

　　根據這些發現，我們可以推論：形成值得信任印象時，我們靠的是無表情的臉孔與正向或負向情緒表現之間的相似處。這些表情尤其

能點出行為意圖。一個生氣的人可能做出許多讓人不愉快的事，最好別招惹。每當我們即將與陌生人互動時，我們心裡都會想釐清對方的意圖。他們的意圖是好是壞？多數情況下，我們都會接觸臉孔看起來開心的陌生人，避開臉孔看起來憤怒的人。值得信任印象就是我們為解讀他人意圖所做的努力。

　　除了表情之外，值得信任臉與不值得信任臉之間還有許多差異，而這些也會浮現在模型中。你說不定注意到了：當臉變得越值得信任，長相也變得越陰柔（圖 6.4）；當臉變得越不值得信任，長相也變得越陽剛（圖 6.5）。臉部反光度的變化甚至更明顯。我們在圖 6.4 與 6.5時維持反光度不變，只改變臉型。我們接著改反光度，維持臉型不變。圖 6.6 是讓臉看起來更值得信任的反光度變化。

　　你注意到臉的性別也在逐漸改變嗎？當臉變得更值得信任，面孔

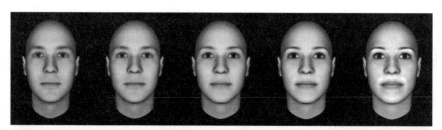

圖 6.6　增加反光度的改變，讓臉顯得更值得信任。

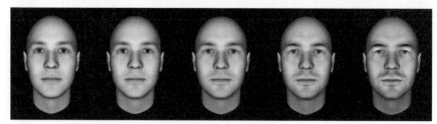

圖 6.7　增加反光度的改變，讓臉顯得更不值得信任。

也會化為女性。圖 6.7 則是讓臉看起來不值得信任的反光度變化。一旦臉變得更不值得信任，長相也會更陽剛。

　　接著，我們把臉型與反光度的變化相結合再放大，做出不值得信任與值得信任的極端版本（圖 6.8）。

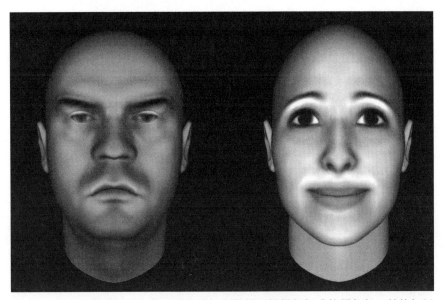

圖 6.8　將改變臉型與反光度，讓臉看起來顯得不值得信任或值得信任，然後加以放大。

　　我們的不值得信任與值得信任誇張畫變成一名不滿而強勢的男子，以及一名開心而放鬆的女子。上述所有差異都是從受試者對隨機生成的臉孔之值得信任度判斷中浮現的，而非出自我們的理論預設。還記得第 02 章提到的研究，七個月大的嬰兒面對模型產生的面孔時，看值得信任臉的時間會比看不值得信任臉的時間更久嗎？既然我們現在曉得是什麼催動了這些印象，從嬰兒得來的發現也就不讓人意外

了。長到七個月大時，嬰兒已經可以分辨正向與負向的表情，而他們
喜歡女性的臉，是因為主要的照顧者多半是女性。

接著來看「強勢」模型。我們創造這個模型的方式，就跟創造值
得信任模型一樣，只差在受試者是幫幾百張臉（見圖 6.1 與 6.2）打強
勢度分數。圖 6.9 顯示臉型的變化如何讓臉看起來更強勢。

圖 6.9　增加臉型的改變，讓臉顯得更強勢。

一旦臉變得更強勢，長相也變得更陽剛。下巴大得突出，眼睛變
得更小，眉型改變，眉毛與眼睛間距縮小。

圖 6.10 顯示臉型的變化如何讓臉看起來順從。

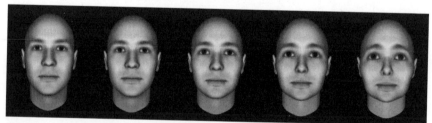

圖 6.10　增加臉型的改變，讓臉顯得更順從。

臉變得越順從，長相也就越娃娃臉。下巴變小，眼睛與額頭變大，
眉型改變，眼睛與眉毛間距增加。這些發現證實了澤布羅維茨對於娃
娃臉外貌重要性的洞見（見第二章）。

　　我們來試試改變臉的反光度，同時維持一樣的臉型，會變得怎樣？
圖 6.11 顯示臉孔反光度的變化如何讓臉看起來更強勢。

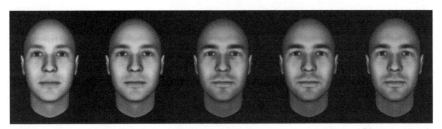

圖 6.11　增加反光度的變化，讓臉顯得更強勢。

　　無獨有偶，當臉變得更強勢，看起來也變得更陽剛。臉變得更黑
（還記得第四章提到的性別錯覺嗎？），眉毛變得更明顯，鬍鬚也更
清楚。

　　圖 6.12 顯示臉部反光度改變，會讓臉看起來順從。

圖 6.12　增加反光度的變化，讓臉顯得更順從。

　　當臉變得更順從，面孔也會從男人轉變為女人。最後，我們把臉
型與反光度的變化加起來，放大強勢與順從的極端版本（圖 6.13）。

　　這一回，性別與面孔成熟度有了確切無疑的變化。陽剛的外貌對
於強勢印象有很大的影響。這些印象或許蘊藏了點事實，因為對面孔
陽剛氣質的判斷，很容易連結到身強體壯。但也只是一點點，畢竟當

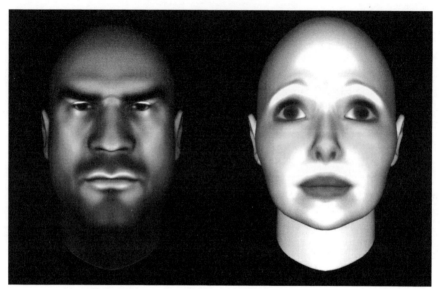

圖6.13　改變臉型與反光度，讓臉看起來顯得強勢或順從值得信任，然後加以放大。

代影響力最強勢的階級關係，並非奠基在身體力量上。不過，身體力量確實是我們強勢印象中最重要的元素。這個發現出自葡萄牙來訪的研究生雨果‧托斯卡諾（Hugo Toscano），他決定要比較「強勢」與「身強體壯」的印象。結果，身強體壯印象模型與強勢印象模型幾乎無法區分。趨動我們強勢印象的，就是身體力量。強勢印象是我們為了判讀他人對我們身體的傷害能力所做的努力。

　　圖6.3 清楚顯示，印象結構可用簡單的二度空間來表現。我們可以在這個空間中標出任何一種特定的印象。圖6.14畫出了代表「威脅」印象的軸線。假如我們要標定「值得信任」印象，其軸線將無異於「善—惡」軸。同理可證，「強勢」印象的軸線會非常接近「力量」軸線。因此我們才曉得值得信任與力量是臉部最重要的兩個印象。「印象有

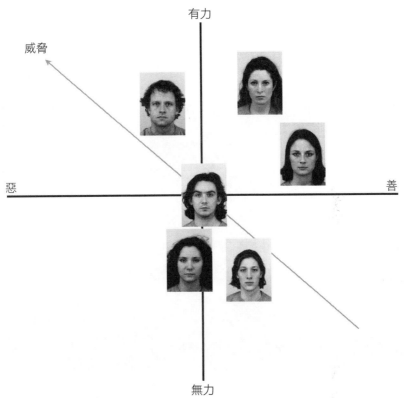

圖 6.14　我們可以在印象結構中表現出特定的印象，例如威脅感。圖上的箭頭
方向代表臉給人的威脅感增加。

簡單結構」意味著我們可以從這兩種基本印象出發，重新創造許多其
他特定的印象。這代表我們可以同時增加臉的「不值得信任」與「強
勢」，來增加臉的威脅感。我們可以創造「威脅」印象模型，或只要
運用現有的「信任」與「強勢」模型來調整「威脅」。結果一模一樣。

　　記得「罪犯」印象模型嗎（見圖 3.3）？作奸犯科刻板印象的兩種
關鍵成分是「不值得信任」與「強勢」印象。這與行為研究一致：不

值得信任臉與強勢臉的評分能高度預料到罪犯形象；此外，兩者也能預料到威脅感的評分。圖 6.15 顯示，威脅印象模型與罪犯形象根本無法分別。

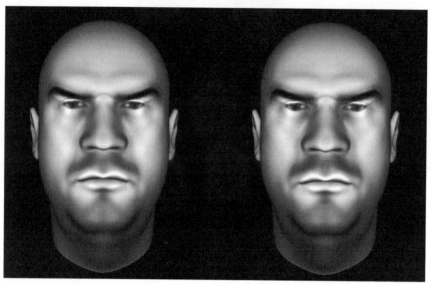

圖 6.15　以視覺方式表現作奸犯科（左）與具威脅感（右）的印象。

這兩個模型（是用對作奸犯科以及威脅感的評分結果打造的）可以分別用值得信任與強勢的模型完美重現。如果不特別指定犯罪類型，我們通常都會想到暴力犯罪，而我們對罪犯的刻板印象就是一張有威脅性的臉──強勢又不值得信任的長相。

值得信任與強勢印象並非完全獨立：我們傾向於認為不值得信任的臉很強勢，也認為強勢的臉很不值得信任。有很大程度來自臉的陽剛程度是我們不值得信任與強勢兩大印象的輸入來源。但我們可以區別這些印象。實驗顯示，值得信任印象比較仰賴情緒線索，而強勢印

象比較依賴陽剛氣質與長相成熟度線索。值得信任印象與強勢印象是最重要的印象，因為每當只有外貌可以參考時，我們會先以這兩項釐清他人的意圖好壞，以及他們以這些意圖行動的能耐。

●●●●●

雖然在試圖釐清印象的結構時，印象的相似性很方便，但對於找出讓我們產生特定印象的特定面部特徵組合，就相當不方便了。類似的印象總是奠基於類似的特徵組合。不過，只要運用印象模型，我們就能找出是什麼讓某一種印象有別於另一種與之高度相似的印象。我們來看看，一旦消去讓臉顯得有魅力的特徵組合，對值得信任與能幹印象有何影響。

我們從控制下的實驗得知大家更願意把錢投資在長相值得信任的人身上。但你大概已經注意到，「值得信任」的臉比「不值得信任」的臉更有吸引力，主要因為前者長得相對陰柔。這代表上述發現有另一種詮釋可能——亦即我們比較願意投資在有魅力的人身上。每當我們想到外貌時，通常想的都是吸引力。照心理學術語，吸引力對決定的影響，稱為「吸引力月暈」（attractiveness halo）效應。我們可以根據這種「月暈」觀點，主張信任實驗中的受試者所回應的並非臉的值得信任程度，而是臉的吸引力。套句實驗界的行話，信任感遭受到吸引力的混淆，而這種混淆可以詮釋資料。但假使你必須在圖 6.16 的兩張臉之間做投資決定呢？

你很有可能偏好左邊的那張臉，雖然它看起來沒有右邊那張臉有魅力。我創造這兩張臉時，只不過把它們的「魅力」從「值得信任」

裡消去了。只要我們有這些印象的模型，做這種調整就輕而易舉。吸引力月暈可用於解釋嚴肅心理學與日常生活中所有關乎外表的效應，但這種觀點相當狹隘。面相學家猜得對，外表遠不只關乎吸引力。我們會根據特定場合，對臉孔形成適合當下環境的特定印象。

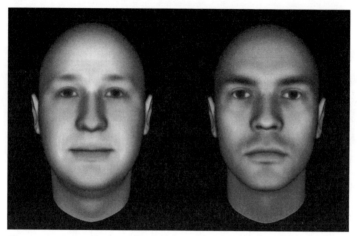

圖 6.16　你會把錢託付給誰？圖為以視覺方式呈現值得信任印象與吸引力印象之間的差異。

　　將吸引力從其他印象模型中消去，我們還能進一步找出我們印象中的偏見。來看圖 6.17 的臉。這兩張臉是用「能幹」印象模型產生的，我們已經知道能幹對許多決定都是極為重要的特質（見第三章）。

　　能幹的男性臉孔（右邊）比無能的男性臉孔（左邊）更有吸引力。接著看圖 6.18，要是我們把吸引力從能幹模型中消去，會有什麼影響。能幹臉變成有自信的男子臉，無能臉則變成沒自信的女子臉。

　　如此拆解能幹模型，我們就會發現能幹的印象是由吸引力、陽剛氣質、自信的臉部線索建構而成的。這些印象似乎是種男性偏見，只

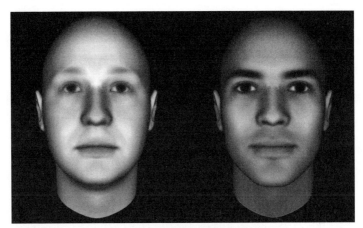

圖 6.17　以視覺方式呈現無能與能幹印象的臉孔。

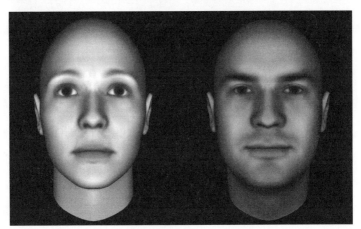

圖 6.18　以視覺方式呈現能幹與魅力印象之間的差異。

是乍看之下並不明顯。有許多方法可以讓我們改進印象模型，進而明確獨立出更多形塑你我第一印象的面部特徵組合。

• • • • •

　　別種資料導向的方法也可以用於瞭解有哪些線索會化為第一印象。臉部認知研究的先驅安德魯・楊（Andrew Young）率領英國團隊，用高爾頓 19 世紀技術的高科技版本做研究。研究人員先從網路上蒐集一千張普通人臉開始。選擇這些臉時，他們盡可能讓臉與臉在年齡、表情、姿勢等條件上各自不同。這些臉圖再經由受試者按不同性格評分，後續的統計分析也證實值得信任與強勢印象的重要性。

　　為了找出形成不同印象的線索，研究者將臉變形，得出最極端的印象。變形和合成攝影都能創造「平均圖像」，消去觀察者運用不一致的線索，並保留觀察者運用一致的線索。最後得出的結果，就代表相應印象的典型樣貌。正如我們用電腦產生的臉部模型所見，一旦臉變得更值得信任，看起來也會變得更快樂，此外也會從男人的臉變成女人的臉（見圖 6.4 與 6.6）。

　　而只要臉變得更強勢，看起來就會更陽剛，從女子的臉轉為男子的臉（見圖 6.9 與 6.12）。這種方法是資料導向取徑的另一版本。研究人員並未操控臉圖的任何細節。事實上，他們故意讓圖像自由變化，而後再根據受試者的第一印象加以整理。這種變形手法能揭露催生各種印象的線索。

　　從我們的模型與變形模型中辨識出來的線索趨於一致。但某些線索在我們的模型裡觀察不到。變形手法顯示年齡是第一印象的一項要素。隨著臉變得更值得信任、更強勢，看起來也更老。但這點在我們的模型裡顯現不出來，其中一項原因是電腦產生的臉在年齡上沒什麼變化。這是資料導向研究法的一大弱點。假設對印象很重要的線索在建構模型時使用的臉孔中沒有變化，我們就無法發現它們。由於電腦產生的臉孔鮮少有年齡變化，受試者自然不會依賴年齡線索形成的印

象。我們用電腦產生的臉孔畢竟是真人臉孔的簡化版。

　　楊與同事運用年齡各異、種類豐富的臉孔刺激物，不僅發現年齡線索對印象很重要，也發現印象結構也我們所想的更複雜。在我們原本認為的結構中（如圖 6.3 與 6.14 所繪），吸引力並非與值得信任和強勢並列的基本維度，而是另一種可以重新創造的特定印象，一如我們從已知的值得信任臉與強勢臉中創造出威脅臉。結果事實並非如此。「年輕—吸引力」因子從中浮現，成為獨立於值得信任與強勢的印象維度。結果，當臉變得更有吸引力，也會從男人的臉轉變為女人的臉，而且還會變年輕——令人感傷但也不意外。我們以三種基本維度來衡量臉：吸引力、值得信任度、強勢度。年齡、陽剛／陰柔、情緒表現，則是上述三種印象最重要的形成元素。

●●●●●

　　孟德爾頌和西科德對於當時可用的面相學研究法並不滿意。西科德不欣賞心理學家的「元素化」標準研究方法。這種方法無法處理托普費爾等畫家描述的整體印象效應。但心理學家仍想出新方法來研究第一印象——這些方法無須預設哪種特徵重要，哪種不重要，就能找出形塑我們印象的特徵組合。第 05 章與第 06 章提到的研究清楚顯示，沒有任何一種印象可以化約為單一的面部特徵。每當我們比較值得信任與不值得信任的外貌，或是順從與強勢長相時，許許多多的特徵（包括整體臉型、眉毛、眼睛、嘴巴、鼻子與顴骨）都會跟著改變。這種變化應該描述為掌管陽剛氣質、年齡、情緒狀態的整體臉部特性變化。第一印象是由各式各樣的視覺線索建構成的，包括倏忽即逝的表情到

恆常的面部特徵，如臉的成熟度。我們結合這些線索，形成明確的印象。

　　我們能為任何一種印象創造數學模型，將這些模型應用在新面孔上，包括真人的臉部影像。我們可以找張臉的影像，讓它看起來更有吸引力或更值得信任，或是更強勢，抑或擁有任何我們想賦予的特質。但最重要的還是這些模型能幫助我們瞭解第一印象。一旦我們有了模型，就能發現是什麼樣的臉部特徵組合帶來這些印象。我們能瞭解值得信任與強勢的印象何以如此重要。這些印象關乎於我們如何理解他人——理解他們的意圖與能耐。

第 07 章

觀者有意
The Eye of the Beholder

　　看看圖 7.1 的臉。這不大可能是你見過的臉。我把它創造得與一般人的臉很不一樣。假如你遇見長這個樣子的人,你能信任他嗎?

圖 7.1　為了和典型臉孔迥異而創造的合成臉孔。

　　八成不會,不是因為這張臉是我們以模型調整出的不值得信任長相,而是因為這張臉和你看到的一般人太不一樣了。圖 7.2 的臉呢?

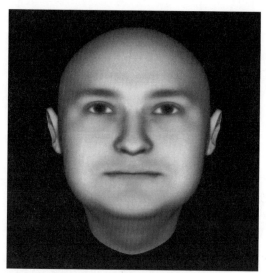

圖 7.2　與圖 7.1 的反常臉孔類似的合成臉孔。

　　這張臉看起來頗正常，但這純粹是因為你先看了圖 7.1 那張高度反常的臉。盯著古怪的臉，你所認知臉的典型也會漸漸往古怪偏移。心理學家稱之為「適應」（adaptation）：你的大腦適應了新奇的刺激物，因此，與這個刺激物類似的奇怪事物也就沒那麼奇怪了。假如你看圖 7.2 的臉之前沒有先看過那張奇怪的臉，圖 7.2 的臉看起來就不會那麼普通。或者，要是你先看了圖 7.3 的臉，圖 7.2 的臉就會顯得極端異常。你可以拿自己做實驗。盯著圖 7.1 的臉一分鐘，然後看圖 7.2 的臉。休息一下，接著重複過程，但這回先盯著圖 7.3 的臉（然後再看一次圖 7.2 的臉，體驗一下適應效應）。

　　臉的典型性（typicality）很重要，因為它形塑了我們的印象。我們不妨把所有人生中遇過的臉想成都在一個大圓裡，最典型的臉位於圓心。所有位於邊緣的臉都是非典型的臉。圖 7.1 與 7.3 的臉都位於圓周

上，但位在圓周上對立的兩端。我們傾向於不信任非典型的臉。但適應實驗顯示，我們把什麼樣貌視為「典型」很容易就轉變，即便只是暫時性的。更有甚者，大家的心理臉孔範圍（mental face sphere，記憶中看過的臉）都不一樣，畢竟我們周遭的人都有不同的臉孔。亞洲長大的人會有與歐洲或中東長大的人不一樣的臉孔視覺「攝取」。這些不同的攝取形塑了我們認定的典型或非典型，而典型與否又回過頭來形塑我們的印象。

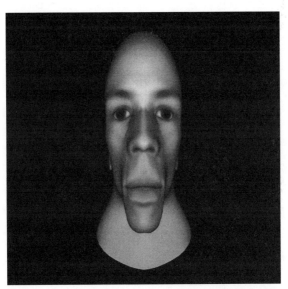

圖 7.3　為了和典型臉孔迥異而創造的合成臉孔。

我們不光是在心裡的典型上有歧異，連對周遭人的認知也不一樣。假如你認識某個長得像圖 7.2 的人，而且你信任他，你就會信任類似臉孔的人。但要是你不信任他，你就不會信任類似臉孔的人。利希滕貝格認為這是「我們的思維法則，當你看到某人時，就會立刻想起自

己最熟悉的人物，而這通常也會立刻影響我們的判斷」。假如你的臉碰巧與圖 7.2 的臉很像，你也會相信有類似臉孔的人。我們會把對他人與自己的認知，概括到外型類似的人身上。

前幾章討論的印象模型，指出了我們一貫用於形成印象的臉部線索，但卻無法指出來自於我們文化以及個人獨有經驗的線索。為了打造印象模型，我們總結了諸多個體的印象。也就是說，我們把許多個人的判斷加以平均。只要運用這種總體印象，我們便能掌握具有共通意義的臉部線索。但這種總結方式卻會掩蓋個別的印象差異——我們每一個人對我們印象的獨特貢獻。總體間判斷的一致性必然高於兩個個體之間的一致性，這是統計的基本原則。舉個具體的例子，假如我們從大約三十人身上蒐集他們對於臉孔值得信任程度的判斷結果，我們會得到對值得信任度非常可信的平均評估。這純粹是指，要是我們另請三十人判斷同樣的臉，兩組人的平均判斷之間的預期相關度會非常高，通常會落在 0.9。這幾乎是可得到的最好結果（兩組測量完全相關，則相關度為 1；若兩者完全不相關，則相關度為 0）。但兩組人在平均判斷上高度相關，並不表示個體之間的判斷也高度相關。相關程度會少得多，停留在大約 0.25。也就是說，假如你隨機挑出兩個人的判斷結果，你可預期兩者之間的相關大約落在 0.25 左右。儘管我們由臉形成的印象通常會有群體共識，但我們與另一人卻很難達成共識。我們對印象潛在的沒有共識，來自我們獨有的性情——對第一印象獨一無二且個人化的貢獻。

為了充分瞭解第一印象，我們必須把所有形塑這些印象的線索都納入考量：不只是意義廣為周知的線索，還有那些對每一個個體而言獨一無二的線索。這一章要談我們獨有的性情——我們對典型臉孔、

對我們友人與敵人的外貌，以及我們自己的臉等等的認知——如何影響印象。這些性情得自我們生活的特定文化、歸屬的特定群體，以及我們與他人之間獨有的個人經驗。

● ● ● ● ●

高爾頓深信每一個種族都有「若干理想典型」（可透過合成攝影術找出來），提升該種族的方式，就是鼓勵那些與典型相似的人生育，盡量不與典型不相似的人生育。我們不見得同意高爾頓的優生學處方，但他的偏見其實深深烙印在我們身上。我們信任與族人相似的人，不信任不相似的人。這種偏見由來已久。賈德‧戴蒙（Jared Diamond）在描述人類大約七千五百年前形成的酋邦（chiefdom，由數千人組成的聚落）時寫道，「人們必須學習如何常常接觸陌生人卻不試圖殺死對方，這在歷史上還是頭一遭。」我們也許不用學著不殺陌生人，但我們仍然保有「不相信他們」的本能。

對高爾頓來說，理想的典型是英國型。但要是他是日本人的話，他的理想典型就會不一樣了。為了證明我們認定的典型如何影響我們的「值得信任」印象，以色列心理學家卡梅爾‧索菲（Carmel Sofer）偕同我、隆‧道區、達尼耶‧韋伯杜斯（Daniel Wigboldus），合作創造了從典型以色列年輕女子到典型日本年輕女子的變化圖。卡梅爾按照高爾頓的處方，創造這些「典型」的臉：分別將兩國各數十位年輕女子的臉加以融合。他還創造一連串介於兩種典型之間的臉，安插在中間。你從圖 7.4 可以看到，臉從典型的日本臉孔（最左）漸漸化為典型的以色列臉孔（最右）。

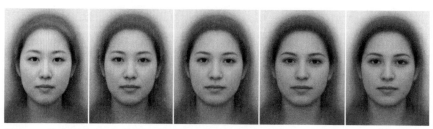

圖 7.4　從典型年輕日本女性（最左）到典型年輕以色列女性（最右）的變化圖。
兩者之間的臉則是安插進去的。

　　當以色列女子與日本女子針對這些臉打信任分數時，她們的印象
也一如預期受到她們所認知的典型影響。隨著臉變得越來越像典型的
以色列臉，以色列人就越發信任之，而日本人則越發不信任。當臉變
得越來越像典型日本臉時，情況則正好相反。我們相信那些長的像我
們族人的人。

　　心理學家總是偏好能透過嚴格的實驗控制，在實驗室重現真實世
界中的現象。此舉能確保觀察到的現象（對臉印象的改變），是我們
調控的實驗因子（接觸特定面孔）所造成，而不是因為真實世界中其
他許多不可控的因素。我們無法掌控你在真實生活中接觸到的臉孔，
但可以在實驗中調控這種「接觸」，藉此調控你所認知的典型臉孔。
長久以來，心理學家都知道當接觸到新面孔時，我們的大腦似乎會萃
取出它們的「平均值」，也就是典型的臉（一組臉孔中的原型）。你
可以把這種「平均值」想成是看過的臉的融合。許多不同方法都能證
明這種現象。其中一種是讓受試者看完全無法代表其平均值的臉，結
果受試者都覺得平均臉比他們剛才實際看到的臉來的熟悉。連三個月
大的嬰兒都表現出類似的反應。讓嬰兒盯著若干臉孔看之後，他們就
會熟悉這幾張臉，此時讓嬰兒看一張新臉孔與一張熟悉臉孔，他們看

新臉孔的時間會比較長。嬰兒喜歡新的刺激物。然而，如果給嬰兒看一張熟悉臉孔和所有熟悉臉孔的平均值，他們對前者會看比較久。意即相較於熟悉臉孔的平均值，單張熟悉的臉孔對他們來說還是比較新鮮。打從發育之初，我們就不由自主地形成我們環境中的典型臉孔。

　　根據卡梅爾的研究，我們預期看到不同的臉孔不僅會改變受試者認為的典型，還會影響他們認為「善」或「惡」的長相。為了驗證這個假設，我們和隆‧道區以及以色列心理學家蘭‧哈珊（Ran Hassin）合作，請受試者看上百張臉。重點在於我們是運用統計模型來再現、產生臉孔的，並以不同的「平均臉」為基底創造出新臉孔。基本上，我們為不同群的受試者創造不同的心理臉孔範圍。對某些受試者來說，平均臉（取自臉孔範圍的核心）看起來會像圖 7.5 左邊的臉，其他受試者則覺得像右邊的臉。兩者差距非常微妙，但你之後會看到，這些微小差距就足以影響對新面孔的印象。

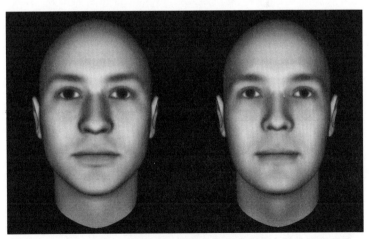

圖 7.5　比較看了類似右臉的幾百張臉，和看了類似左臉的幾百張臉，後一種的受試者會開始覺得左臉比較接近典型臉。

在實驗的第一階段，受試者在每一次試驗中都會看到一張從他們心理臉孔範圍中產生的臉，而他們總共要看五百張不同的臉。為了確保他們的注意力停留在臉上，每隔幾次試驗，就會有一張輪廓剪影在某張臉之後出現，受試者必須判斷這張剪影與前一張臉是否吻合。受試者未被要求去瞭解關於這張臉的任何事情，或是就任何性格面向做評分。但我們預期他們會形成各自的「平均臉」。他們也確實形成了。到了實驗的第二階段，受試者會看到一組新臉孔，請他們根據每一張臉典型與否評分。他們對各自在第一階段看到的平均臉打了比較高的分數。其餘跟平均臉類似的臉，分數也比不類似的來得高。總之，不到半小時，我們就成功改變了受試者所認為的典型。

不過，這種改變如何影響印象才是我們最感興趣的事。如同典型度的評估實驗，受試者也認為自己看到的平均臉比較值得信任。他們一些人看到的眾多臉圖是產生自圖 7.5 左邊的臉，另一些人看到的則是產自右邊的臉。前者會認為左邊的臉比較值得信任，後者則認為右邊的臉比較值得信任。更有甚者，這種效應也普及到其他臉孔上。來看圖 7.6 的臉，哪一組受試者會覺得這張臉比較值得信任？

那麼圖 7.7 的臉呢？為了回答這兩個問題，你得注意這兩張臉與兩組受試者看到的平均臉，也就是典型臉之間的相似處。圖 7.8 有清楚的表示。

大鼻子的臉與它隔壁的臉（圖 7.8 左二）比較像。以後者為典型臉的受試者會覺得寬鼻的臉（以及其他相似的臉）比較值得信任，而以右二為典型臉的受試者，則覺得寬鼻的人不太值得信任——他們覺得細鼻梁的臉比較值得信任，因為跟他們的典型臉比較類似。

別忘了，這種信任並非來自鼻型本身，或是任何其餘臉部特徵。

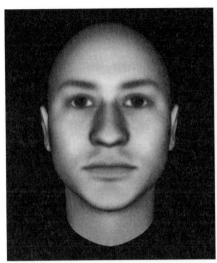

圖 7.6　當一組受試者大量接觸從圖 7.5 左圖臉產生的臉孔，另一組受試者大量接觸從圖 7.5 右圖臉產生的臉孔。哪一組受試者會覺得這張臉比較值得信任？

圖 7.7　當一組受試者大量接觸從圖 7.5 左圖臉產生的臉孔，另一組受試者大量接觸從圖 7.5 右圖臉產生的臉孔。哪一組受試者會覺得這張臉比較值得信任？

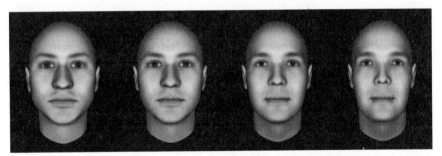

圖 7.8　以鼻子稍寬者（左二）為其典型的受試者，會認為寬鼻的臉（左一）比較值得信任。以鼻子稍窄者（右二）為其典型的受試者，會認為窄鼻子的臉（右一）比較值得信任。

這種信任其實是因為這些臉更接近受試者所認為的典型臉。儘管圖 7.5 兩張臉的差異非常細微，但只要它們變成我們的典型臉，就會影響我們是否信任新面孔。這種信任並非源自臉上某些與生俱來的值得信任特質，而是源自於我們對臉的經驗，經驗則決定了我們所認定的典型。上述實驗足以證明卡梅爾的跨文化效應。不同的人、不同的社會群體，甚或是同一個人在人生的不同階段，都可能會有不同的典型臉，並進一步影響對新面孔的印象。利希滕貝格老早就料到了：「在一個人對另一個人，一個族群對另一個族群，以及一個世紀對另一個世紀之間，是沒有面相學可言的。」

● ● ● ● ●

　　我們每一個人都有自己一套獨有的偏見，而這些偏見就和我們認定的典型一樣，都會影響我們的印象。初見時，我們會喜歡和信任那些與我們本來就喜歡和信任之人長相類似的人。利希滕貝格說得好，「一張敵人的臉會讓我們覺得上千張臉醜惡，同理可證，一張心愛之人的臉也會把魅力擴及其他一千人身上。」

　　心理學家蘇珊‧安德森（Susan Andersen）曾主持許多研究，顯示我們對那些長得像我們重要他者（significant other）的人，也會循類似軌跡形成印象。臉孔的相似性是觸發這些印象的強大因子，這一點不足為奇。假如你的父親是個熱情的人，有人長得像你父親，你就很可能認為這人很熱情。不過，觸發這些印象的可不只是與重要他者的相似性。只要跟任何我們略有所知的人相像，就足以形塑我們的印象。

　　我與以前的學生莎拉‧維洛斯基（Sara Verosky，現為歐柏林學院

〔Oberlin College〕教授）做過實驗，想知道如果新面孔與我們知道該相信或不該相信的人長得有些類似，會不會影響我們對這些新面孔的信任度。莎拉讓受試者知道臉孔背後一些帶有評價的資訊。好比看見類似圖 7.9 的臉時，受試者也會得知一些像「他為洪水災民提供食物與衣物」的正面訊息，或是「他對一位老太太做出不雅動作」的負面訊息。大家都很擅長吸收這些事實。就算受試者看了多達五百張臉孔與獨一無二的行為描述，再單獨讓他們看照片，他們還是能區分「善」臉跟「惡」臉。他們不記得明確的訊息，但他們確實記得事實相關的評價要旨。

圖 7.9　在我們的實驗中，受試者已學會把類似此圖中的臉與正向或負向行為相連結。(Photo ©Alex Kayser, from the book Heads by Alex Kayser, Abbeville Press, 1985.)

我和莎拉感興趣的是：知道這些訊息後，會不會影響對新面孔的印象？我們實驗時，會先讓受試者知道與特定臉孔相關的正面或負面

訊息，然後請他們判斷新臉孔的值得信任度。但受試者並不曉得，有
些新臉孔經過調整，變得和他們已知的面孔相像。我們融合已知臉孔
與新臉孔，以調整相似程度：圖 7.10 的臉全都是新臉孔與圖 7.9 的臉
融合的結果。融合做得很巧妙，避免受試者明確認出已知的臉孔。雖
然缺乏認識，但受試者還是願意信任那些與帶有正面訊息的臉孔類似
的臉，不信任與帶有負面訊息的臉孔類似的臉。臉孔類似度的影響生
成得相當自動，就算明確告訴受試者已知臉孔與新臉孔的相似處，並
請他們忽略，對他們的判斷也不會有多大影響。我們不由自主，會把
關於已知臉孔的資訊涵蓋到類似的新臉孔上。

圖 7.10 用圖 7.9 的臉創造出來的四張新臉。(Base photos © Alex Kayser, from the
book Heads by Alex Kayser, Abbeville Press, 1985. Adapted in Verosky & Todorov 2010.)

　　臉孔相似度的影響還會延伸到雇聘決定與消費選擇上。當受試者
評價求職者時，就算求職者的履歷包含許多相關資訊，但若求職者長
得像成功的前員工，會比長得像失職的前員工更有機會得到工作。老
虎伍茲許多性醜聞曝光之前，受試者比較願意向臉長得像伍茲的業務
購買商品，但在醜聞曝光後，受試者的偏好逆轉了：長得不像的業務
變得比較受人信任。

　　臉與我們自身長相的相似度，就跟和我們喜歡或討厭的他者之相

似度一樣重要。我們每個人多少都會攬鏡自憐。達文西認為，畫家畫臉時犯下的最嚴重錯誤，就是把臉畫得「像畫家自己」。他反省這種世人皆有的問題時寫道：「掌管、主宰每一個身體的那個靈魂，在我們自己還沒意識到之前，就已經影響了我們的判斷。因此這個靈魂早已用自己認為好看的方式完成了整個人形，管他的鼻子是長是短還是翹。」他建議畫家，每當要選漂亮臉孔來畫時，「要讓眾人的看法證實其美麗，而非用自己的判斷。你恐怕會欺騙自己，選了與自身相似的臉孔，只因這種一致性通常會取悅我們。」

　　現代研究證實了達文西的洞見。我們更願意把錢投資在臉被調整的像自己的人身上，也更願意選這人從政。證據指出，我們很有可能與長得像自己的人結婚，甚至選擇長得像我們的純種狗當寵物（圖7.11）。我們試圖形塑自己的環境。

圖 7.11　若干研究指出，純種狗的臉與主人很相似。

　　自我相似效應是雙向的。莎拉在我的研究室所做的第一項研究顯示，當面對用自己的臉合成出來的臉孔時，大家多半會認為這些臉孔值得信任，而非不值得信任。另一項研究則發現，雙方進行經濟互動

之後，如果對方對你的信任投桃報李，你會感覺這人與自己長得變像了。好人長得都像我們。我們的自身長相以及我們喜歡與信任的人，會影響我們對新面孔的印象。

· · · · ·

我們從臉孔形成印象時，會運用諸多線索。有些線索（用先前幾章提過的模型可以辨識出來）大多數人都會使用；有些（如本章所述）則是我們每一個人獨有的。常常有人把這兩種線索二分為「帶來『客觀』印象的」與「僅『見者有意』的」面部特徵。但這種二分法是錯的。一切都是見者有意，只不過有些是大多數人皆有意，有些是許多人有意，有些只有少數人有意。

我們一貫運用臉部線索來形成印象，而印象模型能辨別出這些線索的共通意義：正向表情暗示「值得信任」，負向表情暗示「不值得信任」；陽剛氣質暗示「侵略性」與「強勢」，諸如此類。但不見得所有意義都是共通的。許多西方文化中，人們視微笑為社交義務，其他文化的人卻認為微笑代表優越。因而，在諸多西方文化中視為善意象徵的真誠微笑，在其他文化卻可能代表強勢，而非親和。有些文化把陽剛的臉孔視為具侵略性，其他文化則否。不久前，大家都還理所當然地把陽剛的外貌當成普世的「強勢」信號。但近年來的發現卻顯示，這種信號只有在經歷工業化的文化中才「普世」。我們用來推測意圖與能耐的線索，會隨不同文化而異。

臉部線索的意義不僅因文化而異，在同一個文化中也因群體而異，甚至在同一個群體中也因人而異。以相同文化來說，出身同族群

的人比不同族群的人在印象上更有共識。以同文化、同族群來說，手足、密友、配偶的共識也多於陌生人。縱使是基因上與社交環境上最類似的人——雙胞胎，對臉孔也有自己獨特的偏好。為了衡量基因與環境對臉孔獨特偏好的影響，一個跨國研究團體研究了超過五百對同卵雙胞胎與兩百多對異卵同性雙胞胎。由於這兩種雙胞胎家庭背景皆類似，但同卵雙胞胎的基因共同處平均來說是異卵雙胞胎的兩倍，因此可能很適合評估基因與環境對臉孔識別和偏好的影響。先前的研究已經證實，基因變異最能解釋臉部辨識的能力。而在此處提到的研究中，研究人員想知道以個殊印象成分（idiosyncratic components of impressions，與所有受試者的平均印象不同的那部分印象）來說，同卵雙胞胎之間會不會比異卵雙胞胎更有共識。假如會，就代表有些個殊偏好與基因相關。但情況並非如此。異卵雙胞胎的印象共識與同卵雙胞胎不相上下。此外，他們的共識程度還都相當低。之所以低，是因為個殊臉部偏好泰半關乎個人獨特的環境——雙胞胎之間並未共享的環境。作者群的結論是，「個人的生命歷史與經歷，是個人臉部偏好背後的推動力」。

　　我們形成印象，推估他人的意圖好壞，以及他們實施這些意圖的能耐。一旦我們只有外表資訊，就得靠各種臉部線索——我們文化中共同的表情意涵、不變的臉部特徵，以及與我們認定的典型或熟悉之人是否相似——來做出不確定並且容易有誤的推論。臉部線索的意義並非放諸四海皆準，但印象的功能卻是如此——到哪兒都是為了推敲他人的意圖與能耐。

　　對於你我都有形成印象的天性這點，面相學家是說對了。研究第一印象的現代科學正探尋生成這些印象的準則，也就是外貌與印象之

間的系統性關係。可以說，有了本書第二部談及的工具，我們正實現
面相學家一半的承諾：我們能找出你我對任何類型與性格的人所抱持
的視覺刻板印象。但這只是承諾的一半而已。面相學家更重要的另一
半承諾是：這些視覺刻板正確無誤，外表與個性之間有系統性的關聯。
也許，當年的面相學家要是擁有正確的工具，他們也能找出這些關聯。
過去二十年來，有些心理學家已經克紹箕裘：為個性找出正確的臉部
線索。這類研究大部分是以研究第一印象取得的成就推動：假如我們
能釐清造成我們印象共識的線索，或許這些線索也能指向真實存在的
性格。接下來四章要討論這種新面相學的主張。由於絕大多數以第一
印象準確性為題的研究仍得仰賴臉部圖像，下一章我們就來談臉部圖
像誤導人的本質，以及使我們對這些圖像如此深具信心的心理機制。

PART 3

第一印象的精準與謬誤
The (Mis)Accuracy of First Impressions

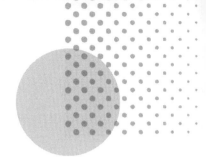

第 08 章

有圖沒真相

Misleading Images

　　龍布羅梭在《犯罪人》（*Criminal Man*）一書中主張罪犯與其他人類有本質上的差異。他們是演化下墮落而異常的動物，比起人類，他們更接近低等靈長類。他們與一般人的差異會透過幾種異常的身體特徵表現出來，包括面貌。典型罪犯生得一副「招風耳、頭髮濃密、鬍鬚稀疏、鼻竇明顯、下巴突出、顴骨寬」，而且特定犯行的罪犯也各有特徵：「殺人慣犯視線冰冷無生氣，雙眼不時出現血絲與眼翳；泰半為鷹勾鼻，而且鼻子很大」；強暴犯「通常有招風耳」，而且「眼睛幾乎都會咕溜咕溜轉，五官細緻，有過厚的嘴唇與眼皮」。龍布羅梭的理論影響力驚人，他的書在法官、律師、政府官員、科學家偕同與會的國際會議上受到討論。龍布羅梭的名字還出現在列夫・托爾斯泰（Lev Tolstoy）的《復活》（*Resurrection*）、伯蘭・史杜克（Bram Stoker）的《德古拉》（*Dracula*）等與他完全不同領域的文學著作裡。根據若干說法，書中一開始對德古拉伯爵的描述，就是以龍布羅梭對天生罪犯的描述為基礎。

　　龍布羅梭在初版的《犯罪人》裡只放了四張插圖，但這個數字隨著後續改版不斷增加，在最後的第五版達到一百二十一張。這些罪犯臉孔與身型的圖像，對增添龍布羅梭論證的「客觀性」來說非常重要。

但歷史分析指出，把罪犯照片製成版畫的過程就沒那麼客觀了；有些
罪犯的臉變得益發醜怪。你可以在圖 8.1 看到其中一個轉變的例子。
圖左為一名已定罪強暴犯的肖像。這張肖像是為了說明強暴犯的若干
特徵而畫，在初版的《犯罪人》裡收錄的就是這張。第二版乃至其後
的版次，肖像（圖右）有了更突出的面部特徵，招風耳更誇張，臉上
紋路也更明顯。無論這些是否真是所謂的罪犯特徵，現代研究皆表明
只要臉越奇異，我們就認為臉主人越會犯罪。沒有證據顯示龍布羅梭
故意把臉變得越來越古怪，但他的信念大有可能形塑了他所認為的典
型罪犯容貌。

圖 8.1　龍布羅梭《犯罪人》不同版本中對同一個人的素描。

　　支持優生學的前衛知識分子哈維洛克・艾利斯，把龍布羅梭的影
響與達爾文相提並論：「《犯罪人》在義大利、法國、德國造成立即
且重大的影響，堪比《物種源始》（*The Origin of Species*）。」1895 年，
艾利斯在著作《罪犯》（*The Criminal*）中長篇大論，意在證明罪犯的
獨特面相，並重申龍布羅梭概述過的獨特長相。他還在書中收錄監獄

犯人側臉素描，「以非常突出的繪製方式使許多特點受到注意。」裡頭的許多素描由英格蘭沃金監獄（Woking Prison）典獄長范斯·克拉克（Vance Clark）所繪。克拉克畫得確實很古怪，但艾利斯向讀者保證，「書中例子顯然完全不是例外」。將近二十年後，查爾斯·哥林（Charles Goring）運用高爾頓的合成術，證明那些特點事實上就是例外。克拉克與艾利斯認定的典型罪犯外貌根本就不是典型。那些素描就跟龍布羅梭的插圖一樣，反映出兩人的偏見，而非罪犯容貌的精髓。

　　第一部針對囚犯進行的統計研究鉅作並非虎頓的研究（也就是第三章提到的《美國罪犯》），而是哥林的《英格蘭罪犯》（The English Convict）。這部作品源於龍布羅梭在 1889 年巴黎犯罪人類學大會（Congress of Criminal Anthropology）提出的挑戰。龍布羅梭要求採取我們今日所謂的對抗式協作（adversarial collaboration），即由反方理論的代表方設計、主持、詮釋的研究，用來找出哪一方的觀點才是正解。反方要比較天生罪犯、有犯罪傾向者、非罪犯者三類範例，以驗證龍布羅梭的看法。儘管成立了委員會（龍布羅梭亦名列其中），但這個反向研究並未展開。幾年後，英格蘭帕克賀斯特監獄（Parkhurst Prison）的次席醫官，秉持挑戰龍布羅梭的精神而展開了研究。查爾斯·哥林在 1903 年接任了帕克斯特監獄醫官一職，並繼續這場研究。超過四千名囚犯的龐大資料需要新的統計方法來處理，哥林因此在生物統計實驗室（Biometrics Laboratory，高爾頓在倫敦大學學院〔University College London〕所創立）主任卡爾·皮爾森（Karl Pearson，20 世紀最偉大的統計學家，也是高爾頓的高足）的指導下進行研究。哥林的結論斬釘截鐵：「關於龍布羅梭及其追隨者所描述之罪犯體徵類型，未有證據出現。」

　　哥林的書開頭就是兩張合成的臉。第一張是將艾利斯書中的側臉像加以合成。為了創造這張合成圖，他將每一張側臉鼻子底端到耳朵中央的距離都先調到一樣。哥林另從帕克賀斯特囚犯的檔案照片中隨機抽出側臉照片當做樣本。他用描圖方式描出照片上的側臉輪廓，過程中這些輪廓線都經相同方式校準。來自艾利斯書中素描與來自照片的兩種側臉，都成功地用碳式複寫紙複描下來了。圖 8.2 就是這兩組合成臉。你猜得出哪張描自艾利斯精心挑選的罪犯的素描，哪張描自隨機挑選的囚犯照片嗎？

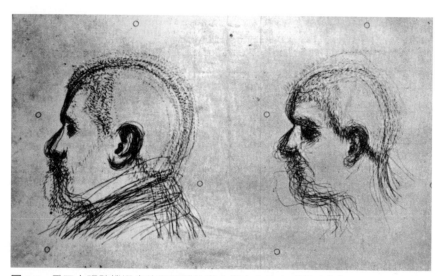

圖 8.2　用三十張隨機選出的囚犯照片樣本描出來的合成圖（左），以及用非隨機的囚犯素描樣本描出來的合成圖（右）。

　　看起來比較正常的合成圖，是來自隨機選擇的囚犯照片。哥林說，「細查這些對比鮮明的輪廓，就能顯現出透過照相機以機械方式精準記錄所得，與熱情但不帶批判的觀察者想像中的『罪犯類型』，兩者

間最顯著的不同。」哥林的合成圖證實高爾頓的直覺,也就是「比起一般的特徵,罕見與奇特的特徵更容易左右人們的印象」。

正是因為印象容易受到左右,高爾頓才會轉而投向合成攝影術。但他注意到,光是靠照相機的機械式精準還不足以製作出典型肖像。假如臉會因為特徵之罕見與奇特而入選,「則所謂的典型肖像看起來便會像是誇張畫作」。高爾頓點出了以現實圖像作推論的一個問題:選擇的問題。先入為主地選擇古怪而特別的臉,會帶來錯誤的推論。這就如同從民主黨的鐵票選區找人做民意測驗,就拿來當做全國政治傾向的參考。要解決這個選擇問題,我們要挑對臉,從我們試圖找出的人類類型中挑出具代表性的臉。但是選擇問題還要更棘手:同一個人的不同圖像可以帶來不同的印象。

我們大多數人——包括研究臉孔的心理學家——都會假定「每一張圖像都是對圖中人面貌的忠實呈現」來行事。假如我們相信這個假設,我們也會相信每一張圖像都能捕捉到臉主人的性格。事實上,新面相學的主張就是以人臉的靜止圖像為主要參照物。近年來有大量研究宣稱能夠證明,光是從臉的照片,我們就能精準料中一個人的性傾向、政治傾向、宗教傾向、心理健康問題、暴力傾向,甚至犯罪傾向,並且以類似「你的長相如何透露出你的人格」(《新科學人》〔*New Scientist*〕)或是「臉部側寫:怎麼從某人臉蛋的形狀看出他是否危險」(《石板雜誌》〔*Slate*〕)這類標題大書特書。一如艾利斯的研究,這些當代的研究似乎在說我們能看出「許多特質」,將罪犯/守法公民、同性戀/異性戀、虔誠信徒/無神論者等等區分開來。但是,上述許多研究所觀察到的癖性,很容易就可以用「圖像的取樣偏見」來解釋。靜止圖像捕捉到的是個人生活中的特定片刻,而非個人特質。

說起來，一旦要推測性格，這些圖像可能會非常誤導人。

• • • • •

我們相信攝影影像中的真實。紀錄片導演埃洛・莫里斯（Errol Morris）說過，「我們總想像攝影提供了一條通往真相的神奇道路。」手法純熟的藝術家才不會這樣想。他們曉得圖像可以引領我們走上許多條道路，但不必然通往真相。精心創作的圖像很容易左右我們的印象，讓我們在同一個人身上看出完全不同的特性。

自 1975 年起，最多才多藝的當代藝術家辛蒂・雪曼（Cindy Sherman）就只有一位模特兒：她自己。以她的作品來說，她身兼模特兒、化妝師、服裝設計師、舞台設計師、攝影師。1975 年，為了交一堂課的作業，她創造了二十三張人工上色的照片，把自己的臉從一位樸素女孩一路轉變到性感蕩婦（圖 8.3）。此後，雪曼創作了上百個不同人物，從迷失的年輕女子到有錢的中年社交名媛，每一個都有自己獨特的臉龐。

如同托普費爾，雪曼也是操弄你我印象的大師。雪曼的 8×10 黑白電影劇照系列（圖 8.4）讓她聲名大噪。許多人看了她的劇照之後，都錯以為出自某部自己看過的電影，或是提到他們以為執導這部電影的人；安東尼奧尼（Michelangelo Antonioni）和希區考克（Alfred Hitchcock）就經常被提及。但這些電影劇照並非出自電影，而是雪曼的想像。她沒有打算假裝她的角色真有其人，但她創造了我們似乎認得的「原型角色」，讓我們感到似曾相識，基於這份熟悉和衍生出的相關感受，又以圖 8.5 中的角色娛樂我們，或讓我們感到不安。

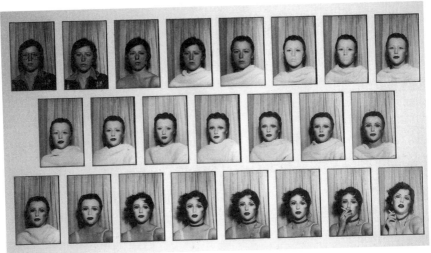

圖 8.3　攝影師辛蒂・雪曼用自己的臉創造出不同印象。(Cindy Sherman, Untitled #479, 1975. Set of 23 hand colored gelatin prints. Each: 4 3/4 x 3 1/2 inches; 12 x 8.8 cm. Overall: 20 1/2 x 33 1/2 inches; 52.1 x 85.1 cm (MP# CS—479). Courtesy of the artist and Metro Pictures, New York.)

圖 8.4　攝影師辛蒂・雪曼用自己的臉創造出不同印象。(左：Cindy Sherman. Untitled Film Still #21, 1978. Gelatin silver print, 8x10 inches (MP# CS—21). 右：Cindy Sherman. Untitled Film Still #30, 1979. Gelatin silver print, 8x10 inches (MP# CS—30). Courtesy of the artist and Metro Pictures, New York.)

圖 8.5　攝影師辛蒂‧雪曼用自己的臉創造出不同印象。(左：Cindy Sherman. Untitled #463, 2007/2008. Chromogenic color print, 68.6x72 inches; 174.2x182.9 cm. [MP# CS─463].　右：Cindy Sherman. Untitled #475, 2008. Chromogenic color print, 92x76.5 inches; 233.7x194.3 cm [MP# CS─475]. Courtesy of the artist and Metro Pictures, New York.)

　　不用雪曼那種劇場式的誇大，我們對臉的印象也還是可以受到操弄。數位修圖產業中的人就是這麼做。藝術界有超級明星，修圖界也有。巴斯卡‧丹金（Pascal Dangin）有一大串名人客戶，而且合作的都是最有分量的時尚雜誌。就算他從不在時尚雜誌上的作品署名，各家博物館館長卻都說自己認得出他的作品。知名攝影師安妮‧萊柏維茲（Annie Leibovitz）這麼形容他，「光是他曾經和你合作過，你就會覺得自己很了不起。假如他經常和你合作，你大概會想，這個嘛，也許我可以吃這行飯。」丹金能憑藉神來幾筆，就把時尚模特兒與名人的圖像完全改頭換面。他不光能讓人變漂亮，還能像他自己所說的，「僅僅只對眼睛下功夫，就能改變某個人的性格。」

●●●●●

　　你無須和雪曼或丹金一樣有天賦，也能透過調整圖像來成功操縱印象。我們可以運用第 05 章與第 06 章提到的科技，創造出不同印象。我們可以拿第一印象的數學模型套用在真人臉像上；開發這種技術的人是瑞士巴塞爾大學（University of Basel）的米瑞拉・沃克（Mirella Walker）與托馬斯・費特爾（Thomas Vetter）。你已經在第三章見識到這些模型如何將一張真人的臉調出罪犯的外貌。我們也能把「外向」印象模型套在另一張真人面孔上。我們可以逐漸提高臉的外向程度，或是減少外向程度，然後看到細微但可觀察的差異。儘管臉本身維持情緒中立，但表情有些微變化。此時若請受試者評分，他們會覺得調高外向度的圖比原圖外向，調低外向度的圖則沒那麼外向。你能察覺到最外向的臉帶著微笑，最不外向的臉則有一抹悲傷。

　　我們甚至不用修圖動到任何特徵，光是拿臉部的光線玩把戲，就能改變第一印象。還記得第五章提到的氣泡手法嗎？這種技術可以把辨認熟識臉孔，或是辨識情緒表現時關鍵的臉孔部位獨立出來。達尼耶・費賽特（Daniel Fiset）和他的加拿大同事運用這項技術，請受試者判斷臉的值得信任與強勢程度，藉此找出臉像中的哪幾個部分，能增加或減少人們在臉上感受到的值得信任與強勢度。一旦完成，他們只消強化讓臉顯得值得信任的部分，就能增加臉孔的值得信任度。強勢度也只要依樣畫葫蘆就好。你可以在圖 8.6 看到應用結果。

　　這種技術不是只能在生面孔上發揮作用。下圖就是運用在美國前總統巴拉克・歐巴馬臉上的結果（圖 8.7）。雖然我們知道圖 8.6 與 8.7 都是同一張臉，改變光線卻能誘發不同印象。我們沒有扭曲臉型，只有稍稍調整皮膚表面的狀態。這對改變我們的印象實在太好用了。

較不值得信任

較值得信任

原圖

較強勢

較不強勢

圖 8.6 將影像中會影響「值得信任」與「強勢」感受的部分更凸顯或更低調。

較不值得信任

較值得信任

原圖

較強勢

較不強勢

圖 8.7 將用於圖 8.6 的手法套用在美國前總統巴拉克・歐巴馬臉上

・・・・・

　　早在數位修圖技術普及之前，報社編輯就已在用簡單得多的工具操弄印象了——即透過選圖。第二章提過，20 世紀初已有相關研究，把人的照片和最有可能的「社會類型」做搭配。從結果準確度來看，反應的多半是選圖時的偏見。《時代雜誌》上「走私犯與槍手」的照片，就是與「王室成員」或「金融業者」的照片不同。但若是我們討厭王室成員或金融業者，一定會選無助於形象的圖片來發表。這是因為同一張臉的影像，呈現出的形象卻可以天差地遠。

　　羅布・詹金斯（Rob Jenkins）、麥可・波頓（Mike Burton）與一群同事請英國受試者為他們不熟悉的荷蘭名人打魅力分數。關鍵在於這二十位名人中，每一位都有二十張不同的照片。假如你把每位名人二十張照片的分數加以平均，就會浮現魅力的排名，有些名人比其他名人更有吸引力。但對任意兩位名人來說（包括最沒魅力與最有魅力的兩人），你總是可以湊出一組影像是甲名人看起來比較有魅力，但在另一組裡乙名人比較有魅力。換句話說，這些影像並未平均表現出名人的吸引力。兩位研究者就說，「沒有哪張臉能兩度投射出一樣的圖像」。

　　同一張臉的不同影像也能改變我們的印象，就算這些影像或多或少出於隨機亦然。看看圖 8.8 的幾張照片。

　　這些照片取自一個臉部影像資料庫，用來訓練、測驗電腦的臉部辨識演算法。能夠從任何一張臉部影像認出這是同一個人，演算法才算真正成功。該資料庫裡的人是在各種場合中照像的，而且並未受指示擺出任何特定表情。這些同一個人在不同圖片之間的差異，實際上

圖 8.8　從資料庫中找同一個人的圖，用來訓練電腦演算法辨識臉孔。儘管圖片的差異甚微，卻仍然足以引發不同印象。

可以視為隨機。

　　然而，這些隨機的影像差異卻會化為有系統的印象差異。受試者認為此人在左起第一張照片中感覺值得信任，但左起第二張照片卻感覺狡詐。這些印象準確嗎？除非你對於此人已有些許瞭解，否則無從得知。由於對同一個人的印象會隨影像不同而異，對此人性格的判斷便難有準確可言，但影像帶來的印象卻已隨之而來。假如請受試者選出最適合特定情況的照片，明顯的偏好就會出現。假如圖 8.8 此君要競選當地行政首長，第一張照片（左起）就是最佳選擇；假如他要申請高薪的顧問職，就要用第二張（左起）；假如要在臉書貼照片，第三張會是首選。不出所料，帶偏見的選圖會導致帶偏見的決定：在競選活動脈絡下，一群新的受試者如果看到最適合競選的照片（圖 8.8 最左邊的照片），會比他們看到別張照片更願意投他一票。受試者無須多少時間，就會落入這種受影像誘導的偏見：一張影像只要看個四十毫秒，就足以提供形成印象的資訊了。

　　若不曉得這些影像如何產生，也不知道它們能否代表此人，我們就無法判斷以影像為基礎的印象之準確性。試想那些聲稱能從短暫的臉部影像精準判斷性傾向的研究，許多都是從線上交友網站取得照

片。我們可以合理推測：多數的網站用戶並非從自己的一堆照片中隨機選幾張貼上。有鑑於網站用戶心裡想著不同的受眾，我們能合理推測，貼在同性交友網站上的照片會與貼在異性交友網站上的略有差異。由此來看，受試者精確推測出網站用戶性傾向的研究，恐怕只是反映了網站用戶照片選得好，將自己想傳達的內容傳達給了各自的受眾。換句話說，在性傾向研究中所謂的精準判斷，說不定與選圖的關係較大，和臉上的性傾向跡象沒什麼關係。事實上，威斯康辛大學麥迪遜分校（University of Wisconsin-Madison）的研究人員不久前才表示，這些「精確」判斷可用一項單純的干擾因素解釋：同性戀男女的照片品質比異性戀男女的好得多。一旦這兩個群體的照片在品質上差不多，對於性傾向的猜測結果也就會跟亂猜差不了多少。

　　同一種問題也困擾著犯罪傾向印象準確性的研究，因為這類研究是拿入監大頭照與學生的校園照做比較，或是拿全美通緝令的影像與諾貝爾和平獎得主的影像做比較。這些對照組的影像都不是在被警方逮捕時那種受威脅、被羞辱的情境下拍的。雷納‧佩利謝（Raynal Pellicer）曾發表一本談入監照的有趣書籍，他表示：「你在裡面〔書中〕找不到針對照片臉上一抹微笑、一個眼神或一個表情的任何說明。這麼做沒有意義，因為根據我研究過程中碰到的員警所言，這些照片的每一張都是在被拍攝者壓力極大的情況下拍攝的──逮捕當下，一百二十五分之一秒的快門。」所謂對犯罪性格的精確判斷，恐怕也是選圖的影響較大，而非臉孔透露犯罪傾向。

　　有個 1928 年的研究比許多現代研究來的更縝密，值得一提。卡尼‧蘭迪斯（Carney Landis）與 L.W. 菲爾普斯（L. W. Phelps）在討論先前從孩童照片判斷其智力的研究時提到，這些研究恐怕「忽略了很明顯

的一點：人們選照片時，可能會幫聰明孩子選看來『靈光』的照片，幫傻孩子選看來『駑鈍』的照片。」為了測試是否能從照片預測職業成就，蘭迪斯與菲爾普斯用一本畢業二十五週年、收錄八百五十人的男校校友紀念冊，書中同時有畢業照與週年紀念照，還附了小傳。蘭迪斯與菲爾普斯根據小傳內容，將畢業生分為「成功」與「不成功」兩組（例如一邊是大公司的首席律師，一邊是大型法律事務所的小文書），在法律、醫學、教育、工程方面各挑出五個最成功與五個最平庸的人。挑出這四十人後，拿他們的照片給受試學生看，猜哪個人在職場上相對有成，誰相對平庸。平均來說，學生在這二十個成功人士中猜中了十四人。這比例看起來相當不錯，但他們也猜二十個平庸者中有十三個是成功人士。無論是拿年輕時的大學畢業照或是老成的照片給受試學生看，結果都差不多。學生有共同偏誤，把所有人都視為相對事業有成的人。等到讓另外一組學生看這些照片，這一回告訴他們照片中人有些成功、有些未必時，學生對於成功與不成功者的猜測大概都是 50% 的準確率。蘭迪斯與菲爾普斯明明已經挑出最極端的成功與平庸的代表，兩者之間要是有任何面相差異，應該會很容易就看得出來。最後，兩人對於兩件事很有把握：「任何一項按照類似思維進行的研究都會有一樣的結果」，以及「選出一組成功人士的照片之後，有可能顯示高百分比的判斷準確率，但也有可能出奇的低。」

● ● ● ● ●

　　就算我們承認影像會扭曲我們的印象，但難道沒有某些圖片確實能提供「一條通往真相的神奇道路」嗎？來看圖 8.9，這是賈里德・李・

勞納（Jared Lee Loughner）的入監照。他顯然是個邪惡罪犯，難道不是嗎？

圖 8.9　賈里德・李・勞納的照片。我們如何看待這張照片，端視我們對他有多少認識。

　　你會這樣覺得，顯然是因為你曉得他幹了什麼。勞納計畫殺害亞利桑那州第八選區國會議員嘉百列・吉福德斯（Gabrielle Giffords）。2011 年 1 月 8 日，他趁吉福德斯在亞利桑那州土桑（Tucson）參加公開選民集會時，開槍擊中她的頭部，接著還射擊其他人。六人在這起屠殺中身亡，包括一名九歲女童，另有十三人重傷。吉福德斯奇蹟生還，但迄今仍無法完全恢復。槍擊案接下來幾天，圖 8.9 這張入監照出現在多家報紙頭版：《紐約郵報》（New York Post，頭條標題為「殺手的狂亂雙眼」）以及《紐約每日新聞報》（New York Daily News，頭條標題「惡魔的臉」）都給了全版，這張照片也登上《紐約時報》與《華盛頓郵報》（Washington Post）頭版。這是一張完美的邪惡臉照。《紐約時報》主編比爾・凱勒（Bill Keller）就說，「強烈而引人注目。讓你想看，想去研究，卻又感到驚愕。看那毫無所懼的凝視，那歪斜的微笑。他那左眼周圍的瘀青。就像文章是要給人讀，照片也是要給

人看，而不是過目就忘。」

　　但是這張照片之所以完美，只是因為你曉得勞納犯下什麼滔天大罪。案發四年後，已經沒有幾個普林斯頓的大學生曉得他是誰。三十一名學生當中，沒有人記得他的名字，四人記得他犯下嚴重罪行（其中兩人將他錯認為科羅拉多州槍擊案的凶手）。但我們對學生的記憶不感興趣，我們感興趣的是他們對勞納臉孔的印象。不出所料，曉得他是凶手的學生覺得他不值得信任、具威脅性，是罪犯更是瘋子。不曉得他是誰的學生則認為他是普通路人，稍稍偏不值得信任，但沒有極端之處。假如我們用勞納的不同照片，例如圖 8.10（英國《衛報》〔 *Guardian* 〕就是用這張），印象就會更討喜。他看起來就是個尋常年輕人。

圖 8.10　賈里德・李・勞納的另一張照片。

　　這兩張照片，哪一張更能代表「真正的」勞納？當然是第一張，但我們之所以知道，只是因為我們已經曉得他做了什麼。我們想像這張圖像提供了「通往真相的神奇道路」。但在我們對這個人有所認識之前，我們不可能知道哪張才是「正確的」圖像。我們在圖像中看到

的東西，是由我們的所知與感受所賦予的。這種所知與這些感受讓圖像彷彿真實，但這只是真實的錯覺。

　　拉瓦特分析名人臉孔時，靠的也是這種錯覺。他分析凱撒、歌德、孟德爾頌等人的側臉時，投射了自己對這些人的認識。據拉瓦特所說，「每一個有一丁點判斷力的人」，都應該能從凱撒的側臉看出他是個偉人。但是，除非「每一個人」都知道凱撒是何許人也，否則這就不可能成立。還記得那張 1886 年美國國家科學院眾院士的合成肖像嗎（見圖 1.7）？製作肖像的人指出，那張合成的臉表現出類似「完美的平靜」「突出的智慧」「具想像力」的特質。但你之所以能看出這些特質，不過是因為你原本就知道的特質跑進這張肖像中。高爾頓不只製作了罪犯類型的合成相，也製作了病人的合成相。對於自己用來製作合成相的那些素材，他無法擺脫原本的認知。高爾頓的原話是：

　　肺結核病人由幾百個案例組成，包括有高比例極難看的人類樣本。有人生了瘰癧而且畸型，有人受各種恐怖形貌的遺傳病折磨，多數人營養不良。儘管如此，研究他們的肖像時，我仍充滿了憐憫之情，而我日復一日重回我枯燥的分類工作時，是帶著對我研究對象的善意的。這情況與研究罪犯完全不同。我有時無法確切理解他們所表現出來的墮落；最後那種卑劣的感覺攫住了我，我得努力克服他們帶來的反感，否則就無法處理那些肖像。

　　我們的「所知」無法與我們的「所見」脫鉤。這創造了錯覺，彷彿影像擁有比我們所見豐富得多的內涵。

•••••

　　每當我們對於臉部圖片沒有確切認知時，我們的心智就準備好提供假設，從而影響我們看待這張臉的方式。我們在和莎拉·維洛斯基合作的研究中（第七章提過）用的是光頭男子的臉。理由純粹出於實用。首先，我們需要真正自然的臉；其次，疊加光頭的臉比較容易，因為不同的髮型很難處理。當時我們並不曉得臉相的出處，只知道先前已有別的研究使用過了。有幾年時間，我們都認定這些是囚犯的臉。你可以在圖 8.11 看到其中一張。

圖 **8.11**　Photo © Alex Kayser, from the book Heads by Alex Kayser, Abbeville Press, 1985.

　　這種認定其來有自：嚴肅不笑的臉，黑白照，還直直看著我們。最終我決定找出影像的原始出處。《頭像》（*Heads*）是本好書，是攝影師艾力克斯·凱澤（Alex Kayser）的作品集。書中有一百八十四張光頭男女的圖片，他們職業各異，但絕對沒有一位來自監獄。圖 8.11

的臉屬於阿德里安・凱拉德（Adrian Kellard），紐約州威徹斯特郡
（Westchester County）的警察。

　　無論「你的認知」是正確還是錯誤，影響的都不只是我們如何看
待影像，也影響我們如何創造影像。范斯・克拉克的囚犯素描很可能
就有這樣的偏見。佳能（Canon）的澳洲實驗室團隊不久前證明了這
種偏見如何影響人像攝影。他們邀請六名專業攝影師，幫一位叫「麥
可」的男子拍攝肖像。攝影師有十分鐘時間能瞭解麥可，「為他的神
韻添上血肉」。不過，攝影師並不曉得他們各自得到關於麥可的資訊
都不一樣。麥可在其中的描述分別是白手起家的富翁、更生人、曾經
的酒鬼、職業漁夫、特異功能人士，以及拯救過他人性命的英雄。結
果，出爐的相片不僅漂亮，似乎也掌握到麥可不同的「神韻」。白手
起家的富翁麥可凝視著未來，表情充滿遠見。更生人麥可看來畏縮、
抱著不確定，充滿悔恨（可惜我無法取得授權讓你看麥可的照片，但
你可以上 YouTube，看實驗的影片）。[4] 攝影師根據各自對麥可的錯誤
認知行事，他們捕捉到的表情與姿勢，都符合他們對麥可本質的想像。
但影像成果只能說是麥可表情的抽樣，而且是受到攝影師錯誤認知所
誤導的抽樣。

• • • • •

人臉並非凍結於時間中的靜止影像，而是表情的不斷流變。但是，

4　譯注：有興趣的讀者可自行搜尋，影片名：THE LAB: DECOY | 6 Photographers
　1 Man - A Portrait Photography Session With A Twist。

不同表情的快照影像仍想當然耳地影響我們的印象。利希滕貝格說過,「靈魂的一舉一動,都與臉部肌肉可見程度不同的一舉一動相呼應,這正是我們為什麼傾向將動態臉孔的含意,套用到與之相似的靜態臉孔上,結果卻把規則推衍得太遠。」用現代術語來說,這叫做「情緒過度概化假設」(emotion overgeneralization hypothesis)——在近乎兩百年後,由西科德創立的心理學理論。西科德提到,我們會從他人一時半刻的狀態,跳到對其性格的印象:一抹微笑就這麼「暫時地延伸」為意味著他人的好脾氣。我們過度概化——用利希滕貝格的話來說,是我們「把規則推衍得太遠」。研究證實,我們認為微笑的人比較值得信任,生氣的人比較不值得信任。但利希滕貝格也主張,情緒表現不用外顯也沒關係。只要靜止、情緒中立的臉與某個表情有相似之處就行。利希滕貝格假設,從情緒中立的臉與帶情緒表情間的相似處,我們就能預測這張臉帶給人的印象。這話聽來不太直觀,但我們來看圖 8.12。這兩張臉都情緒中立,但右邊的臉就是比左邊更像是在生氣。

　　為了評估這種相似處,我以前的學生克里斯·薩伊德(Chris Said,現在是推特〔Twitter〕的資料分析師)決定不要靠受試者的判斷,因為他們的看法已受到我們對於情緒和個性如何相關的先入之見所影響。假如我們相信負面的表情與不值得信任是一體兩面,在我們看來不值得信任的人,我們就有可能把此人的表情看成是在生氣,但兩者客觀來說不見得相似。克里斯轉而仰賴視覺演算法的「判斷」——這個程式是訓練來將臉部表情分類為無情緒、開心、生氣、噁心、害怕、難過或驚訝之用的。演算法沒有我們先入為主的想法,能客觀評估情緒中立的臉和帶情緒表現的臉之間的相似程度——所以我們才會

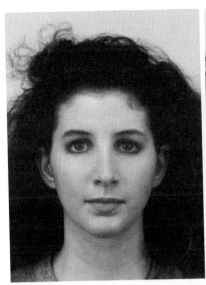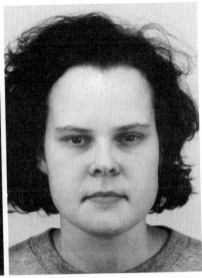

圖 8.12　情緒中立的臉與帶有情緒表情的臉會有不同程度的相似。相較於左邊的臉，右邊的臉更像在生氣。

知道，圖 8.12 右邊的臉比左邊的臉更像生氣時的表情。雖然演算法把兩張臉都歸為情緒中立，但也評估右邊的臉比左邊的臉更可能在表現怒意。這些對於表情相似度的評估，相當能預測到受試者的印象。看起來與開心表情相似的臉，一般被視為情緒穩定、善於社交、負責而值得信任；看來與生氣表情相似的臉，則讓人感到有侵略性、強勢、錙銖必較，讓人感到威脅。與害怕、噁心表情類似的臉，則讓人感覺不聰明。這些臉都來自不同的人，但同一套邏輯可以套用在同一張臉的不同影像上，也就是印象的變化涉及表情的變化。

　　情緒中立臉孔的存在純屬虛構。如果意譯托普費爾針對畫臉的看法，任何一張臉的圖像「光是存在，就必定具有某種絕對明確的表情」。面目表情蘊含著因時而異的情感。在情緒中立的日子，我們也

許疲累也許充分休息，感到滿足或不滿足，對自己感到滿意或不滿意。假如我們在這些不同的時刻照相，看起來也會不一樣。一夜好眠之後，照片中人看起來會比較健康，比較有魅力，看起來也更聰明。女人拍攝臉部時若身上穿著喜歡的衣服，拍出來的臉會比穿不喜歡的衣服時更吸引人。我們的狀態會影響我們的外貌，朋友也能看出我們當天的心情是好是壞，或者當下有什麼不對勁。我們心情好的時候，看起來就是比較好，就算沒有露齒而笑也一樣。影像的第一印象不只會受到我們當下的狀態影響，連擺頭方向、相機角度等看似不相關的事情也會造成差異。同一張臉低頭看起來就比較順從，抬頭看起來就比較強勢。頭稍往左傾會讓臉看起來更可親，更有魅力。我們甚至都還沒開始羅列體態、姿勢、衣服、化妝等各種情境提示（contextual prompts）的影響。這一切都影響印象。總而言之，臉部靜止影像捕捉的是人們在生活中的單一片刻，不是得到精確性格印象的好材料。

拉瓦特與龍布羅梭認為，臉部圖像是通往真相的神奇道路。但這條神奇道路只存在於我們的「認知」隧道裡。一旦你熟悉了某張臉，對臉孔主人發展出喜歡或討厭的情緒，這種認知與連帶感受就會在你看到那張臉的瞬間以極快的速度浮現。臉孔提供的是通往這種認知的道路。但是，第一印象是出現在面對不熟悉的臉孔時，我們對這些臉一無所知。我們於是循著熟悉臉孔的經驗推測，誤以為不熟悉的臉相也提供了一條通往認知的道路。沒有這回事。每一張影像都通往不同的印象。

姑且不論近年來大多數談第一印象準確度的研究皆仰賴臉部的靜止影像，當中許多研究似乎都證明第一印象是準確的。證據是這些印象比亂猜來得準。下一章要告訴你這很難稱得上是歌誦第一印象準確

度的好藉口。對於評估準確度來說，「比亂猜來得準」是個很爛的標準。假如我們完全忽略來自臉上的資訊，通常還能表現得更好。

第 09 章
次優決定
Suboptimal Decisions

　　2012 年共和黨總統初選期間，《紐約時報》的大衛・布魯克斯（David Brooks）上了節目《科伯報告》（*Colbert Report*），與史蒂芬・科伯（Stephen Colbert）對談。布魯克斯提到了我的實驗室對於「能幹長相」印象能預測誰會勝選的研究，他主張這個研究表示「我們大家都很善於判斷」。但他的這個主張等於把「我們會迅速形成能幹印象」，與這些印象的準確度混為一談。政治科學家倫茨與勞森的發現是——「只有無知的選民才會受政治人物外貌的影響」，那些以為我們的能幹印象會反映出實際能力的人，都該警惕再三。如果要說有誰瞭解政治人物實際上是否賢能，那也該是有智識的選民，但他們正是那群不會受外貌影響的人，

　　為了查出能幹印象是否準確，我們得知道政治人物實際的才幹。但衡量政治人物的才幹很困難，而且有很多其他可能的詮釋，端視不同人的政治傾向而異（這一點影響最大）。如果是沒那麼模糊的項目，要評估印象的準確性就比較容易，譬如性傾向、政治傾向或特定行為（包括在實驗遊戲中的合作與欺騙，或是冰球場上的侵略性）。過去十年來，許多研究者已著手於上述項目。每當這些研究者發現從長相猜測（比方性傾向）的結果好過純碰運氣，他們就聲稱第一印象是準

確的。這一章就要來檢驗這種新面相學主張的準確性。

利希滕貝格批判拉瓦特的面相學時，對面相學判斷的準確度表示輕蔑。在他看來，面相學家「想從剪影或肖像來評判自己不認識的人，這錯得可真離譜，只要誰來把他們猜對和猜錯的情況一比，這種兒戲碰運氣的本質馬上便顯露出來」。過去十年來，許多心理學家開始細數猜對與猜錯的情況，有些人得到和利希滕貝格不一樣的結論。這些心理學家也許是對的——猜對的次數比猜錯稍多——但光是計算對錯的次數還不夠。我們光是靠社交世界的常識，就能表現得比碰運氣好。決定準確與否的判準，應該是看從長相得出的印象，能否讓我們表現得比仰賴常識而不計臉孔的情況更好。下面我們就來看看。

$\bullet\ \bullet\ \bullet\ \bullet\ \bullet$

第八章提到，用臉部圖像猜測性傾向的研究中，許多研究對於選圖的掌握很糟糕。其中一個控制得較好的研究中，研究人員用的不是線上交友網站使用者自己張貼的照片，而是使用臉書上自我標示為同性戀或異性戀的男性，其友人張貼的該男照片。這樣可算是顧慮到了選圖偏誤，雖然還不完美，但我們姑且把結果收下吧。研究者請受試者根據這些男性的臉書照片猜測他們的性傾向，而結果確實有比碰運氣好。好多少？不多。碰運氣的機率為 50%，他們猜中的機率為52%。但這個準確度其實比看起來的要差勁得多。一般而言，心理學家在分析猜測的準確度時，會考量兩種不同標準。第一種是命中率（hit rate），在此案中為同性戀男子經準確辨別為同性戀的比例。第二種則是假警報率（false alarm rate），在此案中為將異性戀男子誤認為同性

戀的比例。一旦我們試著猜測的目標類別比另一個類別少得多，假警報率就變得非常重要，因為就連一丁點的假警報率，都會變成大數量的假警報錯誤。箇中道理我會在下面詳細說明。

　　根據蓋洛普調查，只有 3.8% 的美國人自我認同為女同性戀、男同性戀、雙性戀、跨性別者。要是你覺得這個數值非常低，那麼你不孤單。多數美國人對此的預想要高上許多。但我們姑且先用這個數字吧。男同性戀的百分比稍低於 3.8%，但為了簡便，我們就用 4%。假如要從一千名男子的隨機樣本中猜測性傾向，先前那些「比碰運氣稍好」的受試群會有什麼表現呢？來看圖 9.1。按照男同性戀占比為 4% 的估計值，每一千名男子中就會有四十位同性戀與九百六十位異性戀。

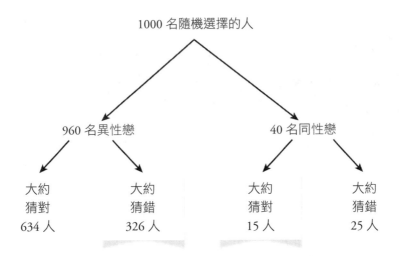

圖 9.1　以隨機選出的 1000 名男子樣本來說，我們預期會發現有 40 人自認為同性戀，960 人自認為異性戀。將命中率 0.38（得自一場從男子照片猜測性傾向的研究）套用在 40 名同性戀男子身上，我們預期能正確辨別出 15 人為同性戀。將假警報率 0.34 套用於 960 名異性戀男子身上，我們預期會誤認 326 人為同性戀。

我們現在把受試者命中率和假警報率套用在這些數字上。他們的命中率為 38%。因此平均而言，他們在四十名男同性戀中能正確辨識出十五人。但在統計上讓人更擔心的是假警報率，達到 34%。我們的受試者會將三百多名異性戀男誤認為同性戀男。但說不定這是因為蓋洛普的估計遠遠低估了男同性戀的比例。對許多人來說，身為同性戀仍讓他們感到汙名。因此，我們把估計值提高到 10%。以此例來重新計算，等於我們的受試者能從一百名男同性戀中正確辨別出三十八位，但還是將超過三百位的異性戀男誤認為同性戀。在現實世界，這種準確度是行不通的。這種分析邏輯可套用在「辨識」任何罕見類別的人，比方在運動界或音樂界的明日之星，或是有犯罪傾向的人。在這些例子裡，就算是很低的假警報率，都會造成大量的誤認。

我們或許無法非常準確地評估同性戀者的占比，但很少會有人認為同性戀者比異性戀者更多。從許多過往實驗來看，我們知道一旦意識到類別成員的出現機率，就會影響我們的猜測策略。一旦我們曉得猜測目標是一個罕見類別，我們便會傾向保守，比較可能猜是另一類別。這很可能是上述研究中命中率如此低的原因：受試者曉得他們要猜的是個罕見類別，因此更傾向猜那些臉屬於異性戀者，而非同性戀者。這在現實世界是很有效的策略。該類別成員的出現機率，與我們所猜目標對象與該類別的關係，這兩種資訊結合，才能得出最準確的判斷。

真正驗證印象準確度的方式，不是看結果是不是比純碰運氣準確，而是看有沒有比我們僅靠對類別成員出現機率的瞭解來猜更準。在知道一千個樣本中約有 4% 是同性戀時，我們可以乾脆全猜異性戀。就算不把任何人猜為同性戀，都會有 96% 的準確度。另一種策略則是閉

上眼，隨機從一千張圖片中選四十張說是男同性戀。這不算很好的策略，但仍能達到約 92% 的準確度。至於在圖 9.1 裡，我們的假想受試者準確度如何？大約 65%（從一千人當中正確猜中六百三十四名異性戀，以及十五名同性戀）。這個 65% 的準確度其實比任何實際的實驗都高，因為在後者裡同性戀與異性戀的投放比例是一樣的。但 65% 真的高嗎？要是圖片真的含有多於我們對同性戀與異性戀男出現頻率的額外資訊，我們應該要比 96% 更準才對。

　　這個例子可能太過假設性，裡面含有太多推論。但我們可以實測擁有某個人的一張照片，是否真能幫助我們更準確判斷這個人。我以前的研究生克里斯・奧利沃拉（現為卡內基美隆大學〔Carnegie Mellon University〕教授）就是這麼做的。他念普林斯頓時碰巧有四位大學生架了個網站叫「我的形象如何？」（What's my image?），是他們計算機科學課的一個課堂計畫。網站宗旨在於幫助大家暸解陌生人對他們形成的第一印象。若你好奇陌生人對自己的第一印象，可以將自己的照片上傳，並提供例如性傾向、是否曾被逮捕、是否捲入鬥毆、施用毒品、擁有槍械等資訊。瀏覽網站的陌生人會看到一張圖片與一個問題，像是此君是同性戀還是異性戀等等。網站經營了一年時間，超過九百人上傳照片，有一百萬個根據這些照片做出的猜測。這時，克里斯與網站站長接觸，請他們允許自己分析這些猜測的準確度。

　　網站用戶的猜測結果比碰運氣好，但你現在應該已經曉得「比碰運氣好」不是什麼好標準。在所有特質中，網站上的猜測結果都糟過根據最常見類別的出現機率來猜（例如在猜性傾向時選「異性戀」）。唯一的例外是「此人是否擁有大學學位」。有個淺薄的解釋是照片中人的年齡：長得很年輕的人不太可能已經唸完大學。

在第二場對照實驗研究中，我和克里斯請受試者猜眾議院議員的政治傾向。我們把傑西・傑克遜（Jesse Jackson）與隆・保羅（Ron Paul）等好認的議員照片排除掉，每一位受試者會看到六十張隨機選出的樣本照片，有男有女。抽樣程序中有個限制，而這也是研究中最重要的部分。受試者看到的民主黨議員與共和黨議員比例是不一樣的。假如你是「民主黨員占 90%」組的受試者，研究人員就會告訴你有 90% 的臉屬於民主黨議員，六十張照片中也真有五十四張屬於民主黨議員。如此一來，你的猜測就會強烈偏向猜民主黨。研究人員在一種情況下完全不將政黨傾向比例告訴受試者：民主黨議員與共和黨議員各占 50%。在這種情況下，受試者猜測的準確率大約是 55%。這不算頂好，但也不錯了，代表照片中確實含有能預測政治傾向的資訊。也許是候選人的服裝與髮型，有時則是他們的族群出身。以目前的眾議院組成來看，美國前三大少數族群（非裔美國人、亞裔、西班牙裔）的議員人數，民主黨是共和黨的六倍。但我們就別在這件事上糾結吧。

假如受試者做的是最佳決定，他們就應該能將圖像透露的資訊，結合被告知的民主黨員比例之資訊（當非各占 50% 時），做出比只靠比例時更好的猜測。唉，但這些猜測結果總是比已經告訴他們的比例還差。差多了。以 90% 為民主黨人的情況為例，就算你閉眼除掉六張隨便選的臉，其他每一張都按「民主黨員」，也會有 82% 的準確率。然而，受試者的結果如何？他們的準確率低於 70%。這些研究告訴我們：當手上有其他有價值的資訊時，我們最好乾脆無視自己的第一印象。

其實，在猜政治傾向時，臉上還是有比亂猜更準的有用資訊，但也就是些人口政治傾向的一般性資訊，例如族裔、性別、年齡。運用

這種人盡皆知的資訊（可輕易從政治人物的臉上看出來），我們在猜政治傾向時可以比實驗中的受試者更準。在我們與克里斯合作的其中一項研究中，受試者會看到超過兩百五十對在美國各種選舉中競爭的共和黨與民主黨候選人照片，然後要猜每一對當中誰是共和黨人（或民主黨人）。一如其他研究，此批受試者的成績比機率來得高（56%的準確率），但如果運用一般性的人口資訊，他們的成績原本可以更好。為了證明這一點，克里斯套用簡單的傻瓜演算法來猜政治傾向。這種演算法的其中一種運作如下：假如兩位候選人中只有一位是白人，演算法會猜他是共和黨人；假如候選人出身同族裔，演算法會看他們的性別：如果是女性與男性競爭，演算法會猜男性是共和黨人；假如候選人同性別，演算法會看他們的年齡：假如候選人之一年紀較大，演算法會猜他是共和黨人；假如族裔、性別、年齡線索都無法區分候選人，演算法就會丟硬幣亂猜。這套演算法顯然不完美，猜測的準確率只有 62%，但真人受試者可以接觸以上所有資訊，而且還多擁有了據說能指出候選人政治傾向的臉部資訊，這種傻瓜演算法卻還是強過他們。我們對自己以外貌為基礎的印象信心十足，結果這些印象卻壓過有用資訊，帶來次優的判斷。

• • • • •

我們來看看，預測特定行為——例如經濟交換中的欺騙時，我們的印象是不是能表現得比較好。伯尼・馬多夫（Bernie Madoff，美國史上最大金融騙局背後的藏鏡人）有能耐從眾人與各機構騙走數百億美元，這個事件值得我們警惕在心，但我們先來看實驗研究。第三章

提到的投資研究中，受試者更願意投資長得值得信任的夥伴。這場實驗是標準信任賽局的一種版本。經濟學家對這種賽局的熱愛不下於心理學家，因為他們可以測量貨幣值作為結果，而非只得到較不「真實」的判斷。遊戲一輪的運作方式如下：你手上握有十美元，要決定是否將全部資金投資在另一位玩家身上。假如你出手了，投資金額就會自動變成三倍，這時另一位玩家就有三十美元任她支配。風險就在於這位玩家。她不是回報你十五美元（這算很公平的拆帳，你將有五美元的不俗利潤），就是把錢全數留給自己（你就損失你的十美元）。如果你有這位玩家過往行為的資訊，遊戲策略就很簡單：投資有合作紀錄的玩家，不要投資有欺騙紀錄的玩家。偏偏你沒有這種情報。假如讓你選，你會想在沒有任何關於玩家資訊的情況下玩（想像一下電腦螢幕上有個大大的「×」），還是你寧可看到對方的臉？選擇看到臉比較有誘惑力。第三章已經提過，遊戲中許多玩家願意花更多錢看到對方。畢竟相較於一個大大的「×」，臉上會有更多資訊——至少我們這樣以為。

假如長相會化為行為，投資長相值得信任的人就是個好主意。但這種「值得信任」信號到底有多值得信任？一支歐洲經濟學家與心理學家的團隊，請受試者玩類似上述的標準信任賽局。受試者在每一回遊戲中都會看到一張臉，然後決定是否要投資給這張臉的主人。實驗前，研究人員會先描述遊戲，問臉主人他們會怎麼做，藉此預先決定他們是潛在的騙子還是合作者。假如他們說自己會留下全部的錢，就將他們歸為騙子。假如他們說自己會回報三倍後的一半金額，就將他們歸為合作者。實際進行實驗時，受試者傾向投資合作者而非騙子。這種結果暗示「值得信任」信號比碰運氣好，但在遊戲中還有另一種

更有用的信號：合作與欺騙行為的出現頻率。前者遠超過後者。你原
先的預期也許不同，但你能迅速在遊戲的頭幾輪裡調整你的期望。我
們就來模擬和一百名不同玩家進行一百輪信任賽局。當然，重複跟同
一名玩家玩會容易得多。假如他們合作，你就投資；假如他們不合作，
你就不投資。我們會很快瞭解彼此，據此調整自己的行為，好讓收益
最大化。然而，跟不同玩家進行單次賽局的風險高得多。根據實際數
據，我們預期會和八十五名合作者與十五名騙子進行遊戲。情況見圖
9.2。實驗進行時，受試者投資了 47% 的合作者，等於他們有半數的
合作者沒去投資，因此失去增加收益的機會。這種因為沒去投資合作
者所造成的損失，總計達二百二十五元。

　　受試者投資了 41% 的騙子。投資於合作者與騙子這兩種投資率的

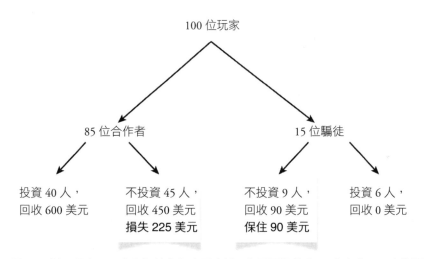

圖9.2　以一場有 100 人參加的信任賽局來說，我們預期約有 85 人合作，15 人欺騙。
把對合作者的投資率 47%（得自實證研究）套用在合作者人數上，我們預期會損失
225 美元。把對騙子的投資率 41% 套用到騙子的人數上，我們預期會保住 90 美元。

小差異，據信證明了受試者能從臉區分兩者。對騙子的低投資率是好事：總共保住了九十元（因為沒有投資在大多數騙子身上）。

　　以金錢來說，整體表現好不好呢？假設你一律投資所有人，完全不在乎臉孔，你會賺到一百三十五元。沒錯，你是損失了原本可以保住的九十元，因為你把錢給了少數騙子，但你也因為投資在所有合作者身上，賺了二百二十五元。假如你能找出所有騙子，你就能保住一百五十元，但這也無法抵銷因為不夠信任合作者而損失的二百二十五元。事實是，環境中的合作行為者若占多數，你在忽略臉部資訊下投資會更有利。長期而論，這種策略會帶來更高的回報。

　　當然，比起合作者，大家比較不會投資騙子，這事實沒變。但投資率的差異，只會出現在非常特定且不自然的環境中──即在玩家照片被移除了頭髮和衣服，並轉為黑白照片的情況下。當另一組受試者看到的是完整的彩色照片時，他們給騙子和合作者的值得信任度評價是一樣的，對兩者的投資也因此相等。這種結果意味了一件事，就是在現實生活的信任處境中，臉無法給我們任何有用的資訊。

　　如果想得出人們能根據長相區分騙子與合作者的結論，甚至需要更多的條件。一旦實驗納入第三組「中立」玩家──中立玩家表示他們只會歸還原本投資的十元，因此投資的錢既沒有回報，也不會消失。結果受試者比較容易投資給騙子，而非中立玩家，甚至在照片只留下臉孔、轉為黑白後亦然。這樣的結果顯示，受試者完全沒有察覺騙子的能力。最後，我們不曉得所謂的騙子在和不同人遊戲時，或是在和同一個人反覆遊戲時，是否都會一貫騙人。我們甚至不曉得他們在實際遊戲時是不是真的會騙人。別忘了，決定他們的「欺騙」狀態的，是他們在一場假設性的遊戲中表示自己打算怎麼做的自陳。

　　但我們表示自己會怎麼做，與我們最後實際的作法可能會很不一樣。我們來看理查・拉皮耶（Richard LaPiere）在 1930 年代進行的經典研究。他和一對華裔夫婦一同在美國旅行超過一萬英里。當時許多美國人對華人有偏見，他想知道這對華裔夫婦是否會因他們的種族而遭人拒絕接待？結果發現，包括在旅館與餐廳在內，他們共二百五十一次請人服務，只有一次遭到拒絕。一開始登記或點餐時，拉皮耶人在不在場似乎都不影響結果。造訪這些地方的六個月後，拉皮耶去信詢問他們是否會「接納華人為貴單位的客人？」回信單位中，超過 90% 都表示不會，其餘表示尚未決定，得依情況而定。唯一一份正面的回應「伴著一封筆調健談的信，提到先前夏天時曾有一位華裔紳士和他可人的太太帶給她一次非常愉快的到訪」。壓倒性的拒絕，不能歸咎於曾與這對華裔夫婦有過負面經驗，因為這對夫婦並未造訪以及不像有其他華裔夫婦造訪的類似地方，得到的回應基本上相去無幾。我們認為自己在特定處境下會做的事，可能和我們最後與真人實際互動時很不一樣。

　　兩位來自瑞士蘇黎世大學的經濟學家不仰賴玩家的自陳，而是在信任賽局中衡量其實際行為。他們的第一次實驗在德國慕尼黑進行。不出所料，他們發現假如一號玩家將錢投資給二號玩家，二號玩家就很有可能投桃報李。我們的行為端視他人的行為而定。但經濟學家最感興趣的是，另一組受試者能否運用來自長相的資訊，在信任賽局中預測他人行為。慕尼黑信任賽局結束後，他們拍了受試者的照片，用於第二次實驗。第二次實驗中，人在德國康士坦茲（Konstanz）的受試者，會看到第一次實驗中諸多二號玩家的照片（也就是那些合作或欺騙的人），請他們猜這些玩家當時是合作還是騙人。康士坦茲受試

者的猜測優於碰運氣，但這純粹是因為他們已經知道一號玩家曾投資於二號玩家的緣故。他們運用這一丁點資訊正確推測多數收到錢的玩家會禮尚往來。但他們也運用來自長相的資訊錯誤推論玩家的行為。康士坦茲受試者猜對會有獎金：每猜對一次就會帶來更多錢。假如他們完全忽略臉，原本可以賺到更多錢。

　　在信任賽局中預測特定行為，比預測政治傾向等相對穩定的個性來說困難太多。行為會改變，而且會受到我們性格特質以外的諸多因素決定。總之，就是比我們以為的更不好預測。我們在甲處境的行為，對於我們預測在乙處境的行為，恐怕完全沒有參考價值。1920 年代，休・哈茨蕭恩（Hugh Hartshorne）與馬克・梅（Mark May）進行過一次匠心獨具的欺瞞行為研究。他們研究學童，給他們許多刺激欺騙的機會，同時讓他們相信不可能被抓到。他們提供許多欺瞞情境，從假造考試成績、偷錢，到說謊獲得讚許都有。結果顯示，在一種處境中騙人（例如假造考試結果）實在不太能預測在另一種處境中（例如偷錢）會不會欺瞞。後續研究清楚表明，此情勢與彼情勢之間的低度可類推性才是日常現實。你唯一能讓這種可類推性大幅灌水的方式，就是去問人家在不同處境中會怎麼做。人們沒有我們預期地那麼一以貫之，我們自己也不例外。人生就是比我們的預期還要雜亂無章。

　　即便我們已經得知一個人相當多的資訊，要預測其性格仍然是件難事。利希滕貝格很久以前就提出，判斷性格「極為困難，想判斷某人在任何特定情勢下是否會是個惡棍，恐怕是不可能的；得有從瘋狂中浮現的豪膽，你才可能說誰長得像此城或是彼城的流氓，那人就真是個流氓」。從一個人的長相來逆推性格的作法，確實近乎於「從瘋狂中浮現的豪膽」。我們常常能預測到特定行為，但我們最好還是忽

略長相，轉而依賴我們對「多數人在該情境中會怎麼做」的認知。假如多數人都合作，就預期下一個人也會合作。時不時你可能會出錯，但不會比你仰賴自己的第一印象錯得那麼頻繁。

● ● ● ● ●

　　職業運動是檢證第一印象準確度的絕佳領域。以運動來說，類似「冰球場上的侵略性」等特定行為會一再出現，而且容易觀察。相關行為不僅可預測，也因此成為比用長相衡量印象更好的判準。

　　過去幾年，有些心理學家極端熱中於一種非常簡單的臉部測量數據：fWHR（facial width-to-height ratio），即面部寬高比。想得到這個數據，你只要把左右顴骨之間的距離除以眉毛至上唇的距離就可以了。圖解見圖 9.3。我們對於這種臉部比率的差異非常敏感，覺得此值

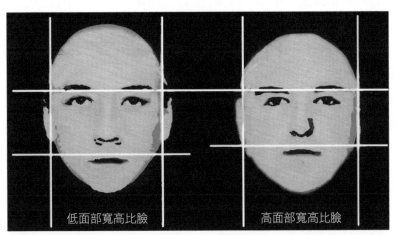

低面部寬高比臉　　　　　　　　高面部寬高比臉

圖 9.3　面部寬高比不同的兩張臉。這項數值在過去十年來非常流行。第 10 章對此有廣泛討論。

較高的人比較有侵略性，且比較不值得信任。但這些心理學家之所以興奮，是因為這個簡單的數值有可能預測性格特質。已經有數十篇論文運用這個數值，宣稱高 fWHR 的人比較有侵略性，也比較不合作。其中一篇論文標題如下：〈壞到骨子裡：臉部結構能預測不道德行為〉（"Bad to the Bone: Facial Structure Predicts Unethical Behavior"）。不過，這組數值馬上就碰到許多問題。由於 fWHR 出現在演化假說中，這部分我們留待第 10 章再討論。眼下我們只看第一份把此數據用於臉部認知領域的研究。加拿大心理學家儒斯坦・加雷（Justin Carré）與雪若・麥考密克（Cheryl McCormick）發現 fWHR 較高的職業冰球選手更喜歡待在禁區裡——在一種已經極具侵略性的運動中，這可是非常直接了當的侵略行為標準。

但演化心理學家巴布・迪訥（Bob Deaner）對這些結果表示懷疑。理由是，職業冰球選手是個特殊群體；他們都是因為絕佳的競技能力、侵略性與粗暴而雀屏中選。身處一個人人都具侵略性的世界，預測侵略方面的微小既存差異就變得格外困難，尤其是從臉部預測。迪訥和同事研究所有守門員以外的國家冰球聯盟（NHL）選手，進行一次大規模而仔細的重現研究。他們找不到證據能證明 fWHR 可以預測到與場內侵略行為直接相關的罰球。選手的體型才能預測到這些處罰：不出所料，大塊頭選手在冰球場內相較下更具侵略性。

就算我們真的發現我們的印象或簡單的臉部數據能預測冰球場上的侵略行為，也不該預期在場外觀察到同樣行為。作家兼插畫家布魯斯・麥考爾（Bruce McCall）敘述他遇到自己最痛恨的冰球選手：「感覺就像在畢業舞會上偶遇吸血鬼。林賽是個難搞的左鋒，底特律方圓半徑三千英里內的每個人都恨之入骨（連我媽那種好脾氣的人都不例

外）：他和士官長一樣機車，幾近病態地愛挑釁，有死巷混混的嘴臉，而且毫無風度，不只搞出一大堆罰球，進球數也多得讓人光火，總之是個混蛋。」兩人的相遇發生在 1949~1950 年賽季，麥考爾的愛隊紐約遊騎兵（New York Rangers）不久前才在史丹利盃（Stanley Cup）輸給底特律紅翼（Detroit Red Wings）。少年麥考爾鼓起勇氣走向泰德・林賽（Ted Lindsay）說：「我是遊騎兵球迷！」料想最糟糕的情況發生，像是被他一把抓住喉頭、摔得看不見明天的太陽。誰知道林賽卻面帶微笑回答他：「遊騎兵嗎？了不起的球隊。我們走運才打敗他們。」這段插曲讓麥考爾摸不著腦袋，最後讓他因此「徹底瞭解真相，永遠改變我對運動與其他所有愛好的粉絲心態：明星在公開場合與私底下的面目就跟我們所有人一樣，鮮少完全相符，事實上還可能完全相反」。

●●●●●

從預測性傾向與政治傾向、欺瞞再到侵略行為，我們橫跨了幾個範疇之後，還是找不到多少證據能證明我們第一印象準確。但是，假如這些印象不準，我們怎麼會沒學到在做決定時把它們的影響減到最小？我們或許可以再拾麥考爾的牙慧作為一部分的答案：「知道太多，會剝奪你身為盲目擁戴者的至樂。」看人時以偏概全，比把他們當成擁有多重面貌的人類來得容易。但另一部分的答案卻是：關於我們是對是錯，我們鮮少得到明確的回饋。我們恐怕永遠不會知道那些被我們打上「不友善」印記的人是否真的不友善。一旦我們判斷他們人不好，就沒必要上前說話了。還有許多其他友善的人可以交談。更有甚

者，我們或許能在特定情境中精準預測某個人的行為，但對這人的看法卻完全錯誤。讓少年麥考爾摸不著頭腦的經驗就有一部分是這樣：場上凶狠的冰球員，下了場卻是個親切的傢伙。

社會心理學家有個詞彙說明這種現象：基本歸因謬誤（fundamental attribution error）。這話的意思是，我們情願用他人的性格解釋其行為，而不是用其他因素——例如身為特定社會角色、身處特定情勢，或是當天心情不好。要是我們老是在擁擠的監理站碰到同一位不友善的窗口，我們就有可能形成準確的預期——她等一下不會太親切。歸因謬誤也包括以為她就是個不親切的人，把她的不友善從監理站辦公室擴及到她家，從臨櫃民眾擴及到她的朋友和同事。就算我們能準確預測她在特定情勢中，也就是我們和她打交道時她會有的行為，但我們永遠不會曉得她為人是否確實如此（可能不是）。在監理所有限的互動環境中，我們的印象是準確的。因此，這就成了我們印象準確度的一部分證據。

每當我們從長相形成印象，類似過程就會產生作用。有了脈絡之助，我們多半能看出別人在特定片刻的感受。以那位監理站窗口為例，我們能準確預測此人是焦慮、不滿或是放鬆。但對於此人整體而言是個什麼樣的人，這種只準確片刻的推論卻是糟糕的指引。西科德與澤布羅維茨許久以前便主張，我們將片刻的狀態過度概化成一個人的性格。用利希滕貝格的話來說，就是我們「把規則推衍得太遠」。我們過度概化的不只是暫時的情緒狀態，包括其他許多能觸發我們內心聯想的臉部特徵。這正是澤布羅維茨的研究，以及第六章提到的印象模型要說的故事。長得值得信任的臉看起來比長得不值得信任的臉更開心，看起來也比較陰柔且年長。我們用情緒狀態和對性別、年齡的刻

板印象形成對他人的推論。澤布羅維茨已用娃娃臉的小男生來證明這些過度概化——預設他們比同輩更聰明，也更容易惹麻煩——可能完全錯誤。我們對別人的臉孔有所評判，但如果我們沒有機會在其他處境觀察別人，就永遠無法得知我們的第一印象是對是錯。

面對回饋資訊模糊的臉，假如我們想做出更好的預測，我們就得像統計學家那樣思考：體認到不確定性扮演的角色，並承認小觀察樣本數必然會產生高度不穩定的結果。我們一般對於統計原則都有直覺的理解，也自然便將之應用於拋硬幣或丟骰子等運氣機制。偶爾，我們也會把這些原則應用在許多人類範疇中的重複性事件上。想想運動統計學，例如籃球場上的罰球命中率，我們對於罰球命中率 90% 的籃球選手下一次投進的信心，會高於對命中率 50% 的選手（這判斷也通常正確）。可一旦關係到人類心理，我們卻相當不願意套用統計學原則。尤其對於第一印象，我們違反了每一條踏實的統計學思考原則。我們不過看個幾秒就形成印象，而且忙不迭地就想根據這些印象行動。

20 世紀初的性格分析師理所當然地認為這些印象比其他資訊（例如推薦信）更有價值。布萊克福德與紐康對於自己「科學性」雇聘計畫的說法是：「他〔面試員〕對於其他人對你的意見不感興趣。他知道一般雇主會受到自己個人感受、意見或憑空揣測所左右，而不看你工作表現的值得信任紀錄，雇主自己也會老實這麼說。因此，他更願意相信關乎你性格與嗜好的容易觀察、絕對值得信任的外部跡象，而不採信不見得真誠的應徵者所說的話。更何況那些話就算真誠，也有可能完全遭到誤導。」不過，假如要說有誰完全遭到誤導，那就是布萊克福德與紐康。我們從蘭迪斯與菲爾普斯的研究（第 08 章曾提到）

曉得，「絕對值得信任的外部跡象」對於職場成就是無用的預測因子。至於推薦信，則比面試更能預測職場成就，畢竟信裡總結的可不只是外表得來的印象。事實證明，面試對於職場成就來說是非常弱的預測因子：面試印象與職場表現間一般的關聯率低於 0.15。如果你對此感到意外，你並不孤單。每當請大家估計一下，他們都會預測落在 0.6 上下。社會心理學家理查·尼斯貝特（Richard Nisbett）與李·羅斯（Lee Ross）把面試實用性在現實上與預期的落差，稱為面試錯覺（interview illusion）。推薦信確實比面試更有用，因為信裡總結了更多的觀察樣本。在有效證據的世界裡，第一印象沒什麼價值。

・・・・・

　　托普費爾支持把面相學當成畫漫畫時刻劃人物的工具，但他對於臉部印象的準確度不抱多少信心。他反而相信「比起所有的臉部徵象，無論是一個個還是全部一起檢視」，從一個人內心「直接流露」的東西，「才是評價其道德與心智能力絕對且無可匹敵的值得信任標準」。講起來，臉部徵象反而會妨礙我們領會他人的價值。

　　安娜·萊爾克斯（Anna Lelkes）是第一位進入世界一流樂團——維也納愛樂管弦樂團——的女性。她有二十多年時間都以「非團員」身分登台。直到不久前，這些地位崇高的管弦樂團都仍清一色只有男團員。接著，突然湧入一批女性。這樣的變化源於採用了盲聽徵選：候選人在布幕後表演，招募委員會看不到人，無法依性別做決定。假如安娜·萊爾克斯一開始就能得到盲聽徵選的評估，不因她的性別受到歧視，她就不用等這二十年才成為維也納愛樂團員。假如我們在乎

公平與更好的結果，做決定時就應該多接觸基於表現的可靠資訊，少碰觸基於外貌的資訊。

　　比利·比恩成為一位成功的棒球隊經理之前，是一位沒能達到人們期待的大聯盟球員。比恩讀高中時，每個人都深信他注定在球場上有一番作為。不光因為他的競技能力，也因為他的長相。麥可·路易斯的描述令人難忘，「這傢伙有你夢寐以求的身體。體型筆直精瘦，但沒有瘦到你無法想像他壯碩起來的樣子。還有那張臉！在那頭深棕色亂髮底下，這男孩有那種球探會喜歡的稜角五官。當時有些球探仍然相信他們能從年輕人的五官看出他的個性，甚至能看出他在職業球壇的未來。他們有個常用的詞：『好臉』。比利就生得一張好臉。」難怪在那部以路易斯的原著改編的電影裡，飾演比利·比恩的人是布萊德·比特（Brad Pitt），而非金·凱瑞（Jim Carrey）。比恩的球員生涯令人失望。他被交易到好幾支球隊，而且從來沒能發揮他的潛能，於是他決定結束自己的球員生涯。沒人要他走，但他決定離開，並接下奧克蘭運動家隊的管理部門工作。這個決定以及許多隨後發生的事，讓棒球界的多數人感到始料未及。他從自己的經歷中，學到外表並非球場成就的適當預測因子，於是他掀起一場球探決策過程的革命。他不允許自己或他的球探「因我們所見而受其害」。決策要以充分的統計證據為基礎，而非外表印象。比恩找的是「整個職涯都看著自己的成就被用一顆星號定義的人，頁下的注腳寫著：『他哪兒都去不成，因為他看起來不像大聯盟球員。』」但這些人不僅走得遠，也成功了，因為比恩有能力看穿他們的外表。他想找「在第一輪『穿球衣上相』的測驗中落選的年輕人」，這些年輕人讓人低估了。這是身為總經理的比恩之所以如此成功的原因。他能以比有錢球隊低很多的

預算，就擁有一支優秀的隊伍。

　　每當從臉解讀性格或天賦高低，我們就是在用太少的資訊做太多的推測。利希滕貝格就說，我們是「盡可能從外表中擠出最微不足道的認知」。這在某些情境中沒什麼大不了（例如判斷你碰到的監理站窗口是否友善），但在其他情境中影響就很大（好比判斷你的鄰居可不值得信任，或是某個潛力新秀是否真有能力）。一旦這些印象事關重大，正確的行動方針就是找其他更有用的非臉部相關資訊作為參考。判斷他人時，我們應該聽從利希滕貝格的建議：「視行事睿智者為睿智之人，視行為正直者為正直之人，莫被變化莫測的表象所誤導。」

　　不過，要是世人皆會形成印象，這就有可能是根源於我們過去的演化，因此有助於我們適應生存。從這種觀點看，印象想必傳達了一些準確的信號。換句話說，假如我們形成印象的天性是演化的產物，這些印象必然帶有一絲真實。順著這條思路，許多關於第一印象準確度的研究，都是以演化的概念為靈感的。下一章就來談我們能從這些研究中獲得什麼結論。

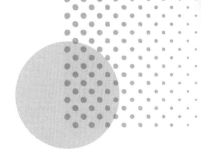

第 10 章
演化故事
Evolutionary Stories

　　在一個陽光普照的三月天，我和朋友在台拉維夫的咖啡店吃早餐，聊彼此正在進行的研究。當時我正在寫這本書，不知怎地，我們最後聊起第一印象的準確度。他問我有沒有這種準確度的證據，我告訴他這些印象都不準確，理由在第 08 章與第 09 章解釋過。這時我的朋友稍稍提出反對，「好，我們先把政治正確擺一邊。你真的認為這些印象都不準確嗎？演化不會用這種方式設計人類嗎？」我這朋友不是演化心理學家，但就如同包括我在內的多數科學家，他相信我們是演化過程的產物。這個「我們」指的不只是我們的身體，也包括我們的心智。

　　但是，從這項演化前提出發，並不保證我們能抵達正確的結論。20 世紀初的性格分析師也相信演化。對布萊克福德與紐康來說，性格分析科學「奠基於三項非常簡單的科學真理」。他們相信「人的身體是透過無數時代演化而來的產物」，「人的心靈也是透過無數時代演化而來的產物」，而且「人的身體與心靈深深地相互影響」。這幾項非常合理的前提卻領著布萊克福德與紐康走向若干不合理的結論。他們討論世界各地人們鼻型的不同，藉此說明他們的演化構想。兩人提到，生活在濕熱氣候中的人鼻子矮扁，而生活在乾冷氣候中的人鼻子

高挺。布萊克福德與紐康主張，鼻型的差異是生活在不同氣候的演化適應。這是他們最可能說對的部分。鼻型與我們祖先所生存的氣候有關，而這種關聯可從鼻子的生理功能來解釋。鼻子就像肺部的空調，將進入身體的空氣增溫加濕；假如鼻子無法發揮功能，肺就會受到傷害。相較於在濕熱氣候中，乾冷氣候中的鼻子得做更多活——需要大幅增溫、加濕空氣。較大較挺的鼻子更適合乾冷氣候，原因是能增加空氣與鼻腔壁（黏膜組織）的接觸，讓空調更有效率。較小較扁的鼻子更適合濕熱氣候，因為散熱更有效率。這種適應與鼻子內部結構有關，和鼻子本身的外貌無關。兩種各自在形態學上都是為了讓身體的能量消耗減到最小。

布萊克福德與紐康從演化上正確的推論跳到以下結論：「放諸四海，矮扁鼻子都是懶散消極的鼻子，而大鼻子、高鼻樑無論如何都代表活力與進取心。」為了得出這項結論，他們額外提供了一個前提——濕熱氣候區食物豐足，人們懶散也不打緊，而乾冷氣候區的人就沒餘裕懶散——外帶高劑量的人種中心偏見。他們對於膚色差異的討論也是遵照同一套邏輯。兩人主張，久居不同氣候環境世世代代下來，不僅會導致膚色差異，也會帶來性格差異。祖先來自熱帶氣候區的人「手腳慢、隨和、討厭改變、內向、玄思而虔信」。相較之下，祖先來自西北歐的人「積極進取、活躍、靜不下來、喜歡變化，而且因為他們得奮力求生存，因此格外實際、實事求是，重視物質」。

當代演化生物學家比性格分析師有經驗得多，也蒐集資料驗證以演化為靈感的假說，但在今天提出演化相關的推論和在一百年前一樣困難。演化心理學家面臨的問題是，他們得從今日的觀察去推論數千、

數萬年前，甚至是數百萬年前發生的事。不像古生物學家可以用來自遠古的骨頭來推論身體的演化，演化心理學家沒有可以用來推測心智演化的骨頭。這使得釐清我們目前有哪些感知與認知偏見來自演化適應，更顯格外重要。

不過，包括一般民眾與科學家在內的許多人，卻以為如果一種感知或認知偏誤無所不在，想必是有益於生存適應的。來自長相的印象，很容易就會被歸類到這種潛在偏誤中。這種想法底下的邏輯是：由於演化壓力關乎成功繁殖或存續，我們因此演化出若干臉部特色，能點出我們在生物上（甚或是性格上）的特質，讓潛在的伴侶或競爭者知道。這些特質在我們的臉上以「誠實信號」（honest signals）的方式反映。而這些「誠實信號」若要發揮作用，就必須能讓人讀取得到。為此，我們也演化出感知與認知偏誤，以形成印象，好能成功辨識這些信號。這種觀點並未假設所有印象都很準確，但有些關乎於性格的誠實信號，這些印象就應該是準確的。

本章要檢驗所謂「臉上的誠實信號能表明性格」的相關證據。重點會放在臉部的陽剛特質，尤其是作為陽剛表徵的 fWHR（見圖 9.3），因為這是個從演化觀點出發、受到密集理論化與研究的題材。總而言之，這類觀點主張長相陽剛的人不只會讓人感覺他們強勢、具侵略性與威脅性，而且他們也**確實**是強勢、具侵略性與威脅性的人。這一切在在指出，臉孔的陽剛特質是侵略性特質的誠實信號，由性擇壓力發展而來。若要為這種假說提供實證支持，最好得證明：第一，來自不同文化的人都會從陽剛的長相中形成類似印象；第二，這些印象與世界上現存少數非工業化小型社會的演化預估（evolutionary predictions）最為相符。證明第二點尤其重要，畢竟這些小型社會理應比近代工業

化大型社會更能代表我們祖先的社會。我們將瞭解到，仔細爬梳這些
證據後，其實找不到多少東西能證明你我臉上已演化出顯示性格的誠
實信號。

．．．．．

　　你在第九章讀過 fWHR，指左右顴骨間與上唇至眉毛間距離的比
率。「窄頭」的人比率低，「寬頭」的人比率高。fWHR 測量大概是
十年前由比較男女頭骨的研究人員所引進。這些研究者發現，頭骨從
青春期開始出現差異，男性的臉變得較寬，因此 fWHR 也較高。他
們希望頭骨的這種差異可用來辨識我們祖先化石頭骨的性別。更有甚
者，由於 fWHR 的性別差異無法只用男性體型的增加解釋，研究人員
因此主張這些差距可能是不同性擇壓力在臉上造成的影響。根據這種
性擇觀點，兩性異型特徵（sexually dimorphic features，兩性之間的差別）
最後以競爭伴侶的結果浮現出來。能夠帶來或象徵繁殖成功的特徵，
隨著時間（以演化論的時間尺度而言）變得越來越誇大。

　　「fWHR 的差異是性擇壓力的結果」，這個主張讓心理學家興趣
大增，也開始熱中於 fWHR 的測量。此數值運用簡單，多少也助長了
這波興趣。儘管一開始的測量結果來自頭骨，但也畫在臉部照片上，
並且多數研究者開始用照片測量 fWHR。不到十年，就有六十篇以上
經過同儕審查的 fWHR 測量論文發表。你已在第九章讀到最早把這數
值應用在臉上的論文了——就是加拿大冰球選手的測量研究。該研究
發現（至少在巴布．迪訥收集所有國家冰球聯盟球員的數值之前），
fWHR 較高的球員比較有侵略性。這項發現擴及心理學實驗的尋常受

試者上，負面行為清單也不斷成長：fWHR 較高的男人不僅較有侵略性、強勢，而且更不值得信任、不合作、充滿偏見。這種比率成為人們口中「男性性別內威脅、強勢與侵略性經演化表現出來的部分跡象體系」，以及「性別內衝突中優勢地位的誠實信號」。

這些主張的出發點是「fWHR 兩性異型」的假設，認為男高於女。但 fWHR 到底多麼兩性異型？即便在最早引介這種測量的原始論文裡，性別差異看起來也很小，相較於各別性別內高度的多樣性就更是如此（有些女人有很高的 fWHR，有些女人則很低；男人也是如此）。為了驗證 fWHR 的兩性異型，一支跨國研究團隊分析了來自世界上九十個不同地方的人口，超過四千五百名個人的頭骨測量結果。相較之下，原始論文的研究只分析了一百多顆頭骨，而且都是來自南非單一地區的人。新的研究發現，支持 fWHR 中兩性異型成分的證據相當少。一群曾在過去研究中使用 fWHR 的心理學家對這種結論並不滿意，於是分析了所有關於 fWHR 性別差異的已發表資料。這些差異在統計上相當顯著，但只要有非常大的樣本數，在統計得出顯著的結果並不難。重點問題在於：差異的程度是否大到構成任何真正的影響？性別和 fWHR 的相關係數為 0.05，這和 0 幾乎沒有差別，也暗示性別對於涉及兩個人之間的 fWHR 變異至多只有 0.0025 的解釋效力。相較於身高、體重、肌肉量方面更明顯的性別差異，fWHR 的性別差異微乎其微。性別與身高或性別與體重的相關係數都高於 0.3（這不讓人意外，男人的平均身高比女人高，體重也較重），而性別和肌肉量的相關係數高於 0.8。偏偏這證據──fWHR 兩性異型的程度無足輕重──沒能讓人放棄這種測量。

關於 fWHR 何以能作為繁殖成功的誠實信號，有兩種明確的演化

假說。第一種認為，最重挑選的性別（以人類來說是女性，因為她們投注更多時間與資源養育子嗣）會受到 fWHR 等等暗示陽剛特質的臉部特徵所吸引，因為這些特徵是遺傳素質良好的信號。根據該假說較複雜的版本，這種現象只能用於短期交配（short-term mating），畢竟陽剛特質也可能代表缺乏投入養育子嗣的意願。無論如何，這路說法都潛藏著一種假設：陽剛臉孔代表基因好。關於女人何以偏好陽剛臉孔有種標準說詞，稱為免疫強度（immunocompetence）。事情是這樣的。睪固酮太多對你不利，因為會壓抑身體的免疫功能。睪固酮同時關係到肌肉與臉部成長，能帶來陽剛外貌。因為這些因素使然，臉孔非常陽剛的男人必然有很好的基因，因為他們能承受如此大量的睪固酮。聽起來也許有點違反直覺，但這個推論的靈感其實來自動物研究（大支鹿角與大片孔雀扇尾或許是負擔，但可以吸引伴侶，因為它們代表基因優良──儘管有這負擔，這些動物卻還是有辦法存活）。不是每個科學家都同意這種免疫強度的說法。鮮少有證據支持陽剛的男人有比較好的可遺傳健康條件（heritable health），睪固酮的角色也遠比單純壓抑免疫功能來得複雜。

　　姑且不論免疫強度的故事最後要怎麼證明，女人必須受到陽剛臉孔吸引，才能讓第一種演化假說為真。多年來，演化心理學家不斷為「臉要吸引人需要哪些條件？」爭論不休。其中一個受熱議的分歧點就是陽剛特質／陰柔特質扮演的角色。人人都同意臉孔陰柔的女性較有魅力。對於這種偏好，標準的演化說法是「陰柔特質象徵了生育力」。但是關於陽剛臉孔男性的吸引力，相關證據卻有分歧。一些研究中，女人覺得陽剛臉孔較有魅力。但在其他研究中，她們卻覺得陰柔臉孔較有吸引力。克里斯・薩伊德（指出如何從情緒表情的相似性

預測第一印象的研究者，見第 08 章）打造出臉孔吸引力模型，發現女
性在男性臉孔上感受到的魅力，取決於陽剛氣質是以臉型抑或是臉部
反光度來表現。來看圖 10.1。這兩張臉有一樣的反光度，但右邊的臉
臉型比較陽剛（fWHR 也比較高）。平均而論，女性覺得這張比較陽
剛的臉較不吸引人。

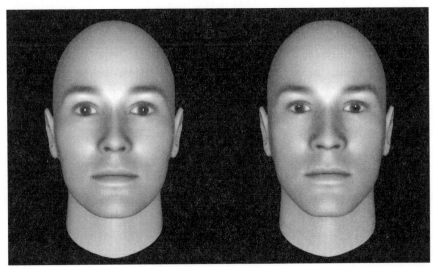

圖 10.1　反光度相同但臉型不同的男性臉孔。右臉的臉型比較陽剛。平均而論，女
性並不認為臉型陽剛的男性臉孔吸引人。

　　現在來看圖 10.2。這兩張臉臉型一樣，但右邊有較陽剛的反光度。
平均而論，女性覺得這張較陽剛的臉更吸引人。

　　這些發現化解了相關研究先前的矛盾：女性覺得陽剛臉孔更有魅
力的研究，主要調整的是反光度線索；而實驗結果相反的研究，主要
調整的部分是臉型。fWHR 只和臉型有關，也就是說，女性並不認為
高 fWHR 的男性臉孔有魅力。

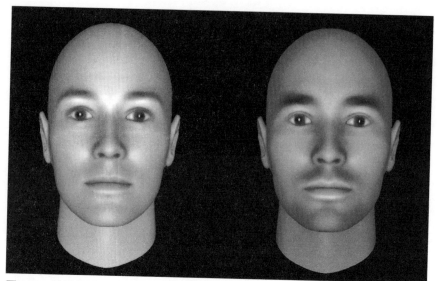

圖 10.2　臉型相同但反光度不同的男性臉孔。右臉有著比較陽剛的反光度。平均而論，女性覺得反光度陽剛的男性臉孔吸引人。

　　運用真人臉孔的實驗也支持這個結論──女性不覺得陽剛臉型有魅力。但女性對臉的膚色非常敏感，而在所有研究過的文化中，男性都有比女性黝黑的傾向，反光度因此成為可靠的性別徵象。此外，諸如黃與紅等色調更表示了我們目前的健康狀態（第十一章將會提到）。而這些色調是臉部反光度的一部分。讓女性感到有魅力的，是擁有象徵健康良好色調的男性臉孔。也就是說，比起固定不變的兩性異型線索（例如陽剛特質），不斷變動的健康線索更能預測女性的吸引力偏好。這項觀察也與一些演化假說一致，即主張「以交配價值而論，當下的健康狀態比過往的疾病抵抗力更重要」。

　　總之，第一種性擇假說──「女性受陽剛男性所吸引」──與現有資料泰半不符（至少與臉孔有關的部分如此）。但這種假說談的並

非眼下發生的事，而是遠古時候。要說這種對上古時代具影響力的臉部線索在現代沒那麼重要，也絕對說得通。我們無法直接驗證這個假說，但我們可以藉由研究工業社會與小規模社會的女性偏好，驗證該假說的最佳近似。性擇假說的預測很直接了當：小規模社會中的女性應該會比工業化社會的女性更喜歡臉孔陽剛的男性。英國演化心理學家伊莎貝爾·史考特（Isabel Scott）與伊安 S. 潘頓—福克（Ian S. Penton-Voak）率領大型跨國團隊，研究來自十二個不同社會的人，從加拿大與英國等高度工業化的社會，一路研究到中非共和國的阿卡族（Aka）與尼加拉瓜的米斯基托族（Miskitu）等小規模非工業化社會。研究結果正好和性擇假說的預期相反；國家越工業化，女性對於陽剛臉孔男性的偏好就越強。順帶一提，男性偏好的效應同樣也與假說不符。國家越工業化，男性對陰柔臉孔女性的偏好就越強。後者讓我想起我們家族的故事。我祖父選了我祖母，顯然不是因為她很漂亮，而是因為她看起來很壯，下田時想必很能承重。姑且不把這種鄉野軼聞當作證據，既有的實證表明：即便真有對臉部特徵兩性異型的偏好，也是近代才出現的。

● ● ● ● ●

　　我們可以放心丟棄第一種性擇假說，但還有第二種假說更能得到資料的支持也說不定。第二種演化假說是：兩性異型特色在男性身上發展出來，與男性為了女性而彼此競爭有關。簡而言之，體型、力氣比較大的男性更能保護女性，因為與較弱小的男性打鬥時他們會贏。也可以說，這純粹是男人家之間的事。這種假說（得到多數演化心理

學家的贊同）產生的推論是，較高的 fWHR 是「威脅、強勢、侵略性」的信號，也就是「性別內衝突中優勢地位的誠實信號」。這個假說若為真，至少有三項假設必須得到驗證。第一，fWHR 較高的男性理應有更侵略性的性格。第二，人們（尤其是男性，因為這對他們特別有影響）理應能從高 fWHR 的臉孔準確推導出這些性格。第三，小規模非工業化社會的男性理應對這些臉部特徵尤其敏感。換言之，他們應該比工業化社會的男性更容易把臉部的陽剛特質與侵略性聯想在一起。

最早的實證論文表示，男性的 fWHR 越高，實際性格就越有侵略性。就算沒有演化假說，這個「實際」也很有趣，因為可能暗示面相學家的許諾不盡然空空如也。曾經為了 fWHR 的性別差異而分析所有已發表研究的同一批研究者，也分析了 fWHR 與「威脅」行為（例如在模擬經營遊戲中自陳的侵略行為與不合作行為）數值之間的相關性。以男性來說，這種相關係數為 0.16（女性則是 0.04）。另一組研究人員也跨研究地分析這種相關性，發現係數為 0.11。就算取比較高的估計值 0.16，這種關係還是相當薄弱，代表 fWHR 只能預測至多到 2.6% 的男性侵略性變量。真人之間的這種關係（如果真的存在）恐怕更薄弱，因為 fWHR 與威脅行為數值之間觀察到的關係，會隨著研究樣本數的增加而有減少的趨勢。這與歷史上許多有趣驚奇的發現似乎有異曲同工之妙。一有正面的結果，許多其他研究就跟著出現。這些研究通常樣本數小，因此必然產生較極端的結果（評估的不確定性自然也更高）。人們傾向於發表正面結果，負面結果則按下不表，直到終於有更多研究者表示懷疑，最終有些人發表他們複製原初研究卻失敗的發現。一般來說，這些較晚發表的研究有較多的樣本數，帶來的

評估也比較穩定。

不過，我們就假設這個估計的相關係數 0.16 確實反映出 fWHR 的確是侵略性的誠實信號吧，但我們還是得知道大家能否感受到這種相當微弱的信號。畢竟，若要根據訊號值行動，人們非要能感知到信號不可。就這一點而言，證據效力十足。男性與女性都認為 fWHR 越高的臉感覺越具侵略性。感知威脅與 fWHR 之間的相關係數大約是 0.46。這與本書主要論點之一的精神相符：我們深受他人臉孔的影響。因此，男性競爭假設的第二個前提成立了。

但第三項前提卻得不到支持。史考特、潘頓—福克與同事發現：公認陽剛特質與侵略性之間的關聯，如同對兩性異型特徵的偏好，在越工業化的社會中關聯越強。社會越工業化，人們越覺得陽剛臉孔具侵略性。研究中所有帶有缺乏都市化、高疾病率、高生育率、高凶殺率等特質的社會，原本應該得出對兩性異型臉部特徵更強的偏好，對陽剛臉孔也應該得出侵略性的印象，結果卻得出較弱的偏好與較弱的印象。第二種性擇假說和第一種一樣，與研究資料高度不符。

但我們先回來談準確度的問題。印象的期望準確度是所謂誠實信號與該信號感知度兩者相關係數的乘積（前者相關係數為 0.16，後者為 0.46）。其準確度低得可憐。平均而論，感知者對某人的印象與某人的侵略傾向之間，相關係數不到 0.08。如果我們從史考特、潘頓—福克與同事的發現來外推，這個係數在上古時代還更低。

不過，這種微弱的準確度確實還是有一點效力，需要加以解釋。社會心理學家所謂的自證預言（self-fulfilling prophecies）是種可能的解釋（也跟既有資料相符）。如果你先不信任高 fWHR 的人，他們恐怕也會跟著不相信你。我們在第 03 章與第 09 章談過信任賽局實驗，好

幾次的實驗結果都表示在這類遊戲中，較高 fWHR 的人似乎比較不合作。但唯一一場受試者雙邊都不知對方資料的同類型實驗中，便無法從 fWHR 推導出不合作行為。這正是瑞士蘇黎世大學經濟學家所主持的研究（見第 09 章）。查爾斯・埃佛森（Charles Efferson）與索妮雅・弗克特（Sonja Vogt）在受試者結束遊戲後為他們照相。儘管 fWHR 數值無法預測受試者的實際行為，但如果你還記得前一章的內容，當研究人員把受試者的照片拿給（在不同城鎮的）其他受試者看時，後面這組受試者錯誤猜測 fWHR 較高的人會比較不合作。由於社會互動端視互動者的行為，用不公平的方式對待長得不值得信任的人，必然會產生「不公平」的反應。信任賽局中這種相互否定的例子很多，假如衝著你來的第一步並不公平，你很可能會回敬這種不公平。想激發他人做出我們預期他們會有的行為，只消根據我們錯誤的信念待人處事就可以了。

●●●●●

但是，是什麼讓我們覺得 fWHR 較高的臉比較有侵略性？之所以 fWHR 似乎會影響我們的印象，是因為它與臉更「整體的評估」相關。來看圖 10.3。這兩張臉是用我們的「威脅」印象模型產生的。

人們感到具威脅性的臉，比不具威脅性的臉有更高的 fWHR。一般而言，在模型中增加臉孔帶給人的威脅感，也會帶來 fWHR 的增加。不過，這真的代表人們在判定臉孔的威脅感時，主要是回應這種比率嗎？除了 fWHR，其他許多特徵也有變化，而且更容易察覺。包括眉骨、下顎以及其他許多與臉部陽剛特質有關的特徵都變得更突出。第

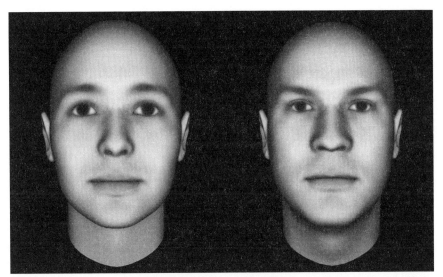

圖 10.3　用「威脅」印象模型產生的臉孔。一旦威脅增加，臉的寬高比也隨之增加。

四章多半都在談臉部感知的複雜性，以及單純測量若干臉部特徵的距離，或探討單一臉部特徵，都不足以預測我們對臉產生的印象。托普費爾——發明連環漫畫，也是最早證明臉部整體性感知本質的人——八成會對測量 fWHR 感到大失所望。就像他講的，「單獨考量任一部位，都無法讓你評估對整體的影響」。

第六章討論過，「強勢」「威脅」「身體力量」的印象彼此極為相似。在上述三種印象模型裡，每當我們把臉調得更強勢、有威脅性、強壯，fWHR 就會增加。無怪乎 fWHR 數值越高的臉，感覺起來就是更強勢、有威脅性、強壯。「fWHR 與我們的印象相關」這個事實，不代表這種比率驅動了這些印象（而且也不代表這種比率與身強體壯有任何關係）。有大量證據指出，fWHR 能預測是否能**看似**體能優越，但無法預測**實際**上是否體能優越。

有些論文作者主張 fWHR 反映了睪固酮水準，而睪固酮與身體力量與侵略性有關。睪固酮帶來最明顯影響是增加臉的高度，以及下頜凸顯的程度。後者與 fWHR 無關，前者則應該會降低這個比率。

對於「fWHR 與實際身體力量有關」的假說，最直接的反證來自艾莉絲‧霍爾茨萊特納（Iris Holzleitner）與大衛‧普瑞特（David Perrett，最具影響力的臉孔研究者，訓練出臉孔感知領域許多的演化心理學家）一同主持的研究。霍爾茨萊特納掃描真人的臉，測量他們的身高、體重、上身力量，接著用類似第 06 章提到的方法，打造實際身體力量與表象身體力量的臉部模型。圖 10.4 的臉呈現出與**表象**身體力量相關的臉型變化。

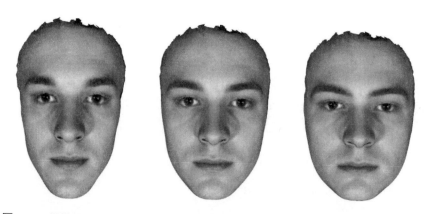

圖 10.4　從模特兒的臉看表象力量。相較於平均的臉孔（中），左臉看起來身體較虛，右臉看起來身體較壯。

表象身體力量模型與 fWHR 重要性的假說相當吻合。看似強壯的臉比看似體弱的臉有更高的 fWHR，但這些是表象身體力量的模型，與實際力量的模型不同。由於霍爾茨萊特納蒐集了實際力量的數據，

因此能打造實際力量的臉部模型。圖 10.5 顯示出與實際力量有關的臉型變化。儘管身體越強壯，臉就越寬，但臉也變得更長，這應該會抵銷 fWHR 的變化。這些發現顯示，當我們判斷他人的力量，進而推及其侵略性與強勢程度時，我們主要是對體型有所反應。身體質量指數 BMI（body-mass index）高的人有較高的 fWHR。而 BMI 較高的人也比較強壯。

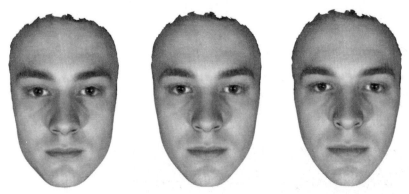

圖 10.5　實際力量的臉部模型。相較於平均臉孔（中），左臉會讓人聯想到體弱，右臉會讓人聯想到強壯。

別忘了，雖然身體質量（高 BMI）可以預測絕對力量，但無法區隔體脂肪與純肌肉量。事實上，極度肥胖的人通常比一般體重的人強壯。霍爾茨萊特納用電子體脂計估算受試者的體脂量與肌肉量，不出所料，實際力量從肌肉量預測出來，而非從體脂量。更有甚者，霍爾茨萊特納能打造肌肉量不同（而非體脂量不同）的臉部模型，以及體脂量不同（而非肌肉量不同）的臉部模型。你可以在圖 10.6 看到後者的圖示。

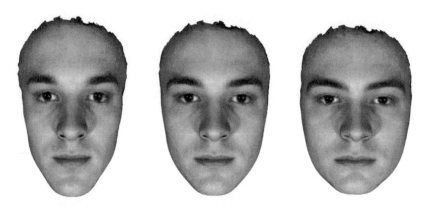

圖 10.6 體脂量改變，但肌肉量不變的模特兒臉孔。相較於平均臉孔（中），左臉會讓人聯想到體脂肪較少，右臉會讓人聯想到體脂肪較多。

　　情況和圖 10.4 一樣，臉型的變化跟 fWHR 的變化一致。體脂量較高（而非肌肉量更多）的身體，比起體脂量較低的身體，前者對應的臉有更高的 fWHR。但這一點對於隨肌肉量（而非體脂量）改變的臉並不成立。見圖 10.7。

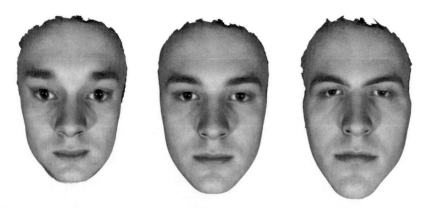

圖 10.7 肌肉量改變，但體脂量不變的模特兒臉孔。相較於平均臉孔（中），左臉會讓人聯想到肌肉量少，右臉會讓人聯想到肌肉量多。

純肌肉量較高的身體，比起純肌肉量較低的身體，前者對應的臉更寬，但也更長，因此抵銷了這些臉在 fWHR 的差異。

針對這些發現，最省話的解釋是：我們判斷他人是否身強體壯時，純粹只看體型。我們將會在第 11 章瞭解到，我們都很善於從臉判斷他人的體重。但在多數情況下（尤其是較量體能時），我們還會有與身體相關的視覺資訊。這比我們從臉所能做的任何推論都有用得多。而且，若你對臉的兩性異型有所懷疑（尤其是涉及 fWHR 時），身體的兩性異型不會帶給你這種疑慮。男人通常體型較大，也較強壯。強壯的人也會有與這種身體對應的臉。總之，fWHR 稱不太上是侵略性的誠實訊號，反倒是指出體脂肪多的訊號，指出我們對於體型大、過重之人刻板印象的訊號。

這個「信號」並非新的面相學發明。fWHR 雖新，但是相關數據已有前人使用過。來看看一張從布萊克福德與紐康著作中找來的臉（圖10.8）。

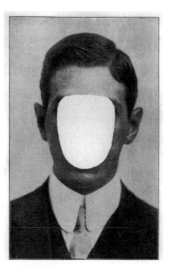

圖 10.8　布萊克福德與紐康著作《分析個性》（1918年）的插圖。他們這種從頭的窄／寬解讀性格的邏輯，與現代研究臉寬對臉高比率的邏輯出奇相似。

這種「窄頭」代表「性情溫和——傾向於透過智慧、得體言行、交際手腕來找到方法、確保成果,而非直接衝突」。假如你把這些特質顛倒過來形容「寬頭」,你就會注意到布萊克福德與紐康對於窄頭／寬頭內涵的解讀,與現代對於 fWHR 意義的解讀何其相似。fWHR 數值也與另一種在 20 世紀初大行其道的數值有關——頭顱指數(cephalic index,頭部最大寬度對最大長度的比率)。當時有成千上萬人的頭部經過測量,人類學家、經濟學家、政府官員則運用這些資料,根據數值來分類族裔——他們相信這個指數是智商的代言人。當時,美國政府對此指數特別感興趣,因為他們認為義大利人、東歐人(尤其是來自東歐的猶太人)等不受歡迎的移民會帶來「威脅」。在他們眼中,這些移民沒有北方條頓民族(頭型長)那麼聰明。

• • • • •

所以經過這一切,我們還剩下什麼?我們在臉上找不到能指出性格的誠實信號,這不代表所有的演化假說都是錯的,純粹只是排除掉某些假說。這也不代表第一印象是無用而古怪的慣習。本書第二章提到的實驗與模型建構工作,顯示這些印象具有重要的社會功能:讓我們在只有外貌資訊的情況下,盡可能推測他人的意圖與能耐。這些印象是我們的社交智商(social intelligence)、我們試圖瞭解他人時不可或缺的環節。

但是在我們昔日的演化長路上,瞭解他人肯定比今日來得簡單。現代人已經發展了五萬至七萬年。在這段時間裡(以及此前的二百五十萬年),人們多半生活在由五到八人組成的極小型社會中(基

本上就是大家庭）。一萬三千年前，更大的部落社會開始成形，但這類社會仍然相當小，由數百人組成，而且全都有親戚關係。小規模社會裡有與他人相關的豐富資訊。這種資訊來自第一手經驗（例如觀察行為與互動）和第二手經驗（例如家人、朋友、熟人的證詞）。在這麼小的社會裡，大家不用靠外貌資訊來形成性格印象，有很多可靠且容易取得的資訊。

　　由數千人組成的酋長國（約七千五百年前出現）以及後來現代國家的出現，改變了人類互動的型態與方式。人們不僅必須學習「如何常常接觸陌生人，卻不試圖殺死對方」，還得學著在大團體中生活，而我們再也不可能獲取團體中其他多數人性格相關的直接資訊。我們得學會在深受不確定性影響的情況中與陌生人進退應對。面相學在酋長國出現的時代誕生，在 19 世紀——產業移民規模最大的時代——發揚光大，這絕非巧合。面相學家許諾了一種簡單而直覺的方式——從陌生人的臉瞭解他們——如此處理生活中以及與陌生人互動時陡增的不確定性。

　　我們或許無法從他人的臉部瞭解他們，但這不代表臉上沒有任何有用的訊息。臉確確實實帶有與我們情緒、心理、健康狀態相關的資訊，甚至連我們生活的環境都看得出來。下一章要談的是我們的習慣、生活風格、環境的線索，如何深深烙印在我們臉上。

第 11 章
臉上春秋
Life Leaves Traces on Our Faces

在《面相學》這部據說是亞里斯多德所寫的專著中,作者探討運用「伴隨諸如生氣、恐懼、性慾以及其他每一種熱情等,各種不同的心理狀態一起出現,且可觀察到的特殊面部表情」來做面相學的推論。但他馬上駁斥這種方法有瑕疵:「恆常的身體跡象能代表恆常的心理特質,但來來去去的跡象該怎麼說?假如心理特質不會來來去去,那些來去的跡象怎麼會是真正的跡象?」拉瓦特也抱持類似立場。對他來說,面相學是「關於人們能力與意圖跡象的學問」,能「顯現一人的整體」。相較之下,情相學(pathognomy)才是「強烈情緒跡象的學問」,顯現「此人在特定片刻的樣貌」。

雖然大家不會再談面相學與情相學,但現代心理學對於長期的臉部特徵與轉瞬即逝的臉部信號確實有所劃分。研究臉部識別的人著重前者,研究情緒的人著重後者。不過我們在前面章節已經瞭解到,一旦談起第一印象,兩者之間的分野就不再明確。無論臉上表現出什麼樣的暫時狀態,都會影響印象。何況同一種狀態經年累月表現的話,說不定也會在此人臉上留下痕跡。

最早提出這種想法的人是英格蘭外科醫生詹姆斯・帕森斯(James Parsons),時間比拉瓦特出版《論面相學》早了幾十年。帕森斯研

究肌肉如何動作，此前已經以此為主題在倫敦的皇家學會（Royal Society）做過演講。他的第二場講座「人類面相言詮」（*Human Physiognomy Explain'd*）於 1746 年舉行。這一講著重在臉部肌肉，認為是「心中每一股熱情真正的代表」。講座前半部詳述了臉部肌肉。你在圖 11.1 可看到其中一張插圖，從側面表現了這些肌肉。

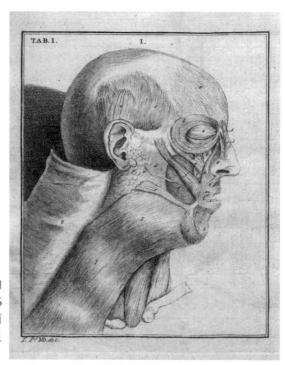

圖 11.1　詹姆斯‧帕森斯的講稿《人類面相言詮》（1746年）的插圖。臉部肌肉側面圖。帕森斯主張臉部肌肉負責表現情緒。

　　帕森斯在講座中列舉四十二名從古至今寫過面相學的作者。他對此前這些作品並不滿意，其中大多仰賴循環論證，如同後來拉瓦特描述名人時的作法：把對這些人的認識投射到他們的臉部特徵上，接著宣稱這些特徵揭露了他們的性格。帕森斯不認為臉部特徵型態對於揭

露臉主人的性格有任何價值可言，「例如一個人生了長下巴或長鼻子，心地可能好可能壞；還有……那些比例絕佳的臉可能個性好，也可能愛發脾氣。」對帕森斯來說，「唯有肌肉的變化，才能在每一種臉上顯現主宰其心靈的熱情。」

帕森斯的演講內容相當了不起。他有三大洞見，只是現代心理學一項都未歸功於他。帕森斯的第一項洞見在於，把情緒表情描述為臉部肌肉的運動，這在今日是理所當然的概念。19 世紀時，這個概念廣為人所接受——法國神經科學家杜鄉（G.-B. Duchenne de Boulogne）以此做的實驗非常有名，把電流用於臉部肌肉。這個概念到了 20 世紀也得到情緒研究人員的擁戴。1970 年代，心理學家保羅・艾克曼（Paul Ekman）與華萊士・弗里森（Wallace Friesen）發展出面部動作編碼系統（Facial Action Coding System），這套編碼系統的基本假設為「每一種情緒都由特定的臉部肌肉動作組合來表現」，至今仍是心理學與計算機科學分類情緒時最廣為使用的工具。

帕森斯的第二項洞見是「情緒表情具有實用、自我保護的價值」，但這個概念後來被歸功給達爾文。帕森斯討論恐懼的表情時提到，「受驚嚇時，眼睛與嘴巴之所以突然張開，似乎是為了更清楚感知危險，從而躲避之，彷彿大自然意欲將所有感官入口大開，裨益動物安全。」不到十年前，多倫多大學的研究團隊才獲得支持這個假說的直接證據。他們發現表達恐懼時，我們的視野會擴大，眼球運動速度增加，鼻道的氣流量也會增加。帕森斯說對了，恐懼的表情能強化感知。

帕森斯的第三項也是最有爭議的一項洞見是：倘若同一種情緒持續表現，便可能在臉上留下痕跡。他的原話是，「常駐的情緒，讓用

於表達它的臉部肌肉經常順從內心的轉變而動作，終於為臉孔帶來該情緒的常駐面貌，將臉形塑為恆常與內心符合的模樣。」圖 11.2 就是他對經常流露喜悅或悲傷的表情能如何形塑臉孔的想法。興高采烈的外表來自於「在任何時機都開心雀躍的內心，連直接的笑似乎都可以免了」。這一切都是透過牽動嘴巴與眼睛的肌肉經常性的動作所表現。至於悲傷的外表，「過度的哀傷讓那些肌肉保持放鬆，帶來一種憔悴沮喪的神情，之後怎麼改變心情都無法改變表情。」

帕森斯認為，經常性的情緒表現會在臉上留下痕跡，他的想法後來也漸漸為人所接受。無獨有偶，利希滕貝格也主張「經常重複的情緒徵象再度出現時將不會完全消失，而會在臉上留下印記」。杜鄉、達爾文、曼特加札都支持這種看法。達爾文在《人類與動物的情緒表現》（*The Expression of the Emotions in Man and Animal*）中寫道，「無論所謂的面相科學有幾分真實，」皆有賴於「不同人依其性情而經常使用不同的臉部肌肉；這些肌肉有可能因此強化，臉上因為肌肉習慣性牽動而產生的線條與皺紋，也更加深化而明顯」。

帕森斯這種構想的根據（以及所有支持此構想的人的根據）來自軼聞：「我認識某些人，他們臉上一直掛著雀躍、自得、坦率的表情；根據經驗，我曉得這是因為他們心情經常如此；另一方面，我也認識一些人，他們臉上生了根的鬱悶表情總教觀者印象深刻；我也曉得這是因為他們煩惱不斷，那種神情也由此而來。」儘管其根據來自軼聞，帕森斯的插圖也不太有說服力，但他的假說並不牽強。經常運動特定肌群會改變你身體的外觀：假如你固定騎腳踏車，你的大腿後肌與股四頭肌會變大，線條也更明顯。展現情緒就是在運動臉部的肌群。經常性的運動會在你的臉上留下永久的痕跡。

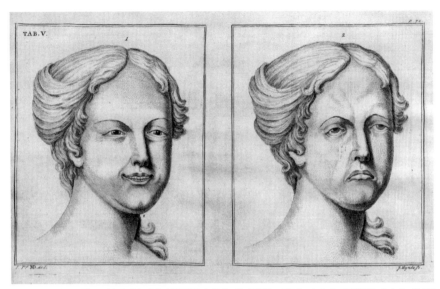

圖 11.2　詹姆斯・帕森斯《人類面相言詮》的插圖。開心（左）與難過（右）的面容。帕森斯相信，重複表現同一種情緒，會在臉上留下永久的痕跡。

　　帕森斯的講座過大約二百五十年後，心理學家才找到支持他假說的證據。他們請老人（平均年齡為七十歲）講述自己體驗特定情緒（例如生氣或愧疚）的頻率，然後請他們擺出表情來照相。無論他們擺的是生氣、快樂、難過、恐懼還是面無表情，不認識這些老人的學生總能看出單一情緒滿溢的傾向。例如圖 11.3 的女子，就算她面無表情，人家也覺得她在生氣。

　　最重要的一點，看來生氣的人也表示自己經常感到生氣，看來難過的人也自陳經常感到難過。蔑視與愧疚也有一樣的結果。所以，假如你希望自己年老後看起來開心（因此也會看起來值得信任），現在就要常常微笑。帕森斯早已表示內心的脾性能找到通往臉孔的路，只是得花很長的時間才能抵達。

圖 11.3　看起來在生氣的年長
女性，但她只是沒有表情。

• • • • •

　　不光是習慣的表情會印在我們的臉上，我們的生活方式也會留下自己的痕跡。一夜好眠後，我們不只狀態極佳，看起來也更有精神。在最早針對此主題進行的對照研究中，受試者有幾天睡至少八小時（晚上十一點至早上七點），接著清醒七小時，然後照相；過幾天，受試者睡五小時，清醒三十一小時後照相。相片在同樣的標準化環境中，於一天中同樣時間拍攝。你可以想像，同一個受試者在經歷一夜好眠後，與經歷睡眠剝奪後拍照，兩者看起來會有些許不同。

　　毫無意外，睡眠不足的人看起來比較疲倦。觀者認為他們眼皮浮腫，眼球紅腫，眼下有黑眼圈，嘴角下垂，皮膚蒼白。不出所料，外表上的這些改變也對印象造成影響。比起得到充分休息的情況，睡眠不足的人感覺起來比較不健康、沒有魅力，也比較不聰明。這些負面

印象可以解釋為，我們傾向於將眼下看到的臉部線索過度概化為臉孔
主人的能力與性格。睡眠不足會導致一大堆負面的情緒與認知影響。
只要睡不夠，我們的表現就不會好。因此，每當我們在一張臉上看到
睡眠不足的跡象（例如睡眼惺忪）並察覺到負面情緒，我們就會傾向
認為臉主人比較不聰明。但這所有的跡象都可能只是求職面試前一晚
焦慮所致。

　　我們的飲食和睡眠一樣會反映在我們的臉上。看看圖 11.4。當你的
視線在每一行由左往右移，臉看來是不是越來越健康，越來越有魅力？

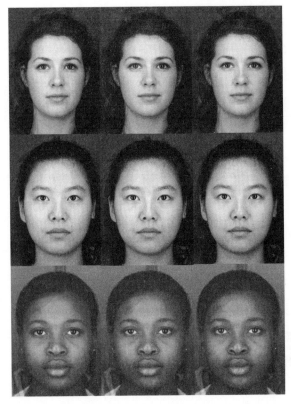

圖 11.4　模擬飲食對臉孔的
影響。左邊的臉反映出飲食
缺乏胡蘿蔔素，右邊的臉飲
食富含胡蘿蔔素。

對多數人來說，增加黃色調讓右邊的臉看起來更健康，更有魅力。不只是白種人，非裔與亞裔也都對這些顏色線索很敏感，所有人都覺得臉孔帶有健康光澤的人比較吸引人。這種調整對「吸引力」的影響，有別於曬得黝黑的效果，而且更強烈。以圖 11.5 而言，這種「黃」臉色效果是數位模擬的，但正確的飲食也能在六至八週內在你臉上發揮一樣的效果。

類胡蘿蔔素是植物合成的黃、橙、紅色素。在眾多蔬果中，胡蘿蔔、南瓜、橘子、菠菜擁有最多的類胡蘿蔔素。類胡蘿蔔素的顏色會累積於皮膚，攝取健康蔬果的人臉色會帶更多黃色。假如你為人父母，你的孩子正值在乎自己魅力的年紀，訴諸虛榮心是讓他們多吃蔬菜水果的好方法。受試者看了自己的臉在正確飲食下會變成什麼樣之後，都能維持這種飲食至少十週。除了注重健康飲食，開始運動也是件不錯的事。運動不僅可以改善你的體態，也可以改變你的臉。身材勻稱的人也有較多的血液流向皮膚，讓他們膚色更紅潤。我們對這些顏色線索也很敏感。每當請受試者調整色調，讓臉看起來更有魅力、更健康時，他們便會增加紅色調。

第 10 章提過，我們很擅長只從臉來判斷別人的體重。這也難怪，畢竟脂肪不只會堆積在脖子以下，也會跑到臉上。累積在臉頰下的脂肪尤其麻煩，因為有這類脂肪的人通常也有內臟脂肪，也就是那些累積於腹腔的脂肪。比起皮下脂肪，內臟脂肪對健康不利得多，因為內臟脂肪的累積更能預見第二型糖尿病與高血壓等肥胖併發症。有鑑於體重過重的負面影響——在美國，肥胖是僅次於吸菸的第二大死因——無怪乎許多研究會發現，光是從臉判斷體重就能預測健康問題。

　　這些判斷在一些情況中相當有用。一場健康相關的大型研究在1950 年代展開，追蹤超過一萬人長達數十年，但當年實驗開始時沒有蒐集這些人的身高體重數據。四十年後，為了彌補這個缺漏，研究人員設法取得受試者高中年鑑上的照片，從這些照片評估他們的體重。這些估計值便像是在預估受試者數十年後測量的實際 BMI 與身體健康徵兆（例如肌肉疼痛）、慢性病情形（例如糖尿病）、死亡率。這比體重過重者的臉被視為沒有魅力來得更令人憂心。

　　第一名的健康殺手──吸菸，對你的臉也不好。許多老菸槍就像詩人奧登（W. H. Auden）那樣變成一副「菸槍臉」，其特色為眼睛與嘴唇輻散出去的許多皺紋，以及灰白色的皮膚。

　　抽菸有許多破壞性的影響，其一是摧毀維他命 C。這種維他命對於生產膠原蛋白，也就是我們皮膚的主要材料來說非常重要。膠原蛋白讓皮膚柔軟有彈性，若減少會導致更多皺紋。抽菸也會減少皮膚的血液供應，帶來不健康的臉色。這些都會讓人看起來更老，畢竟我們臉部皮膚的狀況最能顯示我們的年齡。實驗中，若將老化的皮膚質地加在年輕人的臉上，視覺年齡就會增加大約十五歲。

　　「長得老」反映的不只是年紀。許多醫生以視覺年齡作為健康指標。事實證明，這是很棒的直觀作法。實際年齡相同的情況下，「看起來年輕」與一些健康指標很有關係，例如最大肺容量與較快的動作反應。以老人來說，還關乎較佳的身體與認知功能。在一個知名實驗中，一支跨國研究團隊多年來追蹤超過一千八百對丹麥雙胞胎。這些都是同性別雙胞胎，而且全都超過七十歲。研究人員對於「長得老」是否能預測死亡率很感興趣。實驗設計控制了性別、年齡與其他許多變因，因為比較的是雙胞胎中誰看起來老，誰看起來年輕。

2001 年，研究者為所有雙胞胎拍了照片。到了 2008 年 1 月，將近三分之一的雙胞胎都已離世。你大概不會意外，死亡率的最佳預測因子是實際年齡。過了七十歲，死亡率每年都會增加 11~13%。但外表年齡的效果也一樣強烈。2001 年時雙胞胎中看起來比較老的那位，在 2008 年時已過世的可能性更高。研究人員沒有找到其他與實際年齡匹配的死亡率預測因子。研究作者表示，「目前來看，臉部照片似乎比 DNA 樣本更能提供與老年存活率相關的資訊。」

　　除了天生麗質，還有什麼能讓人看起來比較年輕？答案不出所料。好的生活——高社經地位——因為這通常伴隨更好的教育、充分的營養、更高的收入、更多的健康照護管道；不要消沉；還有結婚（我想的是愉快的婚姻）。這些都讓你顯得更年輕。吸菸、持續曝曬陽光（請想像種田和打魚等職業，而不是沙灘度假）、疾病（男性的氣喘與女性心血管疾病）讓你看起來更老。長得老，死亡率也高，對此我們該意外嗎？有益你健康的東西，對你的外表也有好處。所以，好好照顧自己的身心：吃得健康，運動，不要抽菸，也別亂操心。這麼一來，你不只會心情好，長得也會更好看。

●　●　●　●　●

　　奧斯卡・王爾德（Oscar Wilde）的《格雷的畫像》（*The Picture of Dorian Gray*）講的是個青春不可能永駐的故事。極其英俊的年輕人多利安・格雷看了自己的肖像之後，瞬間想到自己「會變得又老，又恐怖，又嚇人」，而「這幅畫卻會青春永駐」。他希望自己永遠年輕，讓肖像去變老。他願意為此放棄一切，包括他的靈魂。他的願望實現

了。多利安・格雷始終年輕英俊，過著放蕩的生活。隨著他一再做出道德可議的選擇，他的肖像也變得越來越令人作嘔，反映了他的本性。直到一刻，他因為看到自己反映在肖像上的真實內在而驚駭，決定改過向善。格雷這麼做的動機，是希望自己的肖像會反映出正向的改變。唉，「眼中是狡詐的眼神，嘴邊是偽善的歪曲皺紋。樣子還是一樣噁心——更噁心，如果還能比之前更噁的話。」他最後出於盛怒，決定「殺掉」這張肖像，而這也是他的死期。肖像變成格雷原本年輕英俊的樣子，而畫旁邊躺著一個「面容枯槁，布滿皺紋，滿臉噁心」的死人。

　　我們的臉多少就像一張畫布，任由生命揮灑。但在上面下筆的究竟是我們的道德選擇，還是我們的人生境遇？唯有知道別人做過什麼之後，我們才能從他們的臉上看出他們的善與惡，就像我們看到勞納的樣子，會把他描述成惡人一般（見圖 8.11）。但若沒有這種認識，我們就只能看到你我生命的痕跡。這些痕跡不必然源自我們的性格。利希滕貝格說過，「我們的身體站在靈魂與整個世界之間，是一面同時反映兩者影響的鏡子；不光是我們的意願與能力，還有命運、天氣、疾病、食物與無數苦難所揮下的鞭子——苦難不見得是因為我們做錯決定，常常反而是運氣與無奈的結果。」這些苦難的影響會一輩子在我們的臉上累積。我們在這些臉龐上得到的資訊多半是關於這些苦難，而非性格。我們說不定也可以從臉上得出「無數寒冬、汙穢尿布、草率育嬰、潮濕臥房、孩提時患病」等結論。

　　或許，唯一能讓我們看出性格的「臉上春秋」，是我們慣性情緒經驗所留下的痕跡。帕森斯、利希滕貝格、達爾文都支持這種看法。但到頭來，利希滕貝格始終保持合理的懷疑：「縱使是先前情緒表現

在臉上留下的長久痕跡……也只有在一些極端的例子裡能採信，即當痕跡深至讓這人醒目時；縱使如此，也必須有其他表現同一種情緒的痕跡一同出現才能算數。」用來自情緒表情的痕跡形成的印象並不值得信任：「假如某人放鬆時，長得也像我朋友或我嘲笑別人時的樣子，難道這人就愛嘲笑人嗎？或者要是某人完全清醒時，長得就像我想睡覺時的樣子，難道這人就愛睡覺？沒有別的判斷比這更粗糙、更離譜了。」一旦談及性格，臉能提供的信號就非常之弱。

　　但資訊價值之低無損於臉孔的重要性。臉在我們的精神生活中扮演極為重要的角色，只不過不是面相學家想像的角色。本書的下一部，也是最後一個部，要來談臉在心智中的特殊地位。我們對臉的著迷，打從出生的那一刻就開始了。演化讓我們天生對臉有特別的關注。這種天生的關注，受到生命之初即密集出現的臉部視覺經驗推動，發展成錯綜複雜、專門處理臉孔的大腦區域網路。這些網路撐起了我們超凡的認臉技巧：按照情境辨識情緒表達，以及認出熟悉的臉孔。但這些技巧卻成了「第一印象精準無誤」這種錯覺的支柱，真叫人啼笑皆非。這些技巧與錯覺都讓我們深信臉能帶來關於他人的豐富資訊，雖然其實不然。

PART 4

臉的特殊地位
The Special Status of Faces

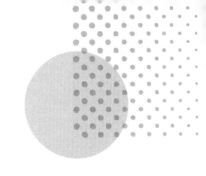

第 12 章

生來看臉色
Born to Attend to Faces

　　我人在蒙法爾科內（Monfalcone），位於威尼斯與的里雅斯特（Trieste）之間的一個義大利小鎮。我來當地這間醫院見證一場行為實驗。經過數小時的等待，有人把我們的第一位受試者抱進來。法比奧（Fabio）體重約七磅，誕生到這世界已經三十三小時。儘管實驗一切就緒，還是有個重要的細節遺漏了：法比奧的奶嘴。奶嘴不見讓實驗延遲了一分鐘，對於新生兒預期的警覺時間來說，已經占掉將近四分之一。實驗進行的時間已盡可能長了：三分鐘。我們的第二位受試者是另一位小男生迪奧（Dior），年紀是法比奧的兩倍，剛滿七十二小時。迪奧是完美的受試者，就算沒有奶嘴也不會煩躁。偏偏播放臉像影片的電腦在實驗進行時當機，一半的資料沒了。第三位受試者是個女孩，艾蜜莉（Emily）又比法比奧和迪奧大一點。她出生已將近一百小時。她在一分四十九秒後哭了，實驗就此結束。

　　帕多瓦大學（University of Padua）的發展心理學家泰瑞莎・法洛尼（Teresa Farroni）和她的研究生茱莉亞・歐里歐尼（Giulia Orioli）對我說我們幸運得不得了。研究新生兒相當困難。他們不煩躁的警覺片刻彌足珍貴。得到母親的同意後，研究人員可以為了區區四分鐘等上數小時。有些日子連一分鐘都沒有。至於其他像今天的日子，你得以

在一小時內與三個新生兒進行實驗。而且困難的部分可不只找到新生兒。除了電腦當機，你還有各種原因可能把實驗搞砸。你抱嬰兒的方式極為重要。研究人員還有個用來練習的假娃娃。假如小嬰兒往你身上趴，她馬上就會睡著。就算你抱得「好好的」，讓嬰兒直著身，她還是會睡著。雖然泰瑞莎抱小孩已經抱了十五年，我們的三名受試者中途還是都打了盹。這種時候，她會輕輕吹口哨，或是出點別的聲音，讓他們保持注意力。

在這個特別的實驗中，泰瑞莎與茱莉亞想測試新生兒能不能把觸覺與視覺連結起來。泰瑞莎抱著小孩時，她不時會拿把刷子輕觸嬰兒的額頭。她坐在電腦螢幕前，螢幕上架了一台攝影機。鏡頭對準嬰兒的臉，錄下嬰兒的行為。研究的目標行為是嬰兒的「目光」：研究者關心的是嬰兒望向螢幕的哪個位置。黑底螢幕的中央有個白色圓圈不停閃動，吸引嬰兒的注意力。一旦得到注意之後，螢幕左右兩邊就會出現兩張嬰兒的臉，其中一張臉上有把刷子碰觸額頭。研究者的疑問是，當嬰兒自己的額頭被人拿刷子碰觸，會不會馬上看向那張有刷子的臉。請注意，這個實驗背後有幾個假設，其中最重要的是「新生兒的注意力會受臉吸引」。這真有可能嗎？

探究這種不大可能的可能性，正是這場嬰兒研究的迷人之處。過去半世紀中，許多嬰兒研究的發現不斷超乎我們想像。這一章要談的就是讓人出乎意料的早期發現之一：臉對新生兒的吸引力。新生兒偏愛像臉的刺激物勝過其他物體，一開始發現到這點純屬巧合，但更多以此為題的研究受到激發，證實了這項發現。近年來，泰瑞莎以及英國研究人員馬克・約翰遜（Mark Johnson）等人的團隊，已進行過若干最權威性的研究。我受此吸引，於是來到了泰瑞莎位於蒙法爾科內

的「田野」實驗室。

　　儘管似乎不可置信，但完全沒有視覺經驗的新生兒，確實會受到與臉有相同基本結構的影像吸引。這種早期傾向，會把嬰兒的注意力導向他們生活中最重要的刺激物：他們的照顧者。但光有對臉的這種早期感知傾向還不夠，視覺經驗對於形塑嬰兒適應哪些臉孔有極大影響。用不了幾個月，嬰兒的視覺偏好便微調至偏愛他們生活環境中的臉孔。這種注意臉的傾向以及在頭幾個月大量接觸臉的經驗，讓我們從生命之初就相信臉所具備的資訊價值。

• • • • •

　　第五章提過達維達・泰爾勒進行的實驗。我們從類似實驗中得知，新生兒的視覺敏銳度弱得可憐。正常視力一般會以「視力 20 ／ 20」來表示，意指一個人能在二十英尺處，清楚看到一個視力正常者在同樣距離看到的東西。視力低於 20 ／ 200 就是法律定義上的盲人，意即他們在二十英尺處才能看到視力正常者遠在兩百英尺處看到的東西。據估計，新生兒的視覺敏銳度比正常成人差了十五倍；要是哪個成人的視力和新生兒一樣，就可以依法宣告為盲人。有鑑於新生兒視力有限，加上缺乏視覺經驗，我們自然會預期：就算他們擁有感知複雜刺激物的能力，程度也必然極低。「臉孔對新生兒有特殊意義」的看法似乎有悖於常理，畢竟他們看到的是模糊的斑點（見圖 12.1）。難怪最早發現新生兒喜歡看臉的研究，本不是為了驗證這個可能性而設計的。

圖 12.1 距離十二英寸的臉在
新生兒眼中的樣子。

　　羅伯特・方茨（Robert Fantz）感興趣的問題要簡單得多：新生兒
對於視覺圖像是否有任何感覺？當時許多研究者相信新生兒不在乎任
何圖案，因為他們若非沒必要先學習這些圖案，就是發育未全的眼睛
與大腦恐怕不會記錄這些圖案。在方茨的研究中，研究人員將出生十
小時至五天的新生兒安置在一間特別打造的小房間內。嬰兒躺在房間
底部的嬰兒搖床裡，圖案則打在房間的天花板上，距離嬰兒頭部一英
尺處。實驗時出現的有圖案影像，一是火柴人臉，二是同心圓（像個「公
牛眼」），三是一張新聞剪報。無圖案的影像則是白、黃、紅三色的
卡片。成人觀察者在房間上方，透過窺孔觀察嬰兒，記錄他們從視線
投向影像到視線移開或閉眼間，凝視每個影像的時間長度。你現在已
經很熟悉注視偏好研究法的邏輯了：眼睛注視的時間長度，暗示了嬰
兒對影像的興趣。事實上，最早將這個模式用於心理學的人就是方茨。

　　方茨發現，新生兒花在看圖案影像的時間，是看無圖案影像的兩
倍。他還發現，最吸引嬰兒注意的圖案影像是臉，但他審慎指出「這
個結果並未暗示對臉的『本能認知』」，抑或這種圖案有其他獨特的重

要性；很可能有其他圖案也能誘發同等或更多的注意。」方茨的研究
發表於 1963 年。接下來幾年有更多報告出爐，主張也越來越堅定。

　　1975 年，卡洛琳・戈倫（Carolyn Goren）與同事實驗對臉沒有
視覺經驗的新生兒，是否會偏好對類似臉的刺激物。他們的新生兒平
均出生九分鐘，真的是從子宮一出來就被帶到測試間（母親在生產前
已同意實驗）。由於醫生、護士、實驗人員都穿醫事服，戴口罩和手
術帽，嬰兒唯一能看到類似臉的東西，就只有醫療人員與研究者的眼
睛。為了測驗新生兒對臉的視覺偏好，研究人員使用四種刺激物（圖
12.2）：火柴人臉、部分弄亂的火柴人臉、完全弄亂的火柴人臉、一
張空白的火柴人臉型。

　　每個新生兒都坐在實驗人員的大腿上。一旦寶寶就定位，就把她
的頭部對準大型量角器（就像小學四年級用來測量角度的那種，只是
大很多）的零度位置。實驗人員將四種刺激物中的一種舉在距離嬰兒
頭部十五至三十公分處。一旦寶寶凝視這刺激物，實驗人員就會緩緩
將刺激物沿弧形軌道從零度轉到九十度。另外兩名實驗人員各自獨
立，觀察並記錄寶寶頭部與眼睛轉動的角度，以核實觀察的一致性。
結果很明確。新生兒頭部和眼睛都會轉向臉的圖案，接著是稍微弄亂
的臉、完全弄亂的臉，最後才是空白臉型。新生兒對空白臉最沒興趣。
戈倫與同事的結論是，「這些結果暗示，有種演化來的敏感傾向出生
時便已存在，讓嬰兒對臉有選擇性的反應。」

　　科學上的意外發現，通常都會遭遇認為有其他解釋的懷疑論點。
實驗中有許多環節可能出錯。假如觀察的人曉得嬰兒正在看的是什
麼，可能會在無意間影響他們的測量，以合於自己的假設。為了防止
這種偏誤，戈倫與同事設計了實驗方法，讓記錄頭與眼睛轉動的實驗

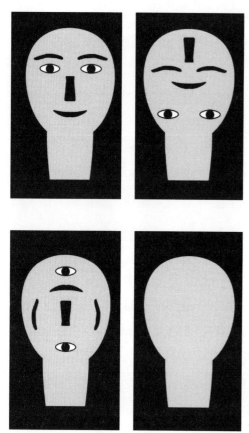

圖 12.2　刺激物，類似戈倫與同事在 1975 年測驗新生兒對類臉刺激物的偏好時使用的圖形：一張臉，一張稍微弄亂的臉，一張弄亂的臉，一張空白臉型。

者無法知道嬰兒正在看什麼；他們只能看到四種刺激物一模一樣的背面。然而，實驗者還是有可能推敲出嬰兒所見。所以馬克・約翰遜和同事在後續的再現研究時錄下實驗過程，由（不知道刺激物為何的）實驗人員給嬰兒看刺激物。而頭部的轉動與眼睛的凝視，則由另兩名研究者從影片中估算，此二人同樣不曉得刺激物內容，也不知道實驗目的。這樣就能排除用實驗者偏誤解釋相關發現的可能性。

　　然而，總是可以有別種解釋。假如實驗過程毫無瑕疵（雖然對懷

疑的人來說永遠都有），懷疑論者還是能主張「臉」與「非臉」影像
具有無關「臉性」（faceness）的不同特質。新生兒回應的或許不是臉
本身，而是某種更簡單、卻能將臉與非臉影像區分開來的什麼。這個
「什麼」，有可能是刺激物的低階視覺特性（例如亮度與對比）或高
階視覺特性（例如複雜度與對稱性）。假如臉的影像對稱，而非臉的
影像不對稱，那麼讓嬰兒有反應的就可能不是臉，而是對稱性——這
種主張不僅說得通，似乎也更簡約。不過後續的研究控制住所有潛在
的重大差異與混淆，化解了這種說法。臉與非臉影像在研究中要有同
樣的亮度與對比，必須對稱且複雜度相同等等，諸如此類。

　　關於新生兒對類臉刺激物的偏好，其中一種不同且更簡單的解釋，
是他們偏好「頭重腳輕的圖案」——亦即較多元素在上方（像是眼
睛），較少元素在下方（例如嘴巴）。這種偏好可以解釋許多新生兒
實驗的觀察結果。儘管這種解釋差強人意——因為說不清楚我們為何
生下來就帶有這種視覺偏好，為何喜歡的不是「頭輕腳重的圖案」——
但仍比「對臉有偏好」來得簡單。儘管這論調簡單得多，泰瑞莎·法
洛尼、馬克·約翰遜和他們的同事仍證明了這種解釋對於新生兒的視
覺偏好不僅差強人意，而且並不充分。

　　自然環境中的臉是立體物體，有獨特的陰影分布：眼睛與嘴巴顏
色比整張臉來得深。泰瑞莎與同事運用了這個事實。想像一下原本光
滑表面上出現了空洞，或者直接回去看圖 12.1——新生兒從十二英寸
距離處看到的視覺影像。一個鵝卵形狀上放兩塊斑點代表眼睛，下面
一塊斑點代表嘴巴，就構成最簡單的類臉圖案，例如圖 12.3 左。這張
臉也屬於「頭重腳輕的圖案」。但光是這樣還不足以讓它看起來像張
臉。斑點必須看起來凹陷於鵝卵形才行。

圖 12.3 一張以黑點代表眼
睛與嘴巴的火柴人臉和顛倒版
本。新生兒偏好看那張臉，而
非顛倒版本。

　　黑斑點配白臉就能創造這種感覺。確實，先前所有研究使用的火
柴人臉都是用黑色斑塊代表眼睛與嘴巴。一旦讓新生兒看圖 12.3 的組
合，他們看類臉影像的時間會久於倒過來的版本。但假如我們把臉變
黑，把斑點變白呢？來看圖 12.4。

圖 12.4 一張以白點代表眼
睛與嘴巴的火柴人臉和顛倒版
本。新生兒對任何一張都沒有
表現出偏好。

　　斑點看起來從鵝卵形中凸出來，有悖於影像的「臉性」。若使用
這組圖，新生兒對於類臉的配置與倒過來的版本，就不再表現出任何
觀察得到的視覺偏好。此外，這種偏好與臉是黑是白無關。在白斑中

置入小黑斑（如圖 12.5），就能再度創造出空洞凹進鵝卵形的效果，新生兒也再度花更長時間看類臉鵝卵形。

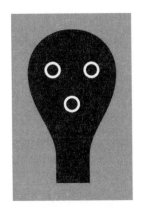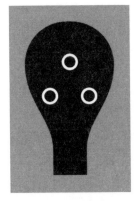

圖 12.5 以環形缺口讓眼睛與嘴巴看起來像內凹空洞的火柴人臉及其顛倒版本。新生兒偏好看火柴人臉，而非顛倒版本。

最後，新生兒看真人臉孔時，看從上方打光者（就像日常生活的情況）的時間會久於同一張臉從下方打光時──從下打光是唯一一種有悖於人臉獨特陰影分布的角度。這些視覺偏好相當明確：類臉刺激物不僅要「頭重腳輕」，而且必須有自然環境中臉上會有的陰影分布才行。方茨的研究發表超過五十年後，我們終於有合理信心相信他發現了新生兒對臉的偏好。我們呱呱墜地時已做好認臉的準備。

• • • • •

初生時辨識臉孔的注意力偏性（attentional biases），持續留存於我們的成年心智中。成年受試者看擺正的類臉刺激物時，速度比看上下顛倒的來得快，但前提是必須有正確的立體表現：眼睛和嘴巴處看起來要像空腔。這種偏性也出現在我們的無意識中。研究無意識視覺過程最常見的手法，就是讓圖像呈現極短的時間，通常少於三十毫秒。

這種手法的問題是：這種呈現速度之快，會嚴重限制你的心智處理所見資訊。為了解決這個問題，來自帕薩迪納加州理工學院（California Institute of Technology in Pasadena，簡稱 Caltech）的研究者發明了一種新的技術——連續閃動抑制（continuous flash suppression），從而在一段延長的時間中研究無意識。這種手法靠的是在兩眼前顯示不同的影像。一眼不斷被類似蒙德里安畫作的不同圖案迅速轟炸，另一眼則對著靜態固定的影像。由於快速接連出現的影像會宰制我們的意識注意力，我們便看不到靜態的影像。也就是說，靜態影像在你的注意力中會遭到抑制長達一秒。這對視覺感知的世界是相當長的時間。這種實驗設計所要探討的問題是：靜態影像多快能浮現於你的意識。浮現的速度能指出對於進一步的意識處理來說，無意識的認知會視什麼為優先。心理學家提摩‧斯坦因（Timo Stein）與同事利用連續閃動抑制，同時呈現類似泰瑞莎與同事研究新生兒時使用的圖案，結果發現看來像擺正臉孔的鵝卵形（例如圖 12.3 左）比反轉版本更快浮現於意識中。更重要的是，由上方打光、有自然陰影分布的臉，也比由下打光的臉更快浮現於意識中。

如果你回頭看圖 12.1，你會發現對比極性（contrast polarity）——較暗的色塊受較亮的色塊包圍——在臉上，眼部比較明顯，口部比較不明顯。斯坦因與同事證明，只要翻轉眼部的對比極性（讓較亮的眼睛受較暗的雙頰與額頭包圍）便足以消除擺正的臉在意識中較快出現的效應。假如你處理過負片（在這個有數位相機的時代是件罕見之事），你就知道從負片認臉非常困難。許多心理學實驗證實了這個觀察。你能不能認出圖 12.6 是誰？

圖 12.6　從負片認人非常困難。
你認得這張臉嗎？

　　巴萬・辛尼亞和同事指出，只要負片的眼睛是以正常的陰影分布
呈現，受試者從中認臉的能力就能達到近乎完美的程度。恢復眼部的
正常對比極性（但口部不動）讓辨識變得輕而易舉。我們來處理圖
12.6 的臉。圖 12.7 是這張臉恢復對比極性的樣子。要認出來應該就簡
單得多……這個嘛，你得是美國人才行。

圖 12.7　恢復眼部的對比極性，
能讓人輕鬆認出負片中人為美
國前總統林登・約翰遜（Lyndon
Johnson）。

　　眼部的對比極性究竟哪裡特別？在各種光線照射環境中（從臉下方打光例外），眉毛與雙眼始終比額頭與臉頰來得暗。這種明暗分布的穩健性（robustness），讓眼睛成為臉孔識別時重要的特徵。只要這種分布方式出現在影像中，該影像裡面就很可能有張臉。事實證明，運用這種分布特性的臉部辨識演算法尤能辨識臉孔。其中最成功的一種演算法──「維奧拉─瓊斯」（Viola-Jones，以發明該演算法的電腦科學家命名），就是利用簡單的對比濾鏡，找出能用於判斷臉孔的特徵。維奧拉與瓊斯用數以千計的影像訓練這個演算法，兩人發現最能區隔臉孔與非臉孔的特徵，分別是眼睛與顴骨的對比（亮色矩形上的暗色矩形），以及雙眼的對比（被一個淺色矩形隔開的兩個深色矩形）。兩者可見圖 12.8。

圖 12.8　最能讓人將臉與其他物體區分開來的兩項特點。

　　這些電腦科學家發現了演化過程早就「發現」的臉孔識別法。新生兒誕生時就具備了區分臉與非臉特徵的視覺偏性。

　　一旦暸解維奧拉─瓊斯等演算法如何運作，就可以用來愚弄人類。

德國的研究團隊取得維奧拉—瓊斯演算法中被誤判為臉的影像。這些研究人員給受試者看兩兩一組的影像，請他們盯著有臉的影像看。這些影像在電腦螢幕上閃過的時間僅有二十毫秒。如同演算法，人類也有把錯覺臉像誤判為真臉的傾向。這個現象起先令人匪夷所思，但等到把最容易誤認為臉的影像找出來，將特色加以平均，答案就出現了。

圖 **12.9**　以極短時間顯示圖片給受試者，遭誤認為臉的圖平均的特色。

　　如圖 12.9 所示，這些影像所共有的特殊對比分布，就和臉上可能出現的一樣。當然，當真人臉孔與非臉孔成對出現時，受試者的判斷最為準確。以甚至還沒達到視覺意識門檻的極短時間呈現影像，人們都還能迅速偵測到臉孔，這顯示我們會自動認臉。這種能力並非突然出現在成人的視覺中，地基在我們出生時便已打好了。

●　●　●　●　●

「新生兒對臉部有偏好」的發現經受住了時間的考驗。新生兒會注意相當明確的臉部特徵配置。如果不去假設「演化讓靈長類大腦配備有注意臉部特徵，從而具有區分臉與非臉的能力」，就很難解釋這一點。我們一出生就跳級。但這也只讓我們離地一下下而已。讓我們更進一步的，是早年大量接觸各種臉孔，以及我們對他人的興趣與依賴。

為了瞭解嬰兒眼中的世界是什麼模樣，加拿大研究人員記錄了一個月大與三個月大嬰兒的視角，為時兩週。他們在頭帶上安裝小型密錄攝影機，讓嬰兒戴上。嬰兒清醒時，攝影機就會打開，記錄他們視野中的東西。而小嬰兒的清醒時間裡（一個月大的嬰兒平均一天清醒七小時，三個月大則為九小時），有四分之一他們的視界充滿了臉孔。

當我們的知覺技巧漸漸與我們的社交環境協調時，嬰兒期大量接觸臉孔的經驗便重要起來。嬰兒會看到的臉孔種類很容易預測，通常是來自同種族、女性以及年長的臉孔——也就是最可能的照顧者的臉孔。這很重要，因為嬰兒會變得善於學習自己所見（或所聞），不善於學習自己所未見（或所未聞）。發展心理學有個詞彙稱這種現象為「知覺窄化」（perceptual narrowing）。在發育的第一年，我們的知覺技巧會與我們生活環境中相關的事物協調。英語環境中六到八個月大的嬰兒，能區分英語與其他語言（例如印地語〔Hindu〕）中類似發音的子音，十到十二個月大的嬰兒則否。假如你不是英語母語人士，你說不定會對此十分有感。在美國住了二十年，我還是一口濃重的保加利亞口音。

類似過程也在臉部感知上起作用。六個月大的寶寶分辨異族臉孔的能力，就和分辨本族臉孔的能力一樣好。但三個月過後，他們就失

去了這種區分異族臉孔的能力。一歲之前的知覺窄化有其認知上的代價。我們辨認其他族群臉孔時碰到的困難，源於我們視覺經驗的初始。這關乎視覺經驗本身，無關我們的族群出身。法裔家庭收養的韓裔小孩比較會分辨法裔臉孔，不善於分辨韓裔臉孔。才幾個月的發育，我們專注於臉孔的知覺偏性就受經驗影響重大。

　　你不能養育人類嬰兒卻不讓他們接觸臉孔，並且有系統地調整他們對不同臉孔的接觸，但你可以對嬰兒期的猴子這樣做。日本研究人員杉田陽一在不讓小猴子接觸臉孔的情況下飼養牠們二十四個月。幼猴得不到接觸臉孔的機會，但還是可以與人類互動。人類照顧者戴著（平坦的）面具，每天至少和猴子玩兩小時。猴子籠裡擺滿顏色鮮艷的玩具，但沒有像臉的東西。臉部經驗剝奪期間過後，研究人員運用類似注視偏好研究法的方式，測驗猴子的視覺偏好。儘管這些猴子從未看過臉，比起其他物體，牠們還是偏好看臉。此實驗以絕佳方式重現了真人實驗的發現：靈長類天生就有辨識環境中臉孔的視覺偏性。

　　杉田還調整猴子經歷臉部接觸剝奪期間後所接觸的臉部種類。一開始的接觸會影響猴子最會認的臉，換言之，最早讓牠們接觸到的臉孔，牠們最會分辨。假如在自然棲地中接觸猴子的臉一個月，而不接觸人類的臉，小猴子就善於分辨猴子的臉。但如果是接觸人臉一個月，而不接觸猴子的臉，牠們就善於分辨人臉。我們偵測臉的能力範圍很廣，舉凡任何長得像臉的東西都能偵測到，但視覺經驗會微調這種能力。我們需要被餵養健康的臉孔影像，才能發展合宜的臉部辨識機制。少了這種機制，我們就無法認出親人、朋友、敵人，並分辨情緒狀態與意圖；如此一來，我們和他人溝通、學習時就有罪受了。

　　人類生來就有關注臉的偏性，這是有充分原因的。這些偏性會把

新生兒的注意力導引至與動機最相關的刺激物上：他們的照顧者。少了照顧者，嬰兒就無法生存。他們必須有能力追蹤臉孔，與它們溝通。此外，新生兒不只偏好臉孔，而且偏好睜大眼睛、直盯著他們的臉孔。經過生命的頭二十四小時後，他們還會偏好看開心的臉，而非憂心的臉。六至八週後，嬰兒開始對照顧者微笑。我有一回興沖沖地對朋友詳述我兒子第一次出現微笑的情景，結果她給了以下解釋：「小寶寶要是不開始笑，他們就會被人宰了。」這話雖誇張，但當過父母的人都知道帶小嬰兒是個難以置信的重負，微笑是我們克服無覺可睡、換尿布的苦難時不可或缺的卑微獎賞。但與小寶寶面對面的快樂互動，意義遠大於克服我們大人的育嬰苦難。與照顧者面對面的溝通，會為我們重要的技能打下基礎——社交與語言。若接觸不到臉，會干擾正常的社交與認知發展。四個月大的嬰兒已能投入與母親之間高度同步的臉對臉行為（face-to-face behavior），會預期和猜測對方的意圖。這種同步一旦出現失誤，就會帶來發展不足的結果，例如不安全型依附（insecure attachment）。假如完全阻止臉孔的同步過程，必然會對社交與認知發展帶來更嚴重的後果。

我們對他人的興趣和依賴，就是臉部認知技巧發展的推動力。六個月時，嬰兒已會自動把注意力撥給有活力的臉孔。到了七個月時，他們已經可以分辨不同情緒。但這些技巧在滿一歲時都還沒有發展完全。對其他個體的認知會一直進步到我們的青少年期。儘管我們在一歲前也許會失去辨別異族臉孔的能力，但只要我們對異族臉孔累積足夠的經驗，這種技巧還是會重回手中。第 07 章提過，我們的臉部偏好是動態的，只要我們的社交世界改變，我們的臉部偏好也會改變。我們對臉的早期注意力偏性，以及我們早期的視覺經驗都不會

就此決定我們長大之後的傾向，但會把我們的學習過程導向正確方向。這些偏性與早期認知經驗搭配上臉孔的動機重要性（motivational significance），讓一套格外錯綜複雜、專職處理臉孔的神經系統得以發展。下一章就要來談發現這套系統的故事。

第 13 章
腦中的臉孔模組
Face Modules in the Brain

　　我們是極度視覺性的動物。靈長類的腦有個獨一無二的特色,就是擁有專門處理視覺的大範圍皮質——我們半數以上的皮質都在處理視覺資訊。相較於非靈長目哺乳類,靈長目哺乳類擁有更多皮質視覺區,密集神經元也更多。這些區域有一些更是完全用於處理臉孔。臉在腦中占有特殊地位。最早的相關洞見來自對臉盲(face blindness)個案的研究。我們想到「盲」就覺得應該看不到任何東西,但說也奇怪,有些人視覺相當正常,可以認出各種物體,但就是不會認臉。類似的臨床案例有少數零星出現在 19 世紀,但最早的系統性觀察,則是德國神經科學家約阿希姆·博達默(Joachim Bodamer)在 1940 年代所為。他有位病人在二戰期間腦袋中了槍,這位病人「認得出臉,也就是說知道臉有別於其他事物,但無法把臉和臉主人搭起來。他能指認一張臉上所有的特徵,但每一張臉在他眼中都一樣『枯燥乏味』。這些臉沒有表情,對他來說不具『意義』。」這段描述放在今天依然準確。博達默把這種情況命名為臉孔失認症(prosopagnosia,來自希臘文的「臉」〔prosopon〕和「不知」〔agnosia〕)。遭受特定腦損傷後,臉孔失認症病人失去了辨認熟面孔的能力——連自己的臉也不例外。他們看著一張臉的時候,曉得自己正看一張臉,但卻無法整合一切,把

這張臉和記憶連起來。

　　臉孔失認症的案例提供了最早的證據，證明我們腦中說不定有專門處理臉孔的模組：只對臉孔有反應的皮質區域。這個難以置信的概念馬上就得到其他發現的支持。其中的關鍵是神經科學史上最令人震驚的發現之一——臉神經元的發現。神經元是腦的基本單位，數百億神經元各司其職。一般來說，我們認為神經元發揮的是非常簡單的功能，比方說視神經元對光線有反應，體感神經元對碰觸有反應。但是，存在只對臉而不對任何其他物體有反應的神經元嗎？這可是天大的消息。臉神經元的發現，與發現新生兒對臉有注意偏性一樣出於偶然，甚至比後者更有爭議。但臉神經元也通過了時間考驗。我們不只擁有臉神經元，這些神經元還聚集在大腦若干特定區域，彼此間高度相連。對於臉這種複雜刺激物的感知來說，大腦的臉部處理系統是學界研究最多、瞭解也最深的神經系統。這一章要談的就是相關研究的驚人進展。我們對社交世界的認知以諸多神經系統為基礎，臉部處理系統就是通往這些系統的大門。

• • • • •

　　1960 年代，我的普林斯頓同事查理・格羅斯（Charlie Gross）正和研究夥伴致力於表現顳葉皮質神經元的視覺特性。顳葉皮質為顳葉的一部分，位在頸部之上，耳朵之後。雖然以猴子為對象的實驗研究已證實顳葉皮質損傷會削弱視覺學習與物體分辨，但一直到 20 世紀中葉，人們對於這部分的皮質是否與視覺有關沒有定論，位於該皮質區的神經元視覺特性仍然不明。大衛・休伯爾（David Hubel）和托斯坦・

威澤爾（Torsten Wiesel）因對視覺系統的研究成果於 1981 年獲得諾貝爾獎。他們已經找出枕葉皮層神經元的視覺特性，但對那之外的視覺區神經元仍然所知不多。

休伯爾與威澤爾用貓做實驗，將電極植入貓的初級視覺皮層（primary visual cortex，視覺資訊到達皮層的第一站），給貓不同的視覺刺激物，然後記錄單一神經元的放電頻率。假如神經元對特定刺激物——例如光點或移動的光棒有反應，放電就會持續而有力。假如沒有反應，就會一片寂靜。在這個實驗你真的能聽到神經元，因為植入的電極不只連接記錄神經電壓起伏的示波器，還接著一台音訊放大器。當神經元非常活躍，聽起來就像機關槍連發。休伯爾與威澤爾發現，初級視覺皮層內的神經元回應的光線模式，比視網膜內或皮質下神經元所回應的更複雜。光點通常能觸發後者，但不足以觸發初級視覺皮層的神經元。這些神經元回應的是更複雜的形態，例如斜線與直線。休伯爾與威澤爾發現了三種視覺神經元，並稱之為簡單細胞（Simple cells）、複雜細胞（complex cells）、超複雜細胞（hypercomplex cells）。簡單細胞對特定指向的光棒有反應，複雜細胞對朝特定方向移動的光棒有反應，而超複雜細胞則對朝特定方向移動的一部分光棒有反應。這是一項激動人心的發現，因為等於指出一條呈現大腦視覺世界的可能途徑：我們在世界上看到的臉孔與花朵等複雜刺激物，隨著信號從視網膜沿著視覺皮層的神經路徑移動，在聚集的神經元中編碼，從簡單的特徵漸漸成形。

查理·格羅斯和學生按照休伯爾與威澤爾的實驗程序，讓猴子看移動的光棒，並記錄顳葉皮質中神經元的放電率。他們的目標是辨識出什麼樣的刺激特性能觸發這些神經元，也確實發現當猴子看到光棒

沿對角線向下移動，透過其放電模式，得知顳葉皮層中某個神經元會對這沿對角線移動的光棒以強烈放電的方式反應，但對垂直方向移動的光棒沒有反應。更有甚者，查理和學生偶然發現某種更驚人且令人雀躍的東西。

他們最早的發現是手敏感神經元（hand-sensitive neuron），而且是無心插柳。因為原本安排好的刺激物都沒法激發回應，他們一惱火，就「對著刺激物螢幕一揮手」，接著觀察到「劇烈的反應」。他們在1972年的論文中概述了這個發現，還在同篇文章中提到，對於某些神經元來說，「色彩複雜的圖形（例如臉、樹木的照片）比標準的刺激物更有效，但這些圖形的關鍵特徵尚不確定。」這些發現被記錄在該論文裡，但沒有明確探討。換成其他實驗室，這些發現說不定根本不會被收錄。據查理回憶，「我們就這份研究為《科學》期刊寫初稿時，根本沒那個膽把這種手細胞寫進去，是托伊別爾鼓勵我們的。」漢斯—盧卡斯·托伊別爾（Hans-Lukas Teuber）是當時的麻省理工學院（MIT）心理系主任，也是為查理的研究提供種子基金的人。對特定指向與移動方向的斜線與光棒有所反應就算了，對手和臉這種如此複雜的物體有反應？似乎有點太不尋常。

. . . . .

儘管「手神經元」的發現純屬偶然，但對於這種神經元，之前已有人有先見之明。波蘭神經科學家捷爾吉·孔諾爾斯基（Jerzy Konorski）在他1976年的書《腦的整合活動》（*Integrative Activity of the Brain*）中已提過這種「知識」（gnostic）神經元的存在。他主張有些

神經元會對複雜的形狀，例如臉、動物、身體部位有反應。查理認識孔諾爾斯基，曾拜訪他在華沙的實驗室，也曾在《科學》期刊上為這本書寫過一篇精彩書評。但孔諾爾斯基的構想確實超前時代太多，在查理的研究之前也沒有這種神經元的存在證據。當時只流行一個叫「祖母細胞」（grandmother cell）的笑話，說有種細胞只會對一個人的不同影像有反應，例如某人的祖母。這個笑話誕生於 1969 年的MIT 課堂上，「祖母細胞」最後成了一個術語，常用來指涉虛假的認知理論。在這種懷疑論的氣氛下，大約十年時間沒有任何人試圖質疑或再現查理的發現並不令人意外。

　　1981 年，查理和學生發表第一篇描述臉部選擇性感知神經元（face-selective neurons）的正式文章，並且在幾年後對這種神經元進行系統性的研究。日本、義大利、蘇格蘭等世界各地其他實驗室也紛紛提出相關報告。大衛・普瑞特在蘇格蘭聖安德魯斯大學（University of Saint Andrews）的實驗室在這個研究領域尤其活躍，記錄下越來越多臉部選擇性感知神經元。典型的臉部選擇性感知神經元會對猴子的臉以強烈放電來反應，但對弄亂的臉沒有反應。

　　將一張猴臉放在猴子視野中央幾秒鐘，這種神經元就會強烈放電。把猴臉特徵弄亂，放電就會消失。這種神經元對猴臉、人臉都有反應，但對手部沒有反應。移除眼睛或嘴巴等特徵，會削弱這些反應，但不會讓反應消失。把特徵弄亂，讓臉看起來不像臉，反應就會消失。有些神經元還偏好特定的臉部方向，例如對側臉強烈放電，但不對正臉放電。其他神經元則有整體性的反應，而且和新生兒一樣，對於對比極性正確的類臉孔刺激物有反應。這種神經元對一段黑色水平線上面有兩個黑斑圓圈有反應，但假如上述特徵——圓圈、斑點、水平線——

任何一個不見了，或是讓斑點與線段變成白色，看起來像是突出而非凹陷，神經元就不會有反應。這種相當選擇性的反應模式，很難用無關臉部的低階視覺特色解釋。

臉神經元不只被動地對臉產生反應，它們對臉部認知也非常重要。為了證明臉神經元的因果重要性，伊朗研究人員先訓練猴子在困難的認知任務中分辨臉與其他物體，接著用電流刺激臉神經元，測試是否會改變猴子的分類決定（臉 vs. 非臉）。為了讓認知任務有難度，研究人員用視覺雜訊（第五章提到的實驗所使用的影像）使臉與非臉的圖案解析度下降。

透過難度調整，可以輕易查出猴子分類決定的變化。至於臉神經元對於臉部認知的因果重要性，只要改變它們的活動，應該就可以改變猴子的決定。事實上，當臉神經元受到刺激（但不刺激其他神經元），猴子會更容易從雜訊影像中看出臉來，這大大證明了臉神經元不只是對臉產生反應，而是主動負責臉部感知。

不久前，查理有了自己的榮譽研討會，是個表彰他研究生涯的慶祝場合。活動期間，以前的學生就自己的研究內容致詞，並以個人回憶為之添色。會上有不只一張照片是查理的實驗室成員舉著馬桶刷，前端有一圈長硬刷毛的那種老式馬桶刷。顯然馬桶刷是最能誘發顳葉皮質神經元強烈反應的刺激物。雖然查理記不得他們怎麼會用這個特定物體當作刺激物，但他開玩笑解釋，馬桶刷之所以有誘發臉部選擇性感知神經元反應的威力，是因為很像當時實驗室的成員：當年包括他本人在內的多數成員都蓄著大鬍子、留長髮。可惜他們的鬍子和長髮在三十年後都沒了。臉部選擇性感知神經元不只經常對馬桶刷有反應，對其他形狀像臉的圓形物體亦然，例如時鐘與蘋果。當然，神經

元對臉的反應還是強過這些類臉物體。

　　如果「新生兒對臉敏感」算是有爭議的發現，臉部選擇性感知神經元的發現就是超級有爭議。首先，要證明這些神經元是對臉有反應可說完全不可能，因為原則上有無數種視覺類別都可能觸發這些神經元。因此就邏輯上來說，我們永遠無法斷定沒有其他更簡單的刺激物能觸發這些神經元。其次，從「神經元對移動的光棒有反應」跳到「神經元對類似臉的複雜視覺類別有反應」，確實是跳得太遠了。許多參與這項研究的人都碰過資深同事建議他們，假如他們希望有研究生涯可言，還是往其他方向走比較好。MIT 教授巴布‧戴西蒙（Bob Desimone，查理的門生）在查理的榮譽研討會上，細數當大衛‧休伯爾聽到他們的發現時，是如何搖著頭表示不相信。但相關發現在許多實驗室如雨後春筍出現，到了 1990 年代，臉部選擇性感知神經元已經成了既成事實。我們沒有找到「祖母細胞」，但有許多種神經元會對臉的影像、頭的方向、情緒表達、眼睛的凝視，以及許多其他與臉有關的事物產生明顯反應。這些神經元的互動讓我們如此善於感知臉孔。然而在對我們的記憶非常關鍵的皮質下區域——海馬迴中，或許有類似「祖母細胞」的東西。近年來有個研究是記錄一位癲癇病人的海馬迴神經反應。研究人員評估這位病人癲癇發作的原因，發現病人海馬迴中的某個神經元似乎特別喜歡荷莉‧貝瑞（Halle Berry）。這個神經元會對她臉部不同角度的影像、她臉部的素描、她在 2004 年電影中扮演貓女的劇照，甚至是她名字的字母串放電，對其他人的臉都不會。這種神經元似乎像記憶神經元那樣作用，會受到特定視覺景像觸發——不只是臉，也可能是雪梨歌劇院等知名建築，或是《辛普森家庭》（The Simpsons）等卡通。

• • • • •

　　1990 年代，認知神經科學研究引進了功能性磁振造影（functional magnetic resonance imaging，fMRI）作為標準工具，讓我們能以非侵入性的方式實況觀察正常人類大腦中的活動。功能性磁振造影缺少記錄單一神經元的精確性，它測的是大腦的代謝活動，但幸好代謝活動與神經活動緊密相扣。相較於記錄單一神經元，fMRI 雖然是很粗糙的方法，但它能提供前者所無法獲得的大腦功能整體圖像。只要誰的身體裡沒有金屬，沒有幽閉恐懼症，且願意躺進長得像時光膠囊的 MRI 儀器裡待上一個多小時，我們就能在此人從事特定任務時記錄其大腦活動。我們可以讓他看臉或其他物體（比如房子或椅子），觀察某些腦區是否比較容易受到臉強烈誘發，相較於其他物體。

　　fMRI 前身是正子斷層照影（positron emission tomography），缺點是需在受試者體內注入（無害的）放射性示蹤劑。1990 年代初，有些以正子斷層照影為基礎的研究報告即已指出，臉孔比其他視覺類別的東西（例如房子）更能強烈激發顳葉內的部分區域。但為「大腦中存在臉部選擇性感知區域」提供最有力證明的科學家，則是 MIT 的南西‧坎威雪（Nancy Kanwisher）。1997 年，她和同事運用 fMRI，首先辨識出腦中有個區域對臉部的反應，比對湯匙、汽車等尋常物件強烈許多。隨後，他們證明同一個區域對完整臉孔會的反應強過弄亂的臉孔，對臉的反應也強過對手部的反應。他們將這個區域稱為梭狀迴臉孔腦區（fusiform face area，簡稱 FFA），因為該區域位於梭狀迴（fusiform gyrus，顳葉的一部分）。當時這種看法和臉部選擇性感知神經元一樣充滿爭議，如今卻成為公認的事實。儘管視覺科學家認為許多關乎

FFA 的事情都有爭議（例如結果如何得出），但目前看來，FFA 對臉的回應強於對其他任何測試物，這點不容置疑。

　　按照原理，造成臉孔失認症（像是博達默的病人）的腦損傷，應該會和 fMRI 研究中辨別出的臉部選擇性感知區域有所重疊，但非手術造成的腦損傷範圍則很難控制。儘管如此，時不時總會有病人遭受相當局部性的腦損傷，讓我們一窺大腦臉孔認知機制中若干關鍵部位。兩位日本神經科學家提到一位因腦出血導致腦損傷的六十七歲病人。這位從新聞工作中退休的病人突然失去了認臉的能力。他看著鏡中的自己，就像看著陌生人。病人的電腦 X 光斷層掃描顯示在枕葉皮質區有出血，後續的 MRI 掃描證實出血損害了右梭狀迴，幾乎完全與坎威雪指出的 FFA 吻合。側枕葉皮質也有損傷。病人視力正常，記憶力正常，智力也正常，全都沒有受到腦損傷影響。細部檢查發現他的視覺受損完全只針對臉；把一張日本相撲冠軍力士在知名神社前的照片給他看，他雖然認不得力士的臉，卻能立刻講出是哪個神社。儘管他在聽到三十八位日本名人的名字時都知道誰是誰，但他只能從照片中認出其中八人。然而，他卻完全能認出照片中的非臉物體，甚至以非傳統視角呈現也不影響。這非常難得，因為多數臉孔失認症患者還會表現出其他視覺缺損。顯然當損傷範圍夠局部的話，有所缺損的就只有認臉的能力。

　　FFA 的研究從一開始的爭議以來，已走了一段長路。最新一集的詹姆士・龐德（James Bond）電影《007：惡魔四伏》（Spectre）有整整一場戲就是以這項研究為基礎。龐德被他追了大半部影片的反派抓住，正準備對他用刑。這位精通大腦研究的反派開始操作一台遙控鑽頭，打算用來鑽龐德的腦袋：「好囉，詹姆士，我要穿入你的心智所

在，進入你的腦袋。現在呢，第一針會破壞你的視力，你的聽力，還有你的平衡感，稍微動點手腳就成了。」酷刑開始了。鏡頭從龐德的臉和探針，轉向他美麗的新愛人——看著過程的她滿臉恐懼——然後再轉回龐德。這感覺真教人難受。反派的下個目標就是 FFA。「只要探針戳中梭狀迴的正確位置，你就誰都認不得了。」他還挪揄龐德：「反正，你女人的臉可以一直換，對吧？你不會知道她是誰。只是你死前看過的又一張臉而已。」然後轉頭對龐德的伴侶說：「他死的時候不會知道妳是誰。」不知怎地，手術沒有起作用（或許是因為反派瞄準的是左梭狀迴，而非右梭狀迴）；龐德還認得出自己的愛人，甚至能把自己的小裝備交給她，在六十秒內扭轉他糟糕的處境。

FFA 是腦部「臉孔網路」的眾多區域之一，已經有另外兩個臉部選擇性認知區也辨識出來了：一個位於枕葉，稱為枕葉臉部區（occipital face area）；另一個位於顳葉，整合聽覺與視覺資訊，稱為顳上溝（superior temporal sulcus）。而且，臉孔網路還持續在腦中擴張。不久前，彼得．門德—斯德萊斯基（Peter Mende-Siedlecki，我以前的研究生，現在是德拉瓦大學〔University of Delaware〕教授）分析了數百名受試者的 fMRI 掃描結果。他比對臉引發的活化作用與物體或景象引發的活化作用，發現杏仁核中的幾個區域對臉一貫地更為活躍。你在圖 13.1 可以看到這些區域。

杏仁核不只受到臉孔觸發的程度比其他物體更強，甚至會主動追蹤臉的動機意義。每當讓 fMRI 研究的受試者看用我們的「值得信任」模型創造的臉，他們的杏仁核與 FFA 受到「值得信任臉」與「不值得信任臉」觸發的強度，遠比沒表情的臉更強。就算呈現的時間極短，這些臉孔仍然能活化杏仁核。杏仁核在臉部資訊處理的角色並不讓人

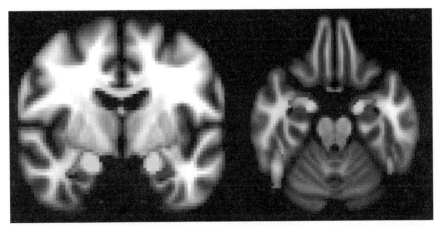

圖 13.1　杏仁核裡臉部選擇性感知的像素圖。圖左顯示的是位於中段的腦斷層圖。圖右顯示的是位於低處的腦斷層圖。這張圖顯示不僅杏仁核，連梭狀臉孔腦區也有活動（位於圖下方的活動區域；右半球的活動區域較大）。

意外。先前用猴子做的研究已經提到杏仁核中神經元的臉部選擇性感知反應，而且杏仁核更是腦中與情緒、警覺等多重功能密切相關的區域之一。

　　在最新的研究進展中，fMRI 幫助神經心理學家找出滿布臉部選擇性感知神經元的區域。神經科學家桃樂絲‧曹（Doris Tsao）與溫利希‧弗萊瓦爾特（Winrich Freiwald）結合 fMRI 與神經元紀錄，完成前瞻性的研究。他們在一開始與瑪格麗特‧李文斯頓（Margaret Livingstone，大衛‧休伯爾的門生兼共同研究者）共同主持的研究中，利用 fMRI 找出位於猴子顳葉皮質的臉部選擇性感知區（face-selective patches）。接著，他們記錄來自此區單一神經元的活動，得到的發現不免讓人大吃一驚。所有先前的研究中，無論是記錄腦中何處的神經反應，都有多達 20% 的神經元對臉出現選擇性反應。曹、弗萊瓦爾特與同事利用

fMRI鎖定正確部位，找到了幾乎滿布臉部選擇性感知神經元的感知區。孔諾爾斯基四十年前就料到了，「知識」神經元都群集於知識區域（gnostic fields）。猴子的後皮層（posterior cortex）有大約六個這樣的區域，有些還與杏仁核相連。對於我們腦中專門用於臉部認知的專用「模組」來說，這是效力很強的證據。電腦用相同的處理單元運算各種不同事物，但我們不像電腦，我們的處理單元只運算有關臉的事物。

只有一種情況下，我們才有機會直接記錄人類大腦的神經反應，就是當癲癇病人對藥物產生抗藥性，接受評估要測出確切引發症狀的腦部區域時。這種評估需要將電極直接植入腦中。對這類病人的研究證實了從動物研究得到的發現。研究者已經指出位於梭狀迴、杏仁核、海馬迴的臉部選擇性感知神經元。近年來，約瑟夫・帕維基（Josef Parvizi）與卡拉妮提・格里爾—斯佩克特（Kalanit Grill-Spector）率領的研究團隊，首先辨別出位於病人梭狀迴的臉部選擇性感知區。接著，他們將弱電荷導入這些感知區，打亂正常的神經功能。電流下去時，實驗人員的臉突然扭曲了。病人回報，「你剛剛變成了別人。你變形了，鼻子下垂，跑到左邊。你長得幾乎就像某個我以前看過的人，但又不是那個人。」進一步問有沒有其他的感知扭曲時，病人表示，「只有你的臉變了，其他都一樣。」模擬還沒有效果，只有實際用電流刺激，且唯有刺激的是臉部選擇性感知區時，才能獲得這種詭異的臉部扭曲效應。病人說，「這體驗真妙。」

●●●●●

　　新生兒生來的認臉能力，會發展成一套專門處理臉孔的大腦區域網路。無論是這個過程或是神經元的臉部選擇性感知，都沒什麼神祕的。所有的臉看起來都很像，但我們天天都得細緻地分辨臉孔。我們腦中還有其他處理景象、身體部位、文字的專門區域，這些區域處理的若非是在靈長類發展史中向來重要的事務，就是我們人生中累積的大量經驗。識字之人如親愛的讀者你，在大腦左半球與左 FFA 相鄰處就有「視覺文字形成區」（visual word form area）。就在過去這幾年，瑪格麗特・李文斯頓和同事已證實經過多年的密集訓練，猴子也能分辨人類的符號。比起成年猴子，少年猴子不僅更善於學習，而且顳葉皮質還發展出專門的「符號」區。發生在正確時間的正確體驗，似乎是腦中「知識區域」成形的推動力。至於認知神經元，它們不必然得對高度複雜的臉部特徵配置產生反應。近年來的研究顯示，一些臉部選擇性感知神經元只會對對比極性——偵測臉部時的關鍵特徵——產生反應。其他的神經元則對頭髮等臉孔以外的特徵產生反應，還有一些只對臉上的特徵有反應。數以百萬計的神經元彼此相連，每一個神經元處理相對簡單的臉部特徵，它們的整體效果成功解釋了我們敏銳的臉部感知技巧。特別聲明，我們靈長類並非唯一擁有這種技巧、在認臉方面「得天獨厚」的物種。所有視覺性、社交性的動物都少不了這種技巧。綿羊素有遲鈍的名聲，但這恐怕是低估牠們了。牠們非但很會認羊臉，牠們腦中所有處理羊臉的神經元，似乎也能處理善待牠們的人類的長相。

　　我們腦中的臉孔模組具有比純粹處理臉孔重要得多的功能：它們對神經系統提供資訊輸入，幫助我們瞭解他人。臉孔處理系統嵌在一個更大的腦部區域網路中，共同負責注意力、情緒、記憶、認知控制。

光是臉孔出現，就能活化整個大腦的多個區域：不只是位於枕葉與顳葉皮質的認知區，還有情緒與記憶皮質下區域，以及前額葉皮質區的認知控制區域。我們的腦袋進行的，遠多於運算臉孔的熟稔程度以及認出臉孔。腦袋會自動運算臉孔的社交價值：對方的心理與情緒狀態，以及他們的可能意圖。

每當我們只有外表資訊可以依靠時，第一印象就是我們釐清這種顏值的最佳努力。這些印象會自動在臉孔模組中運算，整個大腦網路也因此會受到臉孔觸發。我們無法抗拒，只能運算這種價值，無論這價值多虛幻。這種強迫產生印象的天性，搭配上臉孔的情緒與社交重要性，誘使我們相信臉總能提供反映這種價值的強烈信號。但接下來我們將會學到，就算我們相信臉是認清情緒與他人最好的資訊來源，臉能提供訊號其實很弱。我們就是會高估臉孔信號的清晰程度。

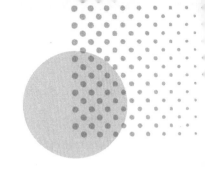

第 14 章
虛幻的臉部訊號
Illusory Face Signals

　　紐約新藝廊（Neue Gallerie）位於曼哈頓的八十六街與第五大道口，專門展出 20 世紀德國與奧地利藝術。要是你喜歡埃貢・席勒（Egon Schiele）、奧斯卡・柯克西卡（Oskar Kokoschka）、古斯塔夫・克林姆（Gustav Klimt），這兒你非去不可。但在 2010 年 9 月開幕時，這間藝廊展出的卻是法蘭茨・哈維爾・梅瑟許密特（Franz Xaver Messerschmidt）的雕塑作品。這些作品創作於 1771~1783 年間，比德國表現主義早了不只一百年。但梅瑟許密特的頭像雕塑系列〈角色頭像〉（"Character Heads"）卻出奇地現代。

　　梅瑟許密特十歲時展開他的雕塑學徒生涯，後來獲准進入中歐藝術研究的權威機構——維也納美術學院（Academy of Fine Arts），旋即得到院長的賞識與支持。他在維也納開成功的職業生涯，經常得到皇室委託，為皇族製作胸像。1769 年，他成為學院院士。沒過幾年，他的人生突然急轉直下。梅瑟許密特精神崩潰，被迫離開學院職位。由於沒有新的委任案，經濟上無法支持生活所需，他只好離開維也納。在生命的最後十二年，他離群索居，同時創作了今天最知名的作品：一系列表情扭曲的驚人胸像。現存文獻只有一份提到梅瑟許密特如何創作這些頭像。根據這份文獻，他捏痛自己，讓自己的臉扭曲，從鏡

子裡觀察，然後在頭像上再現自己的表情。對他身處的時代來說，這五十多個頭像極不尋常——從未有人製作過或看過如此有張力的頭像，而他在世時也從未展示這些作品。直到他過世十三年後，其中四十九尊頭像才在維也納總醫院（Communal Hospital of Vienna）展出。梅瑟許密特並未為這些頭像命名，而且從未討論過其創作意圖。但一位不知名的作者（自稱是「在波西米亞與奧地利為綿羊育種直言投書之作者」）為這次的展覽寫了本小冊，將這些雕塑稱為〈角色頭像〉，為每一個頭像命名。

這些頭像被人當成某種怪誕的娛樂展示，直到在 19 世紀末引發藝術家與收藏家的共鳴，開始收購它們。儘管梅瑟許密特並未幫他的雕像命名，但在他謝世之後加上的那些名字實在揮之不去。其中編號第三十號的頭像，就被命名為「苦於便祕」，但你看到這顆頭像時不會想到這個名稱。這些命名意在搞笑——「憤怒想報復的吉普賽人」「陰險狡詐之人」「究極傻瓜」——用來吸引觀眾，但這些名字本身自有其惱人效果。一旦你看了這顆「苦於便祕」的腦袋，就很難用其他方式看待它了。安迪・沃荷就說，「你給東西貼標籤的那一刻起，你就不在原地了——我的意思是，你再也回不去看到沒標籤的它了。」

你在幾乎每一篇談臉的研究文章上（包括我寫的），一開篇都會讀到關於臉是如此驚人而豐富的社交資訊來源，從性別與年齡等外顯資訊，到注意力焦點和情緒狀態等較不外顯資訊，通通都有。但是，臉這種資訊來源，其實比我們意識到的模糊許多。最後這一章要談兩種我們自認為精通的技巧：識別情緒表情——情相學，以及認臉。我們的日常經驗提供了無數實證，讓我們自認能輕鬆勝任這兩項任務。而這些實證為我們的信念添柴加薪，讓我們深信臉孔具備明確的資訊

價值。結果，連臉上沒有任何資訊價值時，我們仍然覺得自己看到了。
這種錯覺得歸功於我們對第一印象的信心。

• • • • •

對帕森斯、利希滕貝格、達爾文來說，情緒表情是我們情緒狀態
的明確信號。利希滕貝格稱臉部表情為「各種程度的強烈情感不經意
間吐露的訊號語言，而且在世界各地皆然。」達爾文也主張情緒表情
放諸四海皆準。許多現代心理學家追隨他的步伐，相信共通情緒表現
數量有限，可以輕易一一辨識。這種觀點不僅一再遭到其他心理學家
質疑，而且是情緒研究者之間反覆熱議的主題。這種論辯對觀念史來
說不是新鮮事。勒布朗 17 世紀談情緒表現的講座，是最早系統性描繪
基本情緒分類及相應臉部運動的嘗試。他在死後飽受批評。大家覺得
他的體系太人工、太局限，無法掌握日常生活中出現的表情，以及表
現強烈情緒時許許多多的微妙之處。

我們不打算在此一勞永逸解決這個問題（那得另外花上一整本
書的篇幅），但我們要來看看普世情緒表情的意義有多容易改變。
請想像以下情境：「女子想招待姐姐到城裡最貴、最高檔的餐廳吃
飯。她數月前就訂了位。等到她和姐姐抵達餐廳時，對方卻說得等
四十五分鐘才有位子。此時，另一群人到了餐廳，隨即入座。一位
地方上的名人抵達後馬上就有位子。店員告訴女子現在已經客滿，
可能還要再等一小時。」現在來看看圖 14.1 這位女子的臉。這張臉
想表達什麼？

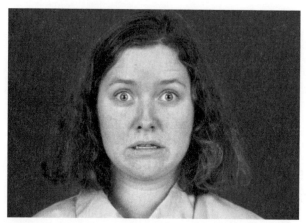

圖 14.1 你認得出這張臉傳達的是什麼表情嗎？

多數人會從這張臉上看到「憤怒」。但這張臉表達的是「恐懼」，另一個所謂基本且放諸四海都認得出來的情緒。

就算不對我們說故事，也能改變我們看待情緒表情的方式。同一種情緒的臉孔接到不同身體上，就能傳達非常不同的情緒。將一張表達「噁心」情緒的臉，移花接木到一個揮拳打算揍人的身體後，我們從臉上竟彷彿讀到了「憤怒」的情緒。

就算請大家忽略身體，只從臉孔判斷也沒有用。情境提示會引導我們對臉孔的詮釋，我們就是無法忽略情境提示。情況就像辛蒂‧雪曼的作品，這些提示使我們以不同眼光看待同一張臉。

偉大的藝術家都知道，想瞭解情緒的意義，就少不了身體姿勢與情境提示。達文西主張畫家在畫畫時有兩件要事：「人，以及此人心中的意圖。」「前者容易後者難，因為後者必須透過姿勢和四肢的動態來表現。」若要描繪正經歷情緒的人，可不能只管他們的臉部表情：「呈現一位生氣的角色抓著某人的頭髮——將那人的頭從地上提起，

用一邊膝蓋抵著那人的肋骨——右臂高舉著拳頭。」「給絕望的人一把刀，讓他用雙手扯裂自己的衣服。其中一隻手要用來撕開自己的傷口。」這些描繪能確保觀者理解畫作意欲傳達的意義：「人物的動作與姿態，理應展現動作之主人真實的心理狀態，如此一來，這些動作就不會指向他意。」

　　就算不擺任何姿勢，光是靠體型就能改變我們的印象。還記得托普費爾的美術實驗嗎？要是忘了，可以往回翻到第二章，看看圖 2.4。托普費爾讓臉的下半部或上半部保持一致，只修改另一半，隨他的意思改變我們的印象。他並未將自己的實驗拘泥於臉。來看圖 14.2。他在實驗把同一張臉畫在不同的身體上。

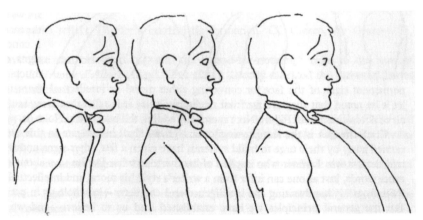

圖 14.2　魯道夫·托普費爾《論觀相術》的插圖。只要為同一張臉畫上不同的身體，托普費爾就能激發對這張臉的不同印象。

　　而他的結論是：「這連環畫最讓我印象深刻的是，無論是哪一種手勢或姿勢，個別表情（性格或智力皆然）的本質會隨著胸型的不同而異。相較於第二張臉，第一張臉失去了決心——無論是道德上或智

性上的。而第二張臉則獲得力量與悟性。第三張臉再度失去——即使不是失去決心與力量，至少也失去了敏銳而準確的領悟力。」光是改變臉的下半部或上半部，就能創造新的印象，改變同一張臉底下的身體也能創造新的印象。這不只關乎臉，而是關乎整個人。我們能迅速整合來自一個人全身上下相關的資料——臉、身體、姿勢、衣著、隨身物品、環境背景——以便創造對此人連貫的印象。

• • • • •

勒布朗的表情體系遭受一項批評，他畫的臉並非出於自然。大部分現代情緒表情研究也受到同樣的批評。幾乎所有研究用的都是擺拍出來的情緒表情。圖14.2的表情就是擺拍的。有人支持用擺拍的表情，認為它們是實際情緒表情的「乾淨」版。假如你指示別人該擺什麼表情，尤其是告訴他們該怎麼移動自己的臉部肌肉，擺出來的表情就比較接近理想的原型。這當然可以，但我們很難推斷出原型表情在真實生活中有多普遍，也很難推論我們有多擅長解讀它們。

我們就來看看真實生活中一些讓人們經歷強烈正向或負向情感的極端情境吧。想一想輸掉或贏得有高額獎金的運動賽事。或是去想像經歷類似乳頭穿環的劇痛，經歷性高潮帶來的狂喜，或是極端的痛苦或無上的愉悅。所有情緒識別理論都料定，隨著情緒強度增加，區分正向與負向情緒應該會變得更容易。是嗎？若看剛剛贏得或輸掉高額獎金賽事的網球選手的表情，就可能發現很難分出誰贏誰輸。

希列爾·阿維則（Hillel Aviezer，現為以色列希伯來大學〔Hebrew University〕教授）曾在我的研究室擔任博士後研究員。希列爾證明，

一旦把所謂的基本情緒表情巧妙移植到不同情緒的身體上，其意義就會出現劇烈轉變。他還主張，如果碰到的情況是極端的快樂與痛苦，或是贏得或輸掉高額獎金賽事，我們會分不出臉上的表情究竟是正向還是負向。他是對的。每當讓受試者看去掉身體的網球選手臉孔，或是看正在經歷快樂與痛苦的人，他們完全看不出臉孔的主人經歷的是正向還是負向情緒。每張臉看起來都很負面。把臉加到身體上不會更好猜。把失分的臉接到得分的身體上，會讓受試者覺得那張臉表現出正向情緒。把得分的臉接在失分的身體上，會讓受試者覺得那張臉表現出負向情緒。

　　身體資訊完全主宰了對臉部表情的詮釋，也只有身體資訊能讓我們準確判斷對方的體驗。偏偏看到選手完整（臉加身體）圖像的受試者，會認為自己的判斷是以臉部資訊為主，沒人料到自己完全是從身體資訊來猜情緒。就算臉沒有提供臉皮底下情緒的資訊，我們還是覺得有。我們的大腦會迅速整合資訊，消除我們所見的歧異，過程快到我們從未注意。因為當下的脈絡——包括我們身處的環境、身體姿勢、言語交流，以及其他許多沒那麼顯著的線索——能幫助我們消除臉孔意義的歧異，結果讓我們相信臉是充分的資訊來源，事實卻不然。我們誤把判斷的正確性，歸諸於我們注意力的天生焦點：臉。過程中，我們「再度肯定」自己有能力正確解讀臉孔。

● ● ● ● ●

　　也許辨識情緒表情是個特殊情況，「扭曲」的臉就是很容易騙人，我們需要脈絡的幫忙。如果是認人，我們當然就不會碰到這種問題了

吧。除了不幸受到臉孔失認症所苦的患者，我們都精於認臉。你認得出圖 14.3 是誰嗎？

圖 **14.3** 兩位政治人物的低解析度影像。儘管解析度很低，要認出誰是誰還是很容易。

我打包票你辦得到，就算影像解析度非常低也不打緊。我們輕輕鬆鬆就能從極端劣化的影像中認出熟悉的人。圖14.4裡壓扁的影像呢？

圖 **14.4** 你能從這兩位政治人物的壓扁圖認出他們嗎？儘管影像變形，辨認還是很容易。

對於多數看到的人來說，這又是一件輕鬆活：唐納‧川普（Donald Trump）與伯尼‧桑德斯（Bernie Sanders）。

即便我們把名人長相的描繪簡化到抽象的程度，與他們原本的臉只有些許的視覺相似性，我們還是認得出這些名人。以色列藝術家哈諾‧皮芬（Hanoch Piven）發現只需要最少的視覺與概念線索，就可以讓人立刻認出名人的臉。

認出熟悉的人，我們需要的資訊可是少得出奇。但有一好沒兩好，儘管辨認熟面孔很容易，辨認生面孔卻很難。如同靠情境辨認情緒，讓我們誤以為這很簡單，認熟悉的臉也會讓我們以為認不熟的臉也很簡單。

心理學家艾莉絲‧奧圖爾（Alice O'Toole）與同事運用最先進的臉部辨識算法，找出電腦極難判斷是同一人或不同人的成對影像。演算法一直在某些成對影像上出錯，例如會圖一個人的兩張照片為不同的人，或是把兩個不同的人誤判為同一人。換真人來判斷呢？對於這些極難判斷的影像，他們的表現確實比演算法好，但這是因為他們憑藉來自身體與頭髮的資訊。一旦只顯示臉孔範圍的特徵，受試者猜的情況比碰運氣好不了多少。

當顯示身體但遮蓋臉孔特徵時，受試者的表現會好得多。一如我和希列爾‧阿維則合作的研究，從蓋臉影像認人的準確度，和從臉加身體的完整圖像認人一樣好，且受試者完全沒注意到是來自身體的資訊幫助他們正確判斷。每當問他們是哪種特徵幫助他們決定，他們都壓倒性表示是靠臉孔特徵。

臉孔外的特徵可以幫助我們認人，但這並不完美。下面就是類似的任務在現實生活中可以錯得多離譜的例子。2013 年 4 月 18 日，也

就是波士頓馬拉松爆炸案發生三天後，FBI 釋出兩名嫌疑犯的影像，隨後指出影像中人為沙尼耶夫（Tsarnaev）兄弟。你也許認得出圖 14.5 左是兄弟當中的弟弟。但右邊呢，也是同一人嗎？

圖 14.5　圖左為裘卡沙·沙尼耶夫——兩名波士頓馬拉松炸彈客之一。圖右也是他嗎？

　　假如你的答案為肯定，你並不孤單。當然，要是你曾跟進事件隨後的發展，包括弟弟受審，應該會對他的臉很熟悉，你會知道右邊的照片顯然不是他。但在事發當時，所有人都看不出這個顯然的事實。FBI 貼出炸彈嫌疑犯的照片後不到幾小時，蘇尼爾·提里帕西（Sunil Tripathi）就遭到社群媒體使用者誤認為兄弟之一，錯誤指認隨即在網路上散布開來。一切都始於全球最大網站 Reddit 的一位使用者，他把沙尼耶夫與提里帕西的臉拿來對比。提里帕西失蹤了，他的家人於是成立臉書專頁〈幫我們找到蘇尼爾·提里帕西〉（Help Us Find Sunil Tripathi）。專頁上出現頭幾條仇恨訊息後，提里帕西的家人便把頁面關閉，但這卻助長了「提里帕西是凶嫌之一」的看法。這條假消息在

隔天一大早就遭人轉推超過一千次。最後在 19 號清晨，FBI 才公開裘卡沙‧沙尼耶夫（Dzhokhar Tsarnaev）的名字。

　　我們很容易就會對散布這項假消息、徒增提里帕西一家人痛苦的人感到憤怒。但我們辨認熟面孔的超凡能力，卻與我們辨認生面孔的糟糕能力形成鮮明對比。這一點非常能說明錯誤的目擊者指認為何會是錯誤定罪最常見的原因。我們以為我們對熟面孔的辨識能力會延伸到生面孔上，目擊證人也因此有了不該有的自信。當陪審團決定是否要採信目擊證人時，會大大仰賴證人的信心。但信心就能代表指證確實嗎？信心和目擊者證詞準確度之間的關係，就如同身高與體重之間的關聯。沒錯，男人平均是比女人高，但我們都知道有的女人很高，有的男人很矮。

●●●●●

　　熟悉的臉孔與不熟悉的臉孔是有差異的，而我們對此的遲鈍，對第一印象影響很大，並對「外表會呼應性格」這種有害的假設有推波助瀾的效果。

　　麥可‧波頓是研究熟面孔與生臉孔差異這領域的佼佼者。在一場精采的示範中，他和同事讓英國受試者看荷蘭名人的三十六張照片，英國人對他們並不熟悉。受試者僅被要求將不同人的影像分門別類。這對荷蘭人來說是雕蟲小技，對英國人卻是屠龍之旅。沒有一個受試者能準確將這些照片分成兩組。沒錯，那三十六張照片中只有兩個人。

　　假如是你熟悉的名人的影像，例如圖 14.6，這個分類工作就真的是小菜一碟。一旦我們熟悉某人，縱使改變他們的圖像——例如視角、

亮度、髮型，或是他們有沒有刮鬍子──也不會有影響。我們馬上能
認出他們。

圖 14.6　這些照片中有幾個人？當你熟悉圖中的人，這就是件輕而易舉的事。

　　而且，對此人的所知會跟著辨識結果而出現：對於熟面孔的記憶，
緊扣你對臉主人的認識。正因如此，皮芬畫作中的名人才會好認，因
為畫中包含能解鎖這些知識的線索，比如說：形狀像陰莖的鼻子，讓
我們想到佛洛伊德等等。隨認臉而出現的這些認識，並非以我們所見
的特定臉孔影像為基礎。任何影像都能解鎖這些已知。但我們形成對
陌生人的第一印象時，卻不是這樣運作的。我們已在第八章讀到，只
要讓同一個人的影像稍有差異，就能觸發不同的印象。

　　對於熟面孔與生臉孔之間差異，我們是很遲鈍的，而這種遲鈍會
加強第一印象的錯覺。如果是我們認識的人，他們的影像會馬上勾起
我們記憶中相對穩定的臉孔印象，創造外表與性格間完美的對應。但
這種外表與性格間的關係，來自我們先前對他們已有的認識，而非他
們的外表。就算對陌生人沒有這種認識，我們依然會以為他們（當下）
的外貌與他們的性格之間有同樣的對應（這是錯覺）。我們幾乎不可
能擺脫這種錯覺，因為我們都太自以為是。我們很難相信，兩張看來
如此相像的熟人照片，對不熟悉此君的人來說會天差地遠。我們逃不

了我們所知的詛咒，也因此走上我們眼中的「神奇道路」，從外表通
往性格。

•••••

我們擅長在脈絡中認出熟悉臉孔與情緒表情，這讓我們相信自己
能從臉上看出性格的蛛絲馬跡。我們確實可以從外表看到線索，但這
些線索反應的主要還是我們的境況：幼年時的文化教養、財富、社會
階級、同儕團體、願景抱負。曾協助拉瓦特編輯《論面相學》第一冊
的歌德，為其中一篇文章寫了附錄。不同於拉瓦特，他認為從固定體
徵上是找不到性格線索的。在他看來，「我們可以從一人的衣著與家
內擺設得出關於此人的定論。大自然形塑人類，但人類反過來轉變自
己，而這些轉變卻又變得自然而然；發現自己身處曠野世界的人們
搭起籬笆與圍牆，在裡面創造自己的小天地，並根據自己的形象設
計、布置這個世界。」攝影師阿里・維斯勒斯（Ari Versluis）和他的
創意夥伴艾莉・于騰布魯克（Ellie Uyttenbroek）在他們的《精確度》
（*Exactitudes*）一書中記錄了超過一百種社交類型的人自己選的「制
服」，像是潮人、雅痞女孩、環保龐克、背包客、城市女孩、滑板玩
家、知識份子等等。這裡面一個個潮人穿著的制服，是在向外界打信
號，傳達我們的文化認同、品味、偏好。這不見得構成了我們的性格，
但比起臉上固定的特徵，它們確實是更好的線索。

某個程度上我們都是自己外貌轉型的模特兒，就像辛蒂・雪曼。
我們希望世人怎麼看我們，就會試圖展現出那樣的臉孔（並穿上那樣
的衣服）。丹金「把生活看成後製，化妝、衣服都是為了化身為你希

望自己看起來的樣子」，恐怕他是對的。

　　利希滕貝格和歌德一樣，深以為臉上是找不到性格線索的：「與其從上百個不同角度為同一顆腦袋所製作的上百張剪影來推測一個人，還不如從起居室的井然有序推測一個人腦中的秩序，或從堅定眼神推測出一定程度的強大理解力，又或從人們在特定年紀穿的衣著顏色與剪裁推測其性格。」人格心理學家山姆‧葛斯林（Sam Gosling）與同事累積了大量證據，支持這些看法。我們在自己身處的環境中表現自我，我們的臥房、辦公室、線上自介、音樂品味，在在透露了我們的人格。個性謹慎的人，連辦公室和臥房都會井井有條、乾淨整齊。勇於嘗鮮的人，臥房裡的書籍與雜誌種類會更多元，辦公室也會更獨樹一幟而非傳統形式。我們的第一印象如果是來自對方的辦公室、臥房或個人網站，會比僅僅打到照面或是短暫互動來得更精準。就算臉上曾出現那麼一丁點性格的線索，也是極度晦暗不明。比起臉，我們可以從人家在其所在環境留下的線索解讀出更多內容。但我們也別騙自己：就算是那種線索，還是很微弱。預測人格向來是讓人沒把握的事。

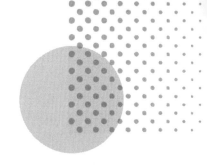

後記

更多演化故事
Epilogue: More Evolutionary Stories

　　要瞭解為什麼面相學不會消失在我們的生活中，我們就必須瞭解第一印象的演化起源。而為了瞭解這些起源，我們還有一類證據得先考慮，才能讓你闔上這本書。這種證據來自靈長類的比較研究，點出人類臉孔發生的演化改變：無毛的臉、細長的雙眼，以及白色鞏膜等獨一無二的臉部特徵。我們只能猜測這些特徵是怎麼演化的，但我們合理相信，這些特徵能讓社會溝通時「解讀」他人的意思變得更容易。發生在我們臉上的演化適應，關係著釋放、解讀社交信號，也關係著推測他人的情緒與意圖，而非其性格。第一印象是以上述演化適應以及我們解讀臉部動態變化的能力為基礎，而這些變化能為我們眼下所處的情勢提供大量資訊。

　　我們臉上確實有種寬高比率是有意義的，讓我們有別於其他靈長類，但那不是第 09 與第 10 章所談的 fWHR。這種比率與我們的眼睛有關，與臉本身的寬與高無關。日本學者小林洋美與幸島司郎測量超過八十種靈長類物種的眼睛，他們使用兩種比率（圖解見圖 E.1）來衡量不同物種之間的差異。第一個比率──眼睛的寬對高──是眼型狹長度（elongation）指數。第二個比率是鞏膜（俗稱眼白）露出指數。小林與幸島發現，人類是眼型最長、鞏膜露出最多的靈長類。綜觀各

291

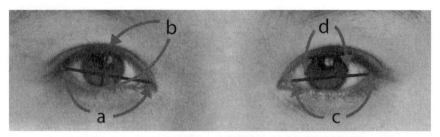

圖 E.1　小林與幸島用這兩種眼部數值，跨靈長類物種比較眼睛的形態。a 對 b 的比率是眼寬對眼高率。c 對 d 的比率是鞏膜露出指數。

種靈長類，這兩個比率與棲地有莫大關係。生活在樹上的靈長類通常眼型最圓，鞏膜外露最少。生活在地面的靈長類有最長的眼型與最外露的鞏膜。同時生活於樹上與地面的靈長類則介於中間。

　　這兩種眼部的比率，也與靈長類行走時的身高高度有關：行走身高越高，眼睛就越長，鞏膜也越外露。眼睛量測數值、棲地、行走身高之間的關係，可用一個簡單的假說解釋：生活在地面上，長形的雙眼與外露的鞏膜，有利於上半身較大的動物。在地面上生活，眼睛需要比樹棲生活更多橫向的掃視，而且對於軀幹部分較大的動物來說，掃視環境時移動眼睛比轉頭更能節省體力。眼型拉長、鞏膜外露，讓眼球有更廣的移動範圍。這些移動擴大了水平向的視野。

　　小林與幸島還發現了一個更特別的現象。我們是唯一鞏膜顏色淺於周圍皮膚與虹膜的靈長類。[5] 這一點見於圖 E.2。這種人類獨有的模樣，無法用以地面為棲地或軀幹較大來解釋，畢竟這兩個條件所有人

5　譯注：2015 年英國研究者朱安－卡洛斯·戈麥斯 (Juan-Carlos Gomez) 對此提出更新的研究結果，認為至少有兩個品種的大猩猩，有相當比例的個體擁有程度不等的眼白。

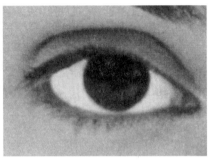

圖 E.2　猩猩與人類眼睛顏色分布比較。我們是唯一鞏膜顏色比周圍皮膚和虹膜淺上許多的靈長類。

科動物（great apes）[6] 皆有。

　　有種言之成理的解釋是，人類的雙眼優化是為了促進社會溝通。相較於其他靈長類，人眼獨特的樣貌讓偵測視線變得容易，而視線是種有資訊價值的信號——我們可以透過直接的眼神接觸達成互相注意的效果，可以透過注視特定方向來引導他人的注意力，可以從他人的視線中察覺他們在注意什麼，甚至還可以從他們的視線與當下情勢推測他們的意圖。我們很早就開始注意視線：新生兒對視線非常敏感，尤其喜歡視線直視他們的臉龐。事實上，我們之所以發展出對臉的敏銳觀察力，或許就是因為新生兒會留心視線，以此作為社交訊息之故。

　　我們獨特的眉毛也幫了獨特的雙眼一把。我們已在第 04 章得知，眉毛對於表達不同情緒狀態與認人都很重要。眉毛的動態在人類無毛的臉與平坦的額頭上很容易觀察。我們寬大扁平的額頭，很可能是配合我們較大的腦，尤其是額葉皮質而進化的。雖然 18 與 19 世紀的面

6　譯注：又稱猩猩科，包括現存的人類（智人）和所有已滅絕的人類，以及所有猩猩。

相學家與科學家運用額頭角度為不同族裔的智力分類（你可以想像得到，他們認為哪個種族有「比較好」〔較平坦〕的額頭，代表智慧超群），但額頭本身對於解讀他人的思想完全不具重要性。不過，我們的額頭讓眉毛顯得更清楚，讓解讀社會信號更容易。

我們臉上還有其他演化帶來的改變，與促進社交溝通的感知能力有關。以我們光滑的臉部皮膚來說吧。在第 11 章，我們瞭解臉色的變化可為身心健康狀態提供資訊，但為了獲得這種資訊，我們必須有能力觀察到這些短期的變化。這對於我們大多數能看到三原色（紅、綠、藍）的人來說相當容易，但對視網膜中缺少三原色任一種受器的人來說就難如登天。事實證明，三色視覺在哺乳類中並不多見。哺乳動物中唯一具備三色視覺的就是靈長目，且不是所有靈長目動物都有。有些只能看到一種顏色的單色視覺，典型者如夜猴屬；有些具備雙色視覺；有些則像我們人類與其餘所有猴科動物（Old World monkeys）一樣，是三色視覺的動物。顏色視覺種類與臉上光滑皮膚的面積大有關聯。單色與雙色視覺動物泰半臉上多毛，而三色視覺動物大多臉皮光滑。加州理工學院的研究人員主張這種關係並非巧合。對於覺察皮膚反光度的短期變化來說，三色視覺遠比雙色視覺表現更好。血液中含氧血紅蛋白的變化，是造成這些變化的因素之一。但無論是從臉還是從多種靈長類的臀部察覺膚色的變化，皮膚都得無毛才行。加州理工的學者主張，彩色視覺或許是為了從同種動物的皮膚讀出社交信號而造成的天擇結果。

當然，三色視覺的起源還有其他假說。這些假說與分辨果實和樹葉有關。許多靈長類的主食由果實與樹葉組成。三色視覺比雙色視覺更能從枝葉背景中找出果實，也更能辨別出色彩鮮艷的葉子——暗示

了營養價值很高（蛋白質對韌度比高的葉子，通常比較嫩又不會過嫩）。無論哪種假說才是對的，我們的視覺都讓我們更容易看出臉孔顏色的改變，而臉孔顏色有可能指出不同的身心狀態。

所有這些發生在我們臉上的變化——光滑皮膚、細長眼睛配白色鞏膜、明顯的眉毛——讓解讀他人心思與溝通、協調我們的舉止變得更容易。我們較大的腦不只讓我們更聰明，而且是社交上更聰明——這或許才是我們最獨樹一格的特質。麥可‧托馬塞洛（Michael Tomasello）與同事比較兩歲半幼童（不識字且還沒上學）、紅毛猩猩與黑猩猩在幾項任務上的表現，以評估在使用身體與社交領域的智力。在定位與追蹤獎勵物或辨別物體數量上，幼童和黑猩猩一樣聰明（稍微比紅毛猩猩聰明一點）。但就透過模仿學習以及追蹤視線等社交任務上，黑猩猩與紅毛猩猩不相上下，而幼童則比牠們都聰明得多。我們外表上的演化改變關乎解讀社交信號的難易度，無關解讀性格。

• • • • •

我們找到證據，證明臉部的演化適應是為了促進社會溝通，而非推測性格。從人類演化的時間線來看，這並不讓人意外。假如你把人類演化的時間想像成二十四小時，我們生活在充滿陌生人的大社會中的時間還不超過五分鐘——一整天的最後五分鐘。在那之前我們都生活在小群體裡，無須仰賴外貌資訊，也能得出對性格的推論。對於外貌的依賴，只出現在你我演化歷程中的最後五分鐘。對人有親身的認識在小規模社會非常容易，但在大社會中卻被外貌的刻板印象所取代。我們需要瞭解他人，卻又缺乏充分的資訊，因此被迫仰賴外貌資

訊。這種資訊對於在一時一地瞭解他人的意圖與行動是有用的指引，但用來評估他人性格時卻會誤導人。將第一印象視覺化的現代科學模型，只是我們外貌刻板印象的數學地圖，卻非真實地圖。真正的臉部地圖是動態的，會不停轉變，其詮釋會隨情勢不同而迅速變化。只要記得這一點，我們就比較不會掉進面相學家的陷阱，把臉當成性格資訊的來源。

謝辭
Acknowledgments
▪▪▪▪▪▪▪▪▪▪▪▪▪▪▪▪▪▪▪▪▪·····

　　這本書花了超過五年的時間才寫完。一開始我還不確定自己要往那兒寫，於是我向普林斯頓大學出版社的 Peter Dougherty 尋求意見。Peter 一眼就看出這本書的價值，並成為這個寫作計畫的推手。他的智慧、幽默、編輯意見與鼓勵堪稱無價。我的責編 Meagan Levinson 總是盯緊一切，眼光銳利，一眼看出字裡行間缺了什麼。我有幸與她合作。總之，能與普林斯頓大學出版社合作是我的福氣：我完全信任與我合作的人，他們也全心關注我的研究。

　　許多朋友與同事讀了書中幾個部分的草稿，有些讀了整本書。他們的慷慨之舉讓本書變得更好。為此，我想感謝以下幾位：Hillel Aviezer、Ahmet Bayazitoglu、Maarten Bos、Jim Burton、Erik Cheries、Alin Coman、Lisa DeBruine、Ron Dotsch、Virginia Falvello、Friederike Funk、Charlie Gross、Ran Hassin、Daniel Kahneman、Yoshi Kashima、Aaron Kurosu、Katia Mattarozzi、DongWon Oh、Chris Olivola、Susanne Quadflieg、Eldar Shafir、Carmel Sofer、Kimberly Solomon、Sara Verosky。Katia Mattarozzi 不只讀了書的部分稿件，還幫我翻譯義大利文。Aaron Kurosu 與 DongWon Oh 製作了許多插圖。我非常感謝 Iris Holzleitner、Xue Lei、David Perrett、Clare Sutherland、Mirella Walker，因為本書提及他們的研究，他們為此還製作了新圖像。Keisha Craig 及時提供了不起的行政支援。普林斯頓大學圖書館的 Linda Chamberlin、

Julie Mellby、Neil Nero 總是隨時幫我找出最難找的參考資料。普林斯頓美術館的 Laura Giles 與 Veronica White 是永不枯竭的藝術史資訊泉源。Melissa Flamson 和她的團隊以極高的效率取得書中許多插圖的使用權。Cyd Westmoreland——我這位了不起的校對，讓這本書變得更好。

我在 2010~2011 年的休假期間，到紐約的羅素‧塞奇基金會（Russell Sage Foundation）開始寫作本書。羅素‧塞奇基金會與一位來自約翰‧賽門‧古根漢紀念基金會（John Simon Guggenheim Memorial Foundation）的研究員協助一開始的工作。普林斯頓大學提供絕佳的研究環境，讓我能寫作本書。感謝這些機構的幫忙。

最後我要謝謝我的太太 Sasha 和我們的兒子 Luca，他們對於開口閉口都是這本書的我抱著無比的耐心，尤其是去年。對於書中插圖的品質，Luca 是最好的評審之一。

注解與參考資料
Note and Reference

⬤⬤⬤⬤⬤⬤⬤⬤⬤⬤⬤⬤⬤⬤⬤⬤⬤⬤⬤⬤⬤⬤⬤⬤ ⬤ ⬤ ⬤

序 Prologue

p. 7:　來自外表的第一印象能預測重要選舉結果。見 A. Todorov, A. N. Mandisodza, A. Goren, and C. C. Hall (2005). "Inferences of competence from faces predict election outcomes." *Science* 308, 1623–1626. 並見 C. C. Ballew and A. Todorov (2007). "Predicting political elections from rapid and unreflective face judgments." *Proceedings of the National Academy of Sciences of the USA* 104(46), 17948–17953.

p. 7:　國際上對於選舉研究的再現研究。關於回顧，見 C. Y. Olivola and A. Todorov (2010). "Elected in 100 milliseconds: Appearance-based trait inferences and voting." *Journal of Nonverbal Behavior* 34(2), 83–110. 第三章有提到文中的許多研究。

p. 7:　約翰・安東納基斯與烏拉夫・達加斯的再現研究。見 J. Antonakis and O. Dalgas (2009). "Predicting elections: Child's play!" *Science* 323, 1183.

p. 9:　其實只消看個十分之一秒，就能給你足夠的資訊做決定了。見 Ballew and Todorov. "Predicting political elections from rapid and unreflective face judgments"; J. Willis and A. Todorov (2006). "First impressions: Making up your mind after 100 ms exposure to a face." *Psychological Science* 17, 592–598.

p. 9:　「我們看見一個人……」from p. 258 in S. E. Asch (1946). "Forming impressions of personality." *Journal of Abnormal and Social Psychology* 41, 258–290.

p. 9:　「初遇陌生人時……」from p. 127 in J. C. Lavater (1797). *Essays on Physiognomy; Calculated to Extend the Knowledge and the Love of Mankind*. Translated from the last Paris edition by C. Moore, Volume 1: London.

p. 9:　「拉瓦特的堅貞信徒……」from p. 72 in C. Darwin (1969). *The Autobiography of Charles Darwin 1809–1882*. New York: W. W. Norton and Company.

p. 10:　C. Lombroso (2006). *Criminal Man*. Durham, NC, and London: Duke University Press; C. Lombroso and G. Ferrero (2004). *Criminal Woman, the Prostitute, and the Normal Woman*. Durham, NC, and London: Duke University Press. 這些是 M. Gibson 與 N. H. Rafter 對五個不同版本的 *Criminal Man* 中選文的現代翻譯，以及對 *Criminal Woman* 最早的英文全譯本。

p. 10:　F. Galton (1878). "Composite portraits." *Nature* 17, 97–100; F. Galton (1892). Composite portraiture. In *Inquiries into Human Faculty and Its Development*. London: Macmillan. First electronic edition, 2001.

p. 10:　「顯示他胸襟寬廣，而智能也……」from pp. 139–144 in G. H. LeBarr (1922). 這是僅對總統華倫‧G‧哈定的臉所做的簡短分析。收入於 *Why You Are What You Are*. Boston: G. H. LeBarr.

p. 11:　歷史學家對美國總統偉大的程度進行調查。見 G. M. Maranell (1970). "The evaluation of presidents: An extension of the Schlesinger polls." *Journal of American History* 57, 104–113; R. K. Murray and T. H. Blessing (1983). "The presidential performance study: A progress report." *Journal of American History* 70, 535–555.

p. 11:　G. C. Lichtenberg (2012). *Georg Christoph Lichtenberg: Philosophical Writings*. Translated, edited, and with an introduction by S. Tester. Albany, NY: SUNY Press. (Notebook G; G95 on pp. 94–95.)

第 01 章　面相學家的承諾

p. 17:　A. Holland (Director), A. Brauner (Producer), and M. Ménégoz (Producer) (1990). *Eu- ropa, Europa* [Motion Picture]. Germany: CCC Film, France: Les Films du Lasange, France: Telmar Film International Ltd., Poland: Zespol Filmowy "Perspektywa."

p. 18:　「側寫人物並揭露其性格，單單靠他們的臉部影像……」from http://www. faception.com/, retrieved on September 4, 2016.　並　見 M. McFarland (2016). "Terrorist or pedophile? This start-up says it can out secrets by analyzing faces." *Washington Post* (May 24), https:// www.washingtonpost.com/news/innovations/ wp/2016/05/24/terrorist-or-pedophile-this-start-up-says-it-can-out-secrets-by- analyzing-faces/.

p. 19:　《面相學》，據稱作者為亞里斯多德。收入 *Works of Aristotle: Translated into English under the Editorship of W. D. Ross*, Volume VI (first edition 1913). Oxford: Oxford University Press.（引文在 p. 806b.）

p. 20:　Giovan Battista della Porta (2011). *De Humana Physiognomonia Libri Sex*. Naples: Edizioni Scientifiche Italiane. 上述拉丁文版中由 A. Paolella 所寫的導論裡，有關於德拉波塔一書各個版本的資訊。正文提到的例子是由義大利文版 Giovan Battista della Porta (1988). *Della Fisonomia Dell'Uomo*. Parma: Ugo Guanda Editore 翻譯而成。

pp. 20–22:關於勒布朗的作品及其影響，以及他談情緒表情的講座內容翻譯，見 J.

Montagu (1994). *The Expressions of the Passions: The Origin and Influence of Charles Le Brun's Conférence sur l'expression générale et particularé*. New Haven, CT: Yale University Press.

p. 23: J. W. Redfield (1852). *Comparative Physiognomy or Resemblances between Men and Animals*. Clinton Hall, NY: Redfield.

p. 23: 「我覺得，愛幻想的波塔……」from p. 153 in J. K. Lavater (1789). *Essays on Physiognomy; For the Promotion of the Knowledge and the Love of Mankind*, Volume 2, translated by Thomas Holcroft. London: Printed for G. G. J. and J. Robinson, Paternoster-Row. 儘管拉瓦特的作品有許多英譯本，但他的原始四卷本 *Physiognomische Fragmente zur Beförderung der Menschenkenntniss und Menschenliebe* (Leipzig and Winterthur, 1775-1778) 卻始終沒有全譯版。所有譯本都來自原著的兩份節本。第一份節本是三卷版的節譯本，由 Thomas Holcroft 在 1789 年譯為英文。第二份節本是三卷本的法文節譯本，有拉瓦特本人的背書。法文版最早是在 1788-1799 年間由 Henry Hunter 譯為英文。George Moore 似乎大量剽竊了 Hunter 的譯文，不過他自己的 1797 年版譯文似乎有稍事增加篇幅。由於上述不同出處使然，原始四卷本與各種翻譯之間沒有完美的對應。我在正文中引用拉瓦特的時候，用的若非是來自以拉瓦特為題的學術文章中的翻譯（取自原著的文摘），不然就是 Holcroft 與 Moore 的譯本。關於拉瓦特作品的翻譯歷史，見 M. L. Johnson (2004). "Blake's engravings for Lavater's *Physiognomy*: Overdue credit to Chodowiecki, Schellenberg, and Lips." *Blake: An Illustrated Quarterly* 38, 52–74.

p. 23: 「假冒身懷相面之技」from p. 550 in A. MacAliste (1911). Physiognomy. *Encyclopaedia Britannica* (eleventh edition) 21, 550–552.

p. 23: P. Mantegazza (1891). *Physiognomy and the Expression of Emotions*. New York: Scribner and Welford.（quotation fromp. 13 與 p. 17.）

p. 24: 「完全沒讓我知道他拿去印……」from p. 10 of J. K. Lavater (1775–1778). *Physiognomische Fragmente zur Beförderung der Menschenkenntniss und Menschenliebe*, Volume 1. Leipzig and Winterthur: Weidmanns Erben & Reich. quotation fromp. 72 in S. Frey (1993). "Lavater, Lichtenberg, and the suggestive power of the human face." In E. Shookman (ed.), *The Faces of Physiognomy: Interdisciplinary Approaches to Johann Caspar Lavater*. Columbia, SC: Camden House. Holcroft 的拉瓦特譯本中沒有提到引文中的這個事件，但 Moore 的譯本有提到：「齊瑪曼先生未經知會就將它們付梓；我因此突然在不經意間被人推向前，成為公開捍衛面相科學的衛士。」來自 p. xiii in Lavater (1797). *Essays on Physiognomy; Calculated to*

Extend the Knowledge and the Love of Mankind. Translated from the last Paris edition by C. Moore, Volume 1: London: H. D. Symonds.

p. 24: 關於拉瓦特生平以及氏著《論面相學》的成功，見 J. Graham (1961). "Lavater's *Physiognomy*: A checklist." *Papers of the Bibliographical Society of America*, January 1, 1961, 297–308; J. Graham (1979). *Lavater's Essays on Physiognomy: A Study in the History of Ideas.* Berne, Switzerland: Peter Lang Publishers; G. Tytler (1982). *Physiognomy in the European Novel: Faces and Fortunes.* Princeton, NJ: Princeton University Press; M. Shortland (1986). "The power of a thousand eyes: Johann Caspar Lavater's science of physiognomical perception." *Criticism* 28, 379–408; S. Frey. "Lavater, Lichtenberg, and the suggestive power of the human face."

p. 24: 「德語書籍空前精美的印刷精品……」，由 S. Frey（見前注）譯自 p. 173 of Georg Gustav Fülleborn (1797). *Abriss einer Geschichte und Litteratur der Physiognomik*, in *Beyträge zur Geschichte der Philosophie*, revised edition, Achtes Stück. Züllichau and Freystadt, Germany: Fromann.

p. 25: 拉瓦特的訃聞 anonymous (1801). Untitled obituary, *Gentleman's Magazine*. London: Printed by Nichols and Son (February 1801); quotation from p. 184.

p. 25: 「發現的才能，透過外貌發現一人內在的才能」from p. 12 of Moore's translation of Lavater (Volume 1).

p. 25: 「放諸四海的至明公理與無可辯駁的原則」from p. 10 of Moore's translation of Lavater (Volume 1).

p. 25: 「何人膽敢冒失斷言……」from p. 22 of Moore's translation of Lavater (Volume 1).

p. 26: 「任何有一丁點判斷力的人……」from p. 221 of Moore's translation of Lavater (Volume 1).

p. 26: 「此人的側影真叫我沉迷……」original from pp. 243–244 of Lavater (Volume 1), *Physiognomische Fragmente zur Beförderung der Menschenkenntniss und Menschenliebe*; translation from p. 319 in A. Altman (1973). *Moses Mendelssohn: A Biographical Study.* Tuscaloosa: University of Alabama Press. 拉瓦特與孟德爾頌的關係相當複雜，見 pp. 194–263, 426–427 in Altman; and pp. 83–106, 115 in S. Feiner (2010). *Moses Mendelssohn: Sage of Modernity.* New Haven, CT: Yale University Press. 日內瓦哲學家夏爾·博內（Charles Bonnet）寫了本證明基督信仰的書，拉瓦特對該書印象深刻，旋即將部分翻譯為日耳曼語。但拉瓦特卻出於不明原因，在自己為譯本所寫的前言中挑戰孟德爾頌，要求他若不駁斥這些證明，就得改宗基督教。拉瓦特的公然挑戰（讓當時許多重要知識份子為之駭然，包括歌德）迫使孟德爾頌公開討論自己私底下不願討論的事。孟德爾頌的回應是宣揚宗

教寬容，無論在當時或今天都很中肯。爭議最後平息，拉瓦特也收回挑戰，但這起事件為孟德爾頌的餘生投下了長久的陰影。Altman 用「孟德爾頌一生中碰過最險惡的人」來形容拉瓦特 (p. 731)。不過，當瑞士猶太社群面對猶太人居住權人數遭立法限制，於是請孟德爾頌代他們干預此事時，孟德爾頌還是轉而向拉瓦特尋求協助。拉瓦特適時做了好事，立法也因此終止。

p. 26: 「這張駭人的臉表現不出美德……」from p. 148 of Moore's translation of Lavater (Volume 1). 同一張插圖在 Holcroft 的拉瓦特譯本's translation of Lavater (Volume 1) p. 207 有描述。

p. 27: 致信拉瓦特說「免得地方上所有人都圍到我們頸邊……」from p. 60 in G. Tytler (1982). *Physiognomy in the European Novel: Faces and Fortunes.* Princeton, NJ: Princeton University Press.

p. 27: 「你能洞見人心，這個事實會讓……」from p. 61 in Tytler. *Physiognomy in the European Novel.*

p. 27: 關於皇帝約瑟夫二世與拉瓦特的互動，見 pp. 86–88 in S. Frey. "Lavater, Lichtenberg, and the suggestive power of the human face." Quotation is from pp. 87–88.

p. 27: 關於利希滕貝格生平，見 C. Brinitzer (1960). *A Reasonable Rebel.* New York: Macmillan; J. P. Stern (1959). *Lichtenberg: A Doctrine of Scattered Occasions.* Bloomington: Indiana University Press; Introduction by Steven Tester in *Georg Christoph Lichtenberg: Philosophical Writings*; Introduction by Frantz H. Mautner and Henry Hatfield (1959). *The Lichtenberg Reader: Selected Writings of Georg Christoph Lichtenberg.* Boston: Beacon Press; Introduction by R. J. Hollingdale in *The Waste Book: Georg Christoph Lichtenberg.* New York: New York Review of Books.

p. 28: 「這等膚淺、一頭熱又不成熟的夸夸其詞……」from p. 11 in G. C. Lichtenberg, *On Physiognomy, against the Physiognomists, for the Promotion of the Love and Knowledge of Man*, translated by Steven Tester for Princeton University Press. Translation courtesy of Steven Tester, University of Göttingen.

p. 28: 「我只想幫黑人說句公道話……」from Lichtenberg, *On Physiognomy, against the Physiognomists, for the Promotion of the Love and Knowledge of Man*, quotation from p. 97 in S. Frey. "Lavater, Lichtenberg, and the suggestive power of the human face."

p. 28: 「從我很小的時候開始……」from p. 4 in Lichtenberg. *On Physiognomy, against the Physiognomists, for the Promotion of the Love and Knowledge of Man.* Translation courtesy of Steven Tester, University of Göttingen.

p. 28: 「讓每一個軟弱的心靈逮到機會……」from p. 576 in G. C. Lichtenberg (1968),

Schriften und Briefe, ed. Wolfgang Promies, Erster Band, Heft F 813. Munich: Carl Hanser Verlag; translation from p. 89 in Frey. "Lavater, Lichtenberg, and the suggestive power of the human face."

p. 28:　「反面相學將遭到嚴厲而強力的駁斥。」from p. 565 (Dritter Band) G. C. Lichtenberg (1972). *Schriften und Briefe*, edited by Wolfgang Promies. Munich: Carl Hanser Verlag; translation from p. 94 in Frey. "Lavater, Lichtenberg, and the suggestive power of the human face."

p. 28:　「你希望從面孔的相似處……」from pp. 9–10 in Lichtenberg. *On Physiognomy, against the Physiognomists, for the Promotion of the Love and Knowledge of Man*. Translation courtesy of Steven Tester, University of Göttingen.

p. 28:　「畢竟人一直在變」from p. 2 in Lichtenberg. *On Physiognomy, against the Physiognomists, for the Promotion of the Love and Knowledge of Man*.

p. 28:　「英俊的惡棍」與「圓滑的騙徒」from p. 10 in Lichtenberg. *On Physiognomy, against the Physiognomists, for the Promotion of the Love and Knowledge of Man*.

p. 29:　從鼻子解讀個性的口袋版專書，例見 G. Jabet (1852). *Notes on Noses*. London: Richard Bentley, New Burlington Street.

p. 29:　關於形貌學在巴黎受歡迎的情況，見 pp. 31–39 in J. Wechsler (1982). *A Human Comedy: Physiognomy and Caricature in 19th Century Paris*. Chicago: University of Chicago Press.

p. 29:　隨著「新聞與晨間的咖啡」一同下肚，from p. 15 in Wechsler. *A Human Comedy*.

p. 29:　關於面相學對視覺藝術與漫畫的影響，見 M. Cowling (1989). *The Artist as Anthropologist: The Representation of Type and Character in Victorian Art*. Cambridge: Cambridge University Press; Wechsler. *A Human Comedy*.
用漫畫批評當局是很危險的。法國最有才華的漫畫家奧諾雷・杜米埃就因為畫了許多法王路易腓力（Louis-Philippe）的漫畫而入獄六個月。1835 年，法國當局甚至頒布法令，禁止以圖像的方式處理政治題材：「法蘭西人有權以出版情勢宣揚其意見」，但「當意見以流傳畫作的形式宣傳時，問題就變成是訴諸於雙眼。此舉已超越表達意見的程度，為第三條所未涵蓋的煽動行為。」見 chapter 3 in Wechsler. *A Human Comedy*.

p. 29:　關於面相學在 18、19 世紀時對歐洲作家的影響，見 J. Graham (1961). "Lavater's physiognomy in England." *Journal of the History of Ideas* 22, 561–572; J. Graham (1966). "Character description and meaning in the romantic novel." *Studies in Romanticism* 5, 208–218; Tytler. *Physiognomy in the European Novel*; S. Pearl (2010). *About Faces: Physiognomy in Nineteenth-Century Britain*. Cambridge, MA: Harvard

University Press; Cowling. *The Artist as Anthropologist.*

p. 29: 「就算沒有其他不利於他的證據……」from p. 201 in C. Dickens (1994). *Sketches by Bozand Other Early Papers 1833–39.* Edited by M. Slater, new edition. London: J. M. Dent.

p. 30: 「更屬於創造力與感悟力的領域……」from p. 59 in Lavater. *Essays on Physiognomy.* Translated by C. Moore (Volume 1).

p. 30: 關於拉瓦特的面相學與加爾的顱相學之間的關聯，見 G. P. Brooks and R. W. Johnson (1980). "Contributions to the history of psychology: XXIV. Johan Caspar Lavater's *Essays on Physiognomy.*" *Psychological Reports* 46, 3–20.

pp. 30–31: 關於高爾頓的生平，見 N. W. Gillham (2001). *A Life of Sir Francis Galton: From African Exploration to the Birth of Eugenics.* Oxford University Press; M. Brookes (2004). *Extreme Measures: The Dark Visions and Bright Ideas of Francis Galton.* New York: Bloomsbury.

p. 30: L. Terman (1917). "The intelligence quotient of Francis Galton in childhood." *American Journal of Psychology* 28, 209–215. (Quotations from pp. 209 and 211.)

p. 31: E. J. Webb, D. T. Campbell, R. D. Schwartz, and L. Secherest (1966). *Unobtrusive Measures: Nonreactive Research in the Social Sciences.* Chicago: Rand McNally and Company.

p. 31: 「一個人對另一個人的偏好……」from p. 151 in Webb et al. *Unobtrusive Measures.*

p. 31: 「我想向觀察哲學家提議……」from p. 174 in F. Galton (1885). The measure of fidget. *Nature* 32, 174–175.

p. 31: 「裝根針當作刺洞器……」 from pp. 315–316 in F. Galton (1909). *Memories of My Life.* New York: E. P. Dutton and Company.

p. 32: 關於高爾頓《不可名之地》的作品，見 pp. 342–344 in Gillham. *A Life of Sir Francis Galton.*

p. 32: 關於左派對優生學的擁護，見 D. Paul (1984). "Eugenics and the Left." *Journal of the History of Ideas* 45, 567–590.

p. 32: 「每一種犯行都是由帶有特定面相特徵的人所犯下……」from p. 51 in C. Lombroso (2006). *Criminal Man.* Durham, NC, and London: Duke University Press.

p. 32: 關於龍布羅梭上法庭作證，見 chapter 5 of part III in C. Lombroso (1911). *Crime: Its Causes and Remedies.* London: William Heinemann; Little, Brown, and Company.

p. 33: 「第一組包括謀殺……」from p. 346 in F. Galton (1877). "Address. Section D.—Biology. Department of Anthropology." *Nature* 16, 344–347.

p. 33: 「不同人之間的面相差異……」from p. 4 in F. Galton (1892). *Inquiries into Human Faculty and Its Development*. London: Macmillan. First electronic edition, 2001.

p. 33: 關於紳士奧斯丁先生與達爾文之間的通信，見 F. Galton (1878). "Composite portraits." *Nature* 17, 97–100. (Quotation from letter on p. 98.)

p. 33: 關於改進合成攝影術的研究，見 F. Galton (April 17, 1885). "Photographic composites." *Photographic News,* 243–245; J. T. Stoddard (1886). "Composite portraiture." *Science* 8, 89–91; J. T. Stoddard (1887). "Composite photography." *Century* 33, 750–757.

p. 34: 「發現任何種族或群體核心面相的方法」from p. 10 in Galton. *Inquiries into Human Faculty and Its Development.*

p. 34: 「當攝影師把頭埋進絨布罩……」from p. 263 in Galton. *Memories of My Life.*

p. 34: 「有了高爾頓掌握到的這項偉大貢獻……」from p. 374 in anonymous (1886). "Comment and Criticism." *Science* 5, 373–374.

p. 34: 「這張臉讓我想到完美的平靜……」from p. 378 in R. Pumpelly (1885). "Composite portraits of members of the National Academy of Sciences." *Science* 5, 378–379.

p. 35: 「我已經為許多罪犯群製作了無數張合成照……」from p. 11 in Galton. *Inquiries into Human Faculty and Its Development.*

p. 35: 關於南希‧伯爾森的作品，見 N. Burson (2002). *Seeing and Believing: The Art of Nancy Burson*. Santa Fe, NM: Twin Palms Publishers.

p. 36: 「美國新面孔」，見 *Time* cover from November 18, 1993.

p. 36: 關於繪製不同性格類型合成圖的當代研究，見 I. S. Penton-Voak, N. Pound, A. C. Little, and D. I. Perrett (2006). "Personality judgments from natural and composite facial images: More evidence for a 'kernel of truth' in social perception." *Social Cognition* 24, 607–640; A. C. Little and D. I. Perrett (2007). "Using composite images to assess accuracy in personality attribution to faces." *British Journal of Psychology* 98, 111–126; L. G. Boothroyd, B. C. Jones, D. M. Burt, L. M. DeBruine, and D. I. Perrett (2008). "Facial correlates of sociosexuality." *Evolution and Human Behavior* 29, 211–218; A. L. Jones, R. S. S. Kramer, and R. Ward (2012). "Signals of personality and health: The contributions of facial shape, skin texture, and viewing angle." *Journal of Experimental Psychology: Human Perception and Performance* 38, 1353–1361. 關於這些研究，有幾點值得注意：(a) 不同群體的結果並不一致（比較 Jones et al. 與 Penton-Voak et al.）；(b) 合成圖是以自陳的性格特徵，而非客觀標準來製作；(c) 合成圖都是用極端自陳報告中的少數影像來製作，

這會把任何差異都放大;而且 (d) 結果是根據彙總後的數據(將受試者加以平均),而非以來自個別受試者的數據來計算,等於在自陳報告與影像之間的相關性上灌水。關於判斷臉部影像時的正確性,本書的第三部會討論這些研究面臨的方法論問題。

p. 37: 關於有組織的優生學學會在世界各地成立,以及納粹德國與美國的優生政策,見 chapter 22 and the epilogue in Gillham. *A Life of Sir Francis Galton*; 關於美國國內受優生學所啟發的經濟政策,見 T. C. Leonard (2016). *Illiberal Reformers: Race, Eugenics, and American Economics in the Progressive Era*. Princeton, NJ: Princeton University Press.

p. 37: 關於 H. F. K. 君特,見 chapter 6 in R. T. Gray (2004). *About Face: German Physiognomic Thought from Lavater to Auschwitz*. Detroit: Wayne State University Press.

p. 37: 「阻止人們以促進人類之愛為名從事面相學……」from p. 2 in Lichtenberg. *On Physiognomy, against the Physiognomists*. Translation courtesy of Steven Tester, University of Göttingen.

p. 37: 「假如面相學成了拉瓦特期待的樣子……」from Notebook F (F521 on p. 81) in G. C. Lichtenberg (2012). *Georg Christoph Lichtenberg: Philosophical Writings*. Translated, edited, and with an introduction by S. Tester. Albany, NY: SUNY Press.

p. 38: 「藉由指出犯罪類型……」from pp. 438–439 in Lombroso. *Crime: Its Causes and Remedies*.

第 02 章　一瞥即印象

p. 39: 「我碰過最好玩的派對遊戲……」,這個第一印象遊戲的兩則評論來自 T. Vasel (2007). "Ugly faces, fun game." G. J. Schloesser (2007). "A picture really is worth a thousand words!" From https://www.funagain.com/control/product/~product_id=016091/~affil=MFUN, retrieved on June 17, 2015.

p. 40: 將人們的照片與「社會既定印象」搭配起來的早期研究。S. A. Rice (1926). "'Stereotypes': A source of error in judging human character." *Journal of Personnel Research* 5, 267–276; O. F. Litterer (1933). "Stereotypes." *Journal of Social Psychology* 4, 59–69. 本章會提到 Litterer 的研究。

p. 40: 「照片其實已在我們腦海裡了」。這個成語最早是 Walter Lipmann (1922) 在自己的書 *Public Opinion*. New York: Macmillan 裡面使用的。

p. 40: 半世紀後進行的另一項研究:A. G. Goldstein, J. E. Chance, and B. Gilbert (1984). "Facial stereotypes of good guys and bad guys: A replication and extension." *Bulletin of the Psychonomic Society* 22, 549–552. 關於其他談長相上職業刻板印象的論文,

見 R. Klatsky, G. L. Martin, and R. A. Kane (1982). "Semantic interpretation effects on memory for faces." *Memory and Cognition* 10, 195–206; J. A. Oldmeadow, C. A. M. Sutherland, and A. W. Young (2012). "Facial stereotype visualization through image averaging." *Social Psychological and Personality Science* 4, 615–623. 最後面這項研究特別有趣，因為採用的是高爾頓的合成攝影術所衍生的方法，來創造職業刻板印象的臉部合成圖。

p. 41:　關於達爾文對拉瓦特的看法，見 C. Darwin (1987). *Charles Darwin's Notebooks, 1836–1844, Geology, Transmutation of Species, Metaphysical Inquiries*, transcribed and edited by P. H. Barrett, P. J. Gautrey, S. Herbert, D. Kohn, and S. Smith. Ithaca, NY: Cornell University Press. 引文來自 notebook M, comment 145e on p. 556 and notebook N, comment 10 on pp. 565–566.

p. 41:　M. O. Stanton (1890). *A System of Practical and Scientific Physiognomy; On How to Read Faces*. Philadelphia and London: F. A. Davis; K. M. H. Blackford and A. Newcomb (1916). *Analyzing Character: The New Science of Judging Men; Misfits in Business, the Home, and Social Life*, third edition. New York: Review of Reviews Company; L. H. McCormick (1920). *Characterology: An Exact Science*. Chicago: Rand McNally and Company; L. A. Vaught (1902). *Vaught's Practical Character Reader*. Chicago: L. A. Vaught.

p. 41:　「準確、迅速而科學……」見 G. C. Brandenburg (1926). "Do physical traits portray character?" *Industrial Psychology* 1, 580–588. 引文來自論文 p. 586 重印的一張廣告單。並見 chapter 7 in D. A. Laird (1927). *The Psychology of Selecting Men*. New York: McGraw-Hill.

p. 42:　「根據照片來判斷性格……」from p. 119 in C. L. Hull (1928). *Aptitude Testing*. New York: World Book. 並見前註中的參考資料和 R. W. Husband (1934). "The photograph on the application blank." *Personnel Journal* 13, 69–72.

p. 42:　「一般人觀察結果的對錯……」from p. 224 in G. U. Cleeton and F. B. Knight (1924). "Validity of character judgments based on external criteria." *Journal of Applied Psychology* 8, 215–231.

p. 42:　S. W. Cook (1939). "The judgment of intelligence from photographs." *Journal of Abnormal and Social Psychology* 34, 384–389.

p. 42:　W. Bevan, P. F. Secord, and J. M. Richards (1956). "Personalities in faces: V. Personal identification and the judgment of facial characteristics." *Journal of Social Psychology* 44, 289–291; P. F. Secord (1958). "Facial features and inference processes in interpersonal perception." In R. Tagiuri and L. Petrullo (eds.), *Person Perception and*

Interpersonal Behavior. Stanford, CA: Stanford University Press; P. F. Secord and W. Bevan (1956). "Personalities in faces: III. A cross-cultural comparison of impressions of physiognomy and personality in faces." *Journal of Social Psychology* 43, 283–288; P. F. Secord, W. Bevan, and W. F. Dukes (1953). "Occupational and physiognomic stereotypes in the perception of photographs." *Journal of Social Psychology* 37, 261–270; P. F. Secord, W. Bevan, and B. Katz (1956). "The negro stereotype and perceptual accentuation." *Journal of Abnormal Social Psychology* 53, 78–83; P. F. Secord, W. F. Dukes, and W. Bevan (1954). "Personalities in faces: I. An experiment in social perceiving." *Genetic Psychology Monographs* 49, 231–279; P. F. Secord and J. E. Muthard (1955). "Personalities in faces: IV. A descriptive analysis of the perception of women's faces and the identification of some physiognomic determinants." *Journal of Psychology* 39, 269–278.

p. 43: 「我們看的是整張臉……」from p. 334 in E. H. Gombrich (2000). *Art and Illusion: A Study in the Psychology of Pictorial Representation*. Princeton, NJ: Princeton University Press.

p. 44: 關於對李奧納多醜怪頭像的面相學詮釋，見 P. D. G. Britton (2002). "The signs of faces: Leonardo on physiognomic science and the 'Four Universal States of Man.'" *Renaissance Studies* 16, 143–162.

p. 44: 關於李奧納多有意以面相學為題寫書的說法，見 Britton. "The signs of faces" 以及 F. Caroli (2015). *Leonardo Studi di Fisiognomica*, ninth edition. Milan: BibliotecaElectra; M. W. Kwakkelstein (1994). *Leonardo da Vinci as a Physiognomist: Theory and Drawing Practice*. Leiden: Primavera Press.

p. 44: 「我不打算再增添虛偽的面相學與手相……」from p. 147 in Martin Kemp (ed.) (1989). *Leonardo on Painting*. New Haven, CT: Yale University Press.

p. 45: 關於李奧納多醜怪頭像的非面相學詮釋，見 p. 362 in J. Nathan (2012). "Profile studies, character heads and grotesque." In F. Zöllner (ed.), *Leonardo da Vinci 1452–1519: The Complete Paintings and Drawings*. Cologne: Taschen.

p. 45: 「如何在只看過對象一次的情況下畫出側面肖像……」from pp. 207–208 in Martin Kemp (ed.). *Leonardo on Painting*.

p. 45: A. Cozens (1778). *Principles of Beauty, Relative to the Human Head*. London: Printed by James Dixwell.

p. 45: 「透過規律而特定的藝術手法……」from p. 2 in Cozens. *Principles of Beauty*.

p. 46: F. Grose (1788). *Rules for Drawing Caricaturas: With an Essay on Comic Painting*. London: Printed by A. Grant.

p. 46:　「藉此能創造出各種奇怪的臉……」from pp. 7–8 in Grose. *Rules for Drawing Caricaturas.*

p. 47:　「前突的臉、突出的五官與鷹勾鼻……」from note on p. 7 in Grose. *Rules for Drawing Caricaturas.*

p. 47:　「從未帶來立即可靠的結果……」from p. 16 in R. Töpffer (1965). *Essay on Physiognomy. In Enter: The Comics. Rodolphe Töpffer's Essay on Physiognomy and the True Story of Monsieur Crépin,* translated and edited by E. Wiese. Lincoln, NE: University of Nebraska Press. The essay was originally published in 1845.

p. 47:　「無論畫的筆觸多糟、多幼稚，任何人的臉……」from p. 11 in Töpffer. *Essay on Physiognomy.*

p. 47:　「學童風格」，from p. 11 in Töpffer. *Essay on Physiognomy.*

p. 48:　「就能調整、轉變或削弱智力……」from p. 26 in Töpffer. *Essay on Physiognomy.*

p. 48:　「畫畫時，你可以結合這些微調……」from p. 30 in Töpffer. *Essay on Physiognomy.*

p. 49:　「將這些原則留給……做最終決定……」from p. 10 in Cozens. *Principles of Beauty.*

p. 49:　E. Brunswick and L. Reiter (1938). "Eindruckscharactere schematisierter Gesichter." *Zeitshrift für Psychologie* 142, 67–134.

p. 50:　M. R. Samuels (1939). "Judgments of faces." *Character & Personality* 8, 18–27.

p. 51:　D. S. Berry and L. Zebrowitz McArthur (1985). "Some components and consequences of a babyface." *Journal of Personality and Social Psychology* 48, 312–323; D. S. Berry and L. Zebrowitz McArthur (1986). "Perceiving character in faces: The impact of age-related craniofacial changes on social perception." *Psychological Bulletin* 100, 3–18; L. Zebrowitz McArthur and K. Apatow (1983). "Impressions of baby-faced adults." *Social Cognition* 2, 315–342; J. M. Montepare and L. Zebrowitz McArthur (1986). "The influence of facial characteristics on children's age perceptions." *Journal of Experimental Child Psychology*, 42, 303–314. 關於這起研究的評論，見 J. M. Montepare and L. A. Zebrowitz (1998). "Person perception comes of age: The salience and significance of age in social judgments." *Advances in Experimental Social Psychology* 30, 93–161; L. A. Zebrowitz (2011). "Ecological and social approaches to face perception." In A. Calder, J. V. Haxby, M. Johnson, and G. Rhodes (eds.), *Handbook of Face Perception.* Oxford: Oxford University Press.

p. 52:　「純凸型的關鍵在於精力……」from pp. 154–156 in K. M. H. Blackford and A. Newcomb (1917). *The Job, The Man, The Boss.* New York: Doubleday, Page and Company.

p. 52:　關於赫爾用來測量側臉凸度的儀器，見 pp. 127–130 in Hull. *Aptitude Testing.*

p. 53: 「小而不完美的下巴代表……」from pp. 73–74 in LeBarr. *Why You Are What You Are.*

p. 53: 「說不定是我們所有總統中最堅毅的……」from chapter 16 in LeBarr. *Why You Are What You Are.*

p. 53: K. Lorenz (1971). "Part and parcel in animal and human societies (1950). A methodological discussion." In K. Lorenz, *Studies in Animal and Human Behavior*, translated by Robert Martin, Volume 2. Cambridge, MA: Harvard University Press.

p. 53: L. A. Zebrowitz, H. A. Wadlinger, V. X. Luevano, B. M. White, C. Xing, and Y. Zhang (2011). "Animal analogies in first impressions of faces." *Social Cognition* 29, 486–496.

p. 53: S. J. Gould (1980). "A biological homage to Mickey Mouse." In *The Panda's Thumb: More Reflections in Natural History.* New York: W. W. Norton and Company.

p. 54: N. N. Oosterhof and A. Todorov (2008). "The functional basis of face evaluation." *Proceedings of the National Academy of Sciences of the USA* 105, 11087–11092; A. Todorov and N. N. Oosterhof (2011). "Modeling social perception of faces." *Signal Processing Magazine, IEEE* 28, 117–122; A. Todorov, R. Dotsch, J. M. Porter, N. N. Oosterhof, and V. B. Falvello (2013). "Validation of data-driven computational models of social perception of faces." *Emotion* 13, 724–738. 第六章會詳細討論這次研究。

p. 55: A. Todorov, A. N. Mandisodza, A. Goren, and C. C. Hall (2005). "Inferences of competence from faces predict election outcomes." *Science* 308, 1623–1626; J. Willis and A. Todorov (2006). "First impressions: Making up your mind after 100 ms exposure to a face." *Psychological Science* 17, 592–598.

p. 56: M. Bar, M. Neta, and H. Linz (2006). "Very first impressions." *Emotion* 6, 269–278.

p. 56: 關於在極短時間內接觸臉孔、形成印象的後續再現研究，見 C. C. Ballew and A. Todorov (2007). "Predicting political elections from rapid and unreflective face judgments." *Proceedings of the National Academy of Sciences of the USA* 104(46), 17948–17953; P. Borkenau, S. Brecke, C. Möttig, and P. Paelecke (2009). "Extraversion is accurately perceived after a 50-ms exposure to a face." *Journal of Research in Personality* 43, 703–706; S. Porter, L. England, M. Juodis, L. ten Brinke, and K. Wilson (2008). "Is the face the window to the soul?: Investigation of the accuracy of intuitive judgments of the trustworthiness of human faces." *Canadian Journal of Behavioural Science* 40, 171–177; N. O. Rule, N. Ambady, and R. B. Adams (2009). "Personality in perspective: Judgmental consistency across orientations of the face." *Perception* 38(11), 1688–1699; A. Todorov, V. Loehr, and N. N. Oosterhof (2010). "The obligatory nature of holistic processing of faces in social judgments." *Perception* 39, 514–532; A. Todorov, M. Pakrashi, and N. N. Oosterhof (2009). "Evaluating faces on trustworthiness after minimal time exposure." *Social Cognition* 27, 813–833.

p. 57:　E. Cogsdill, A. Todorov, E. Spelke, and M. R. Banaji (2014). "Inferring character from faces: A developmental study." *Psychological Science* 25, 1132–1139.

p. 57:　關於將模型產生的臉顯示三十三毫秒後，判斷臉孔的值得信任程度，見 Todorov, Loehr, and Oosterhof. "The obligatory nature of holistic processing of faces in social judgments."

p. 58:　S. Jessen and T. Grossmann (2016). "Neural and behavioral evidence for infants' sensitivity to the trustworthiness of faces." *Journal of Cognitive Neuroscience* 28, 1728–1736.

p. 58:　E. W. Cheries, A. B. Lyons, R. L. Rosen, and A. Todorov (2016). "Infants' and toddlers' social evaluations of trustworthy- and untrustworthy-looking faces." Working manuscript. University of Massachusetts Amherst.

p. 58:　第十二章會討論嬰兒對臉孔以及臉部表情的敏感度。

p. 59:　關於臉對認知的重要性，見 M. Cerf, E. P. Frady, and C. Koch (2009). "Faces and text attract gaze independent of the task: Experimental data and computer model." *Journal of Vision* 9(12), 1–15; S. M. Crouzet, H. Kirchner, and S. J. Thorpe (2010). "Fast saccades toward faces: Face detection in just 100 ms." *Journal of Vision* 10(4), 1–17.

第 03 章　印象重大

p. 61:　K. M. H. Blackford and A. Newcomb (1917). *The Job, The Man, The Boss.* New York: Doubleday, Page and Company.

p. 61:　「不曉得你寫的內容……」from p. 85 in Blackford and Newcomb. *The Job, The Man, The Boss.*

p. 61:　「以暗碼填寫，因此……」from p. 85 in Blackford and Newcomb. *The Job, The Man, The Boss.*

p. 63:　「快步走過在場上百人……」from p. 74 in Blackford and Newcomb. *The Job, The Man, The Boss.*

p. 63:　關於以企業顧問身分工作的性格分析師，見 chapter 1 in E. H. Brown (2008). *The Corporate Eye: Photography and the Rationalization of American Commercial*

Culture, 1884–1929. Baltimore, MD: Johns Hopkins University Press.

p. 63: 「不帶感情，以幾近數學的方式……」from p. 353 in K. M. H. Blackford and A. Newcomb (1916). *Analyzing Character: The New Science of Judging Men; Misfits in Business, the Home, and Social Life,* third edition. New York: Review of Reviews Company.

p. 63: 「這點在現今幾乎成了普世價值……」from p. 429 in D. A. Laird and H. Lemmers (1924). "A study of intelligence from photographs." *Journal of Experimental Psychology* 7, 429–446.

p. 64: K. Randall (December 25, 2014). "Teams turn to a face reader, looking for that winning smile." *New York Times.*

p. 64: 到了賽季末，公鹿隊輸贏的場次各半……。

p. 64: 「開始的想像力失靈……」 from p. 115 in M. Lewis (2004). *Moneyball.* New York: W. W. Norton and Company.

p. 64: A. Todorov, A. N. Mandisodza, A. Goren, and C. C. Hall (2005). "Inferences of competence from faces predict election outcomes." *Science* 308, 1623–1626.

p. 67: G. S. Lenz and C. Lawson (2011). "Looking the part: Television leads less informed citizens to vote based on candidates' appearance." *American Journal of Political Science* 55, 574–589.

p. 67: 關於預測芬蘭選舉，見 P. Poutvaara, H. Jordahl, and N. Berggren (2009). "Faces of politicians: Babyfacedness predicts inferred competence but not electoral success." *Journal of Experimental Social Psychology* 45, 1132–1135.

p. 67: 關於預測保加利亞選舉，見 A. B. Sussman, K. Petkova, and A. Todorov (2013). "Competence ratings in US predict presidential election outcomes in Bulgaria." *Journal of Experimental Social Psychology* 49, 771–775.

p. 67: 關於預測墨西哥與巴西選舉，見 C. Lawson, G. S. Lenz, A. Baker, and M. Myers (2010). "Looking like a winner: Candidate appearance and electoral success in new democracies." *World Politics* 62, 561–593.

p. 68: Lenz and Lawson. "Looking the part."

p. 68: 「比較好看」的候選人的預估優勢來自 Lenz and Lawson. "Looking the part."

p. 69: D. J. Ahler, J. Citrin, M. C. Dougal, and G. S. Lenz (2016). "Face value? Experimental evidence that candidate appearance influences electoral choice." *Political Behavior,* doi:10.1007/s11109-016-9348-6.

p. 69: 「明確真言……」from p. 70 in H. Holzer, G. S. Boritt, and M. E. Neely (1984). *The Lincoln Image: Abraham Lincoln and the Popular Print.* New York: Scribner Press.

p. 70: 關於「吸引力」對「能幹」孰重孰輕的分析，見 C. Y. Olivola and A. Todorov (2010). "Elected in 100 milliseconds: Appearance-based trait inferences and voting." *Journal of Nonverbal Behavior* 34(2), 83–110.

p. 70: D. S. Martin (1978). "Person perception and real-life electoral behavior." *Australian Journal of Psychology* 30, 255–262. 我們恐怕是漏了這項研究，因為當時只有一家德國期刊上一篇預測德國選舉的論文中有提到過這項研究。

p. 70: S. W. Rosenberg, L. Bohan, P. McCafferty, and K. Harris (1986). "The image and the vote: The effect of candidate presentation on voter preference." *American Journal of Political Science* 30, 108–127. Quotation from p. 112.

p. 70: 關於政治人物特質的重要性，見 Todorov et al. "Inferences of competence from faces predict election outcomes"; C. C. Hall, A. Goren, S. Chaiken, and A. Todorov (2009). "Shallow cues with deep effects: Trait judgments from faces and voting decisions." In E. Borgida, J. L. Sullivan, and C. M. Federico (eds.), *The Political Psychology of Democratic Citizenship*. Oxford: Oxford University Press.

p. 71: 關於決策時的屬性替代（attribute substitution），見 D. Kahneman (2003). "A perspective on judgment and choice: Mapping bounded rationality." *American Psychologist* 58, 697–720.

p. 71: D. Kahneman (2011). *Thinking, Fast and Slow*. New York: Farrar, Straus, and Giroux.

p. 71: C. C. Ballew and A. Todorov (2007). "Predicting political elections from rapid and unreflective face judgments." *Proceedings of the National Academy of Sciences of the USA* 104(46), 17948–17953.

p. 72: 「就我看來，獲得提名的不是羅姆尼就是……」from p. 88 in J. M. Laskas (2012). "Bob Dole: Great American." *GQ* July, 88–90.

p. 72: A. C. Little, R. P. Burriss, B. C. Jones, and S. C. Roberts (2007). "Facial appearance affects voting decisions." *Evolution and Human Behavior* 28, 18–27.

p. 73: L. Laustsen and M. B. Petersen (2016). "Winning faces vary by ideology: How nonverbal source cues influence election and communication success in politics." *Political Communication* 33, 188–211. 以我的實驗室來說，我們也在美國的情況中得到類似的發現：長得越像刻板印象中的共和黨人，就越容易獲得保守選民的票。見 C. Y. Olivola, A. B. Sussman, K. Tsetsos, O. E. Kang, and A. Todorov (2012). "Republicans prefer Republican-looking leaders: Political facial stereotypes predict candidate electoral success among right-leaning voters." *Social Psychological and Personality Science* 3, 605–613. 關於政治人物視覺刻板印象的正確性，會在第九章討論。

p. 74: 「就算拿全部基督教國家的債券來抵押……」quoted in C. Farrell (June 7, 2002). "J. P. Morgan's character lesson." Bloomberg. Available from http://www. bloomberg.com/news/articles/2002–06–06/j-dot-p-dot-morgans-character-lesson.

p. 76: C. Rezlescu, B. Duchaine, C. Y. Olivola, and N. Chater (2012). "Unfakeable facial configurations affect strategic choices in trust games with or without information about past behavior." *PLoS ONE* 7(3), e34293.

p. 76: L. Ewing, F. Caulfield, A. Read, and G. Rhodes (2014). "Perceived trustworthiness of faces drives trust behaviour in children." *Developmental Science* 18, 327–334.

p. 77: M. Bertrand, D. Karlan, S. Mullainathan, E. Shafir, and J. Zinman (2010). "What's advertising content worth? Evidence from a consumer credit marketing field experiment." *Quarterly Journal of Economics* 125, 263–305.

p. 77: J. Duarte, S. Siegel, and L. Young (2012). "Trust and credit: The role of appearance in peer-to-peer lending." *Review of Financial Studies* 25, 2455–2484.

p. 77: 宣稱 CEO 的外表能預測公司表現的相關研究，見 N. O. Rule and N. Ambady (2008). "The face of success: Inferences from chief executive officers' appearance predict company profits." *Psychological Science* 19, 109–111; N. O. Rule and N. Ambady (2009). "She's got the look: Inferences from female chief executive officers' faces predict their success." *Sex Roles* 61, 644–652.

p. 77: 證明 CEO 的外表無法預測公司表現的研究，見 J. R. Graham C. R. Harvey, and M. Puri (2016). "A corporate beauty contest." *Management Science.* http://dx.doi. org/10.1287/mnsc.2016.2484; J. I. Stoker, H. Garretsen, and L. J. Spreeuwers. (2016). "The facial appearance of CEOs: Faces signal selection but not performance." *PLoS ONE* 11 (7), e0159950.

p. 78: 「所見不盡然等於所得」from p. 13 in Graham, Harvey, and Puri. "A corporate beauty contest."

p. 78: E. A. Hooton (1939). *The American Criminal: An Anthropological Study. Volume 1: The Native White Criminal of Native Parentage.* Cambridge, MA: Harvard University Press.

p. 78: 「針對令人沮喪的題材……」from p. vii in Hooton. *The American Criminal.*

p. 78: E. A. Hooton (1939). *Crime and the Man.* Cambridge, MA: Harvard University Press.

p. 79: H. L. Shapiro (1954). "Earnest A. Hooton: 1887–1954." *Science* 119, 861–862, 談到虎頓有多優秀。

p. 79: 「只有對人類學無知者……」from p. 104 in Hooton. *Crime and the Man.*

p. 78: 「訓練有素、經驗豐富的人類學觀察者」from p. 104 in Hooton. *Crime and the Man.*

p. 78: 「人類的演化衰落趨勢……」from p. 393 in Hooton. *Crime and the Man.*

p. 78: 「慣犯在體質上低劣無望……」from p. 392 in Hooton. *Crime and the Man.*

p. 78: 「生養優越的類型並無情消除低劣類型……」from pp. 396–397 in Hooton. *Crime and the Man.*

pp. 79–80: 關於罪犯刻板印象的要素，見 H. D. Flowe (2012). "Do characteristics of faces that convey trustworthiness and dominance underlie perceptions of criminality? *PLoS ONE* 7(6), e37253.

p. 80: 罪犯外表模型可見：F. Funk, M. Walker, and A. Todorov (2016). "Modeling perceived criminality and remorse in faces using a data-driven computational approach." *Cognition & Emotion*, doi.org/10.1080/02699931.2016.1227305. 關於將罪犯刻板印象視覺化的其他方法，見 R. Dotsch, D. H. J. Wigboldus, and A. van Knippenberg (2011). "Biased allocation of faces to social categories." *Journal of Personality and Social Psychology* 100, 999–1014. 第五章會提到這種方法。

p. 80: R. H. C. Bull and J. Greene (1980). "The relationship between physical appearance and criminality." *Medicine, Science, and the Law* 20, 79–83.

p. 81: D. J. Shoemaker, D. R. South, and J. Lowe (1973). "Facial stereotypes of deviants and judgments of guilt or innocence." *Social Forces* 51, 427–433.

p. 81: 關於「臉—罪適配」效應的重現與延伸，見 C. N. Macrae (1989). "The good, the bad, and the ugly: Facial stereotyping and juridic judgments." *Police Journal* 62, 195–199; C. N. Macrae and J. W. Shepherd (1989). "Do criminal stereotypes mediate juridic judgements?" *British Journal of Social Psychology* 28, 189–191; R. Dumas and B. Testé (2006). "The influence of criminal facial stereotypes on juridic judgments." *Swiss Journal of Psychology* 65, 237–244.

p. 81: H. D. Flowe and J. E. Humphries (2011). "An examination of criminal face bias in a random sample of police lineups." *Applied Cognitive Psychology* 25, 265–273.

p. 81: L. A. Zebrowitz and S. M. McDonald (1991). "The impact of litigants' babyfacedness and attractiveness on adjudication in small claims courts." *Law and Human Behavior* 15, 603–623.

p. 82: J. P. Wilson and N. O. Rule (2015). "Facial trustworthiness predicts extreme criminal-sentencing outcomes." *Psychological Science* 26, 1325–1331. 以阿肯色州較少的樣本也重現了這些發現，見 J. P. Wilson and N. O. Rule (2016). "Hypothetical sentencing decisions are associated with actual capital punishment outcomes: The role of facial trustworthiness." *Social Psychological and Personality Science* 7, 331–338.

p. 82: 「中世紀有條法律……」from p. 87 in H. Ellis (1895). *The Criminal*. London: Walter Scott.

p. 83: 關於強勢的長相與軍隊掛階，見 U. Mueller and A. Mazur (1996). "Facial dominance of West Point cadets as a predictor of later military rank." *Social Forces* 74, 823–850.

p. 83: 對於用第一印象預測重要結果的相關研究，回顧可見 C. Y. Olivola, F. Funk, and A. Todorov (2014). "Social attributions from faces bias human choices." *Trends in Cognitive Sciences* 18, 566–570; A. Todorov, C. Y. Olivola, R. Dotsch, and P. Mende-Siedlecki (2015). "Social attributions from faces: Determinants, consequences, accuracy, and functional significance." *Annual Review of Psychology* 66, 519–545.

第 04 章　心理學家這一行

p. 87: 「天下最有趣的表面……」from p. 473 in G. C. Lichtenberg (1968). *Schriften und Briefe*, edited by Wolfgang Promies (Erster Band, Heft F 88). Munich: Carl Hanser Verlag; translation from p. 25 in C. Siegrist (1993). "Letters of the divine alphabet" —Lavater's concept of physiognomy. In E. Shookman (ed.), *The Faces of Physiognomy: Interdisciplinary Approaches to Johann Caspar Lavater*. Columbia, SC: Camden House.

p. 87: 「人臉就像一塊石板……」from p. 290 in G. C. Lichtenberg (1968). *Schriften und Briefe*, edited by Wolfgang Promies (Dritter Band). Munich: Carl Hanser Verlag; translation from p. 98 in S. Frey (1993). "Lavater, Lichtenberg, and the suggestive power of the tion from p. 98 in S. Frey (1993). "Lavater, Lichtenber human face. In Shookman." *The Faces of Physiognomy*.

p. 87: 「乍看之下……」from footnotes on pp. 7–8 in F. Grose (1788). *Rules for Drawing Caricaturas: With an Essay on Comic Painting*. London: Printed by A. Grant.

p. 87: 「口吃的笨傢伙」from p. 11 in R. Töpffer (1965), "Essay on Physiognomy." In *Enter: The Comics. Rodolphe Töpffer's Essay on Physiognomy and the True Story of Monsieur Crépin*, translated and edited by E. Wiese. Lincoln, NE: University of Nebraska Press. Originally published in 1845.

p. 87: P. F. Secord, W. F. Dukes, and W. Bevan (1954). "Personalities in faces: I. An experiment in social perceiving." *Genetic Psychology Monographs* 49, 231–279.

p. 89: 「眉毛是臉上最能清楚展現情感的部位……」from p. 128 in J. Montagu (1994). *The Expressions of the Passions: The Origin and Influence of Charles Le Brun's Conférence sur l'expression générale et particularé.* New Haven, CT: Yale University Press. 這 是 Montagu 的勒布朗情緒講座譯本。

p. 90: 以眉毛對表達情緒的重要性為題的現代研究，見 P. Ekman (1979). "About brows: Emotional and conversational signals." In M. Von Cranach, K. Foppa, W. Lepenies, and D. Ploog (eds.), *Human Ethology: Claims and Limits of a New Discipline.* Cambridge: Cambridge University Press; P. Ekman and W. V. Friesen (1978). *The Facial Action Coding System: A Technique for Measurement of Facial Movement.* Palo Alto, CA: Consulting Psychologists Press; C. J. Linstrom, C. A. Silverman, and W. M. Susman (2000). "Facial-motion analysis with a video and computer system: A preliminary report." *American Journal of Otology* 21, 123–129.

p. 90: J. Sadr, I. Jarudi, and P. Sinha (2003). "The role of eyebrows in face recognition." *Perception* 32, 285–293.

p. 91: 「從作答紙上經常出現的刪除與留白……」from p. 23 in M. R. Samuels (1939). "Judgments of faces." *Character & Personality* 8, 18–27.

p. 92: R. E. Nisbett and T. D. Wilson (1977). "Telling more than we can know: Verbal reports on mental processes." *Psychological Review* 84, 231–259.

p. 92: 本章中的例子來自 pp. 543–544 in M. S. Gazzaniga, R. B. Ivry, and G. R. Mangun (1998). *Cognitive Neuroscience: The Biology of the Mind.* New York: W. W. Norton and Company. 並 見 M. S. Gazzaniga (1975). "Review of the split brain." *Journal of Neurology* 209, 75–79; K. Baynes and M. S. Gazzaniga (2000). "Consciousness, introspection, and the split brain: The two minds/one body problem." In M. S. Gazzaniga (ed.), *The New Cognitive Neurosciences*, second edition. Cambridge, MA: MIT Press.

p. 93: P. Johansson, L. Hall, S. Sikström, and A. Olsson (2005). "Failure to detect mismatches between intention and outcome in a simple decision task." *Science* 310, 116–119.

pp. 95–96: 關於火柴人臉的研究，見 S. J. McKelvie (1973). "The meaningfulness and meaning of schematic faces." *Perception & Psychophysics* 14, 343–348; D. Lundqvist, F. Esteves, A. Öhman (1999). "The face of wrath: Critical features for conveying facial threat." *Cognition & Emotion* 13, 691–711; D. Lundqvist, F. Esteves, and A. Öhman (2004). "The face of wrath: The role of features and configurations in conveying social threat." *Cognition & Emotion* 18, 161–182.

p. 96: 關於「狡詐」這個標籤，見 McKelvie. "The meaningfulness and meaning of schematic faces."

p. 97: 笑眼錯覺取自 M. C. Mangini and I. Biederman (2004). "Making the ineffable explicit: Estimating the information employed for face classification." *Cognitive Science* 28, 209–226. 這種錯覺最早是在 O. Schwartz, H. Bayer, and D. Pelli (1998). "Features, frequencies, and facial expressions" [Abstract]. *Investigative Ophthalmology and Visual Science* 39, 173 提到。

p. 98: 關於混和臉幻覺，見 B. Rossion (2013). "The composite face illusion: A whole window into our understanding of holistic face perception." *Visual Cognition* 21, 139–253.

p. 98: 當我們把取自不同臉孔的部位水平對齊時，混和臉幻覺效果尤其強大，最可能的原因是身分資訊是以臉部資訊水平條狀來編碼，而非垂直條狀。見 S. C. Dakin and R. J. Watt (2009). "Biological 'bar codes' in human faces." *Journal of Vision* 9(4), 1–10.

p. 98: 關於混和臉幻覺的發現，見 A. W. Young, D. Hellawell, and D. C. Hay (1987). "Configurational information in face perception." *Perception* 16, 747　759.

p. 99: 「固定的部位可以改變……」from p. 17 in Töpffer, *Essay on Physiognomy*.

p. 99: A. Todorov, V. Loehr, and N. N. Oosterhof (2010). "The obligatory nature of holistic processing of faces in social judgments." *Perception* 39, 514–532.

pp. 101–102: 關於性別幻覺，見 R. Russell (2009). "A sex difference in facial contrast and its exaggeration by cosmetics." *Perception* 38, 1211–1219.

p. 102: 關於南希・伯爾森的作品，見 N. Burson (2002). *Seeing and Believing: The Art of Nancy Burson*. Santa Fe, NM: Twin Palms Publishers.

pp. 103–104: 關於髮型／種族效應，見 O. H. MacLin and R. S. Malpass (2003). "The ambiguous-race face illusion." *Perception* 32, 249–252.

p. 105: 「可以創造成千上萬種不同的特徵組合……」from p. 5 in A. Cozens (1778). *Principles of Beauty, Relative to the Human Head*. London: Printed by James Dixwell.

p. 105: 關於驗證臉部認知假說時特徵組合的激增，見 A. Todorov, R. Dotsch, D. Wigboldus, and C. P. Said (2011). "Data-driven methods for modeling social perception." *Social and Personality Psychology Compass* 5, 775–791.

p. 106: 「實際研究需要冷靜謹慎……」from p. 319 in A. Altman (1973). *Moses Mendelssohn: A Biographical Study*. Tuscaloosa: University of Alabama Press. 關於孟德爾頌、拉瓦特、齊瑪曼與利希滕貝格的關係，見 pp. 317–322。pp. 91–92: 「這些結果顯示……」from p. 273 in Secord, Dukes, and Bevan. "Personalities in faces: I. An experiment in social perceiving."

第 05 章　化不可見為可見

p. 109: T. Nagel (1974). "What is it like to be a bat?" *Philosophical Review* 83, 435–450.

p. 109: D. Y. Teller, R. Morse, R. Borton, and D. Regal (1974). "Visual acuity for vertical and diagonal gratings in human infants." *Vision Research* 14, 1433–1439. 關於實驗程序的評論，並見 D. Y. Teller (1979). "The forced-choice preferential looking procedure: A psychophysical technique for use with human infants." *Infant Behavior and Development* 2, 135–153.

p. 111: 關於空間頻率錯覺，見 P. G. Schyns and A. Oliva (1999). "Dr. Angry and Mr. Smile: When categorization flexibly modifies the perception of faces in rapid visual presentations." *Cognition* 69, 243–265; A. Oliva (2013). "The art of hybrid images: Two for the view of one." *Art & Perception* 1, 65–74.

p. 114: N. D. Haig (1985). "How faces differ—a new comparative technique." *Perception* 14, 601–615.

p. 115: 關於將臉孔與視覺雜訊混和的範例，見 J. Sadr and P. Sinha (2004). "Object recognition and random image structure evolution." *Cognitive Science* 28, 259–287.

p. 115: F. Gosselin and P. G. Schyns (2001). "Bubbles: A technique to reveal the use of information in recognition tasks." *Vision Research* 41, 2261–2271.

p. 117: M. L. Smith, G. W. Cottrell, F. Gosselin, and P. G. Schyns (2005). "Transmitting and decoding facial expressions." *Psychological Science* 16, 184–189.

p. 118: 關於李奧納多繪製《蒙娜麗莎》使用的手法，見 pp. 301–303 in E. H. Gombrich (2012). *The Story of Art*, sixteenth edition. London: Phaidon.

p. 118: L. L. Kontsevich and C. W. Tyler (2004). "What makes Mona Lisa smile?" *Vision Research* 44(13), 1493–1498.

p. 119: M. S. Livingstone (2001). "Is it warm? Is it real? Or just low spatial frequency?" *Science* 290, 1299.

p. 120: 關於李文斯頓的假說，實驗證明可見 I. Bohrn, C.-C. Carbon, and F. Hutzler (2010). "Mona Lisa's smile—perception or deception?" *Psychological Science* 21, 378–380.

p. 121: M. C. Mangini and I. Biederman (2004). "Making the ineffable explicit: Estimating the information employed for face classification." *Cognitive Science* 28, 209–226. 曼吉尼與彼得曼證明認人時也會有類似的效應。受試者會看到一張由湯姆・克魯斯（Tom Cruise）與約翰・屈伏塔（John Travolta）的臉合成的圖，請他們判斷看到的是誰的臉。底圖就跟正文談到性別判斷一樣，一直都是同一張

臉——克魯斯與屈伏塔的合成臉——唯一的差異只有覆蓋在合成圖上的雜訊遮蓋而已。不過，受試者仍然從視覺雜訊中拼湊出湯姆・克魯斯與約翰・屈伏塔的影像。可惜我無法取得高解析度圖片，讓讀者看這部分的實驗。

p. 122: 我無法取得曼吉尼與彼得曼研究中的高解析度圖片。圖 5.12 的畫面來自類似的研究，主持人是荷蘭烏特列支大學的隆・道區。

p. 122: F. Gosselin and P. G. Schyns (2003). "Superstitious perceptions reveal properties of internal representations." *Psychological Science* 15, 505–509.

p. 124: R. Dotsch, D. H. Wigboldus, O. Langner, and A. van Knippenberg (2008). "Ethnic outgroup faces are biased in the prejudiced mind." *Psychological Science* 19, 978–980.

p. 125: R. Imhoff, R. Dotsch, M. Bianchi, R. Banse, and D. H. Wigboldus (2011). "Facing Europe: Visualizing spontaneous in-group projection." *Psychological Science* 22, 1583–1590; A. I. Young, K. G. Ratner, and R. H. Fazio (2014). "Political attitudes bias the mental representation of a presidential candidate's face." *Psychological Science* 25, 503–510.

p. 126: R. Dotsch and A. Todorov (2012). "Reverse correlating social face perception." *Social Psychological and Personality Science* 3, 562–571.

第 06 章　印象的功能

pp. 129–130: 在烏斯特霍夫與托多洛夫所主持的研究中，受試者為圖 6.1 與 6.2 的兩張臉評分過；正文中的資料即是以這些實證評比為基礎；見 N. N. Oosterhof and A. Todorov (2008). "The functional basis of face evaluation." *Proceedings of the National Academy of Sciences of the USA* 105, 11087–11092. 注意，特定的評分結果仍依個別評分者與受評比的臉孔所屬的臉孔組而定。

p. 132: 關於來自臉部的印象結構，見 Oosterhof and Todorov. "The functional basis of face evaluation"; A. Todorov, C. P. Said, A. D. Engell, N. N. Oosterhof (2008). "Understanding evaluation of faces on social dimensions." *Trends in Cognitive Sciences* 12, 455–460.

pp. 133–138: 印象模型是以以下研究為基礎：Oosterhof and Todorov." The functional basis of face evaluation"; A. Todorov and N. N. Oosterhof (2011). "Modeling social perception of faces." *Signal Processing Magazine, IEEE* 28, 117–122; A. Todorov, R. Dotsch, J. M. Porter, N. N. Oosterhof, and V. B. Falvello (2013). "Validation of data-driven computational models of social perception of faces." *Emotion* 13, 724–738.

p. 139: 關於「強勢」印象與身體力量，見 H. Toscano, T. W. Schubert, R. Dotsch, V. Falvello, and A. Todorov (2016). "Physical strength as a cue to dominance:

A data-driven approach." *Personality and Social Psychology Bulletin*, doi:10.1177/0146167216666266.

p. 141: 關於對「不值得信任」「強勢」「威脅」與「作奸犯科」的外貌進行評比的研究，見 H. D. Flowe (2012). "Do characteristics of faces that convey trustworthiness and dominance underlie perceptions of criminality?" *PLoS ONE* 7(6), e37253.

p. 142: 關於「值得信任」印象對情緒線索的依賴性，以及「強勢」印象對陽剛特質與成熟長相等線索的依賴性，見 Oosterhof and Todorov. "The functional basis of face evaluation"; A. Todorov (2011). "Evaluating faces on social dimensions." In A. Todorov, S. T. Fiske, and D. Prentice (eds.), *Social Neuroscience: Toward Understanding the Underpinnings of the Social Mind*. Oxford: Oxford University Press.

p. 143: 關於將某種印象從另一種印象中消去，見 Todorov et al. "Validation of data-driven computational models of social perception of faces."

pp. 145–147: C. A. M. Sutherland, J. A. Oldmeadow, I. M. Santos, J. Towler, D. M. Burt, and A. W. Young (2013). "Social inferences from faces: Ambient images generate a three-dimensional model." *Cognition* 127, 105–118.

第 07 章　觀者有意

p. 150: 關於「適應」的實驗，見 G. Rhodes, L. Jeffery, T. L. Watson, C. W. G. Clifford, and K. Nakayama (2003). "Fitting the mind to the world: Face adaptation and attractive- ness aftereffects." *Psychological Science* 14, 558–566; M. A. Webster, D. Kaping, Y. Mizo- kami, and P. Duhamel (2004). "Adaptation to natural facial categories." *Nature* 428, 557–561; M. A. Webster and O. H. MacLin (1999). "Figural aftereffects in the perception of faces." *Psychonomic Bulletin & Review* 6, 647–653. 相關的完整回顧，見 G. Rhodes and D. A. Leopold (2011). "Adaptive norm-based coding of face identity." In A. Calder, J. V. Haxby, M. Johnson, and G. Rhodes (eds.), *Handbook of Face Perception*. Oxford: Oxford University Press.

p. 151: 「我們的思維法則……」from p. 18 in G. C. Lichtenberg, *On Physiognomy, against the Physiognomists, for the Promotion of the Love and Knowledge of Man*, translated by Steven Tester for Princeton University Press. Translation courtesy of Steven Tester, Univer- sity of Göttingen.

p. 153: 「若干理想典型」from p. 10 in F. Galton (1892). *Inquiries into Human Faculty and Its Development*. London: Macmillan. First electronic edition, 2001.

p. 153: 「人們必須學習……」from p. 273 in J. Diamond (1999). *Guns, Germs, and Steel:*

The Fates of Human Societies. New York: W. W. Norton and Company.

p. 153: C. Sofer, R. Dotsch, M. Oikawa, H. Oikawa, D. H. J. Wigboldus, and A. Todorov (in press). "For your local eyes only: Culture-specific face typicality influences perceptions of trustworthiness." *Perception*.

p. 153: 關於取得「典型」的研究，見 R. L. Solso and J. E. McCarthy (1981). "Prototype formation: Central tendency model vs. attribute-frequency model." *Bulletin of the Psychonomic Society* 17, 10–11; D. Inn, K. J. Walden, and R. Solso (1993). "Facial prototype formation in children." *Bulletin of the Psychonomic Society* 31, 197–200; R. Cabeza, V. Bruce, T. Kato, and M. Oda (1999). "The prototype effect in face recognition: Extension and limits." *Memory & Cognition* 27, 139–151. Rhodes and Leopold. "Adaptive norm-based coding of face identity"回顧了上述許多的研究。

p. 154: M. de Haan, M. H. Johnson, D. Maurer, and D. I. Perrett (2001). "Recognition of individual faces and average face prototypes by 1- and 3-month-old infants." *Cognitive Development* 16, 659–678.

pp. 155–158: R. Dotsch, R. Hassin, and A. Todorov (2016). Statistical learning shapes face evaluation. *Nature Human Behavior*, doi:10.1038/s41562-016-0001.

p. 158: 「在一個人對另一個人……」from p. 16 in Lichtenberg, *On Physiognomy, against the Physiognomists, for the Promotion of the Love and Knowledge of Man*. Translation courtesy of Steven Tester, University of Göttingen.

p. 158: 「一張敵人的臉……」from p. 11 in Lichtenberg, *On Physiognomy, against the Physiognomists, for the Promotion of the Love and Knowledge of Man*. Translation courtesy of Steven Tester, University of Göttingen.

p. 158: S. M. Andersen and A. Baum (1994). "Transference in interpersonal relations: Inferences and affect based on significant-other representations." *Journal of Personality* 62, 459–497; S. M. Andersen and S. W. Cole (1990). "Do I know you?: The role of significant others in general social perception." *Journal of Personality and Social Psychology* 59, 384–399.

p. 158: 關於與重要他者的相似處成為印象的觸發物，見 M. W. Kraus and S. Chen (2010). "Facial-feature resemblance elicits the transference effect." *Psychological Science* 21, 518–522; G. Günaydin, V. Zayas, E. Selcuk, and C. Hazan (2012). "I like you but I don't know why: Objective facial resemblance to significant others influences snap judgments." *Journal of Experimental Social Psychology* 48, 350–353.

pp. 158–159: S. C. Verosky and A. Todorov (2010). "Generalization of affective learning about faces to perceptually similar faces." *Psychological Science* 21, 779–785.

p. 159: 關於將事實以經過評估的方式加在他人身上的能力，見 V. B. Falvello, M. Vinson, C. Ferrari, and A. Todorov (2015). "The robustness of learning about the trustworthiness of other people." *Social Cognition* 33, 368–386.

p. 159: 關於臉部相似性的影響之自發性，見 S. C. Verosky and A. Todorov (2013)."When physical similarity matters: Mechanisms underlying affective learning generalization to the evaluation of novel faces." *Journal of Experimental Social Psychology* 49, 661–669.

p. 160: 關於相似長相對雇聘決定的影響，見 B. von Helversen, S. M. Herzog, and J. Rieskamp (2013). "Haunted by a doppelgänger: Irrelevant facial similarity affects rule-based judgments." *Experimental Psychology* 61, 12–22.

p. 160: 關於相似長相對消費者選擇的影響，見 R. J. Tanner and A. Maeng (2012). "A tiger and a president: Imperceptible celebrity facial cues influence trust and preference." *Journal of Consumer Research* 39, 769–783.

p. 161: 「掌管、主宰每一個身體的那個靈魂……」from p. 204 in Martin Kemp (ed.) (1989). *Leonardo on Painting*. New Haven, CT: Yale University Press.

p. 161: 關於自我相似效應，見 J. N. Bailenson, P. Garland, S. Iyengar, and N. Yee (2006). "Transformed facial similarity as a political cue: A preliminary investigation." *Political Psychology* 27, 373–385; J. N. Bailenson, S. Iyengar, N. Yee, and N. A. Collins (2008). "Facial similarity between voters and candidates causes influence." *Public Opinion Quarterly* 72, 935–961; L. M. DeBruine (2002). "Facial resemblance enhances trust." *Proceedings of the Royal Society B: Biological Sciences* 269, 1307–1312; L. M. DeBruine (2005). "Trustworthy but not lust-worthy: Context-specific effects of facial resemblance." *Proceedings of the Royal Society B: Biological Sciences* 272, 919–922; D. B. Krupp, L. M. Debruine, and P. Barclay (2008). "A cue of kinship promotes cooperation for the public good." *Evolution & Human Behavior* 29, 49–55.

p. 161: 關於伴侶臉孔相似的研究發現，見 L. Alvarez and K. Jaffe (2004). "Narcissism guides mate selection: Humans mate assortatively, as revealed by facial resemblance, following an algorithm of 'self seeking like.'" *Evolutionary Psychology* 2, 177–194; R. W. Griffiths and P. R. Kunz (1973). "Assortative mating: A study of physiognomic homogamy." *Biodemography and Social Biology* 20, 448–453; V. B. Hinsz (1989). "Facial resemblance in engaged and married couples." *Journal of Social and Personal Relationships* 6, 223–229. R. Zajonc, P. Adelmann, S. Murphy, and P. Niendenthal (1987). "Convergence in the physical appearance of spouses." *Motivation and Emotion* 11, 335–346.

p. 161: 關於自我相似效應對選擇純種狗的影響，見 C. Payne and K. Jaffe (2005). "Self seeks like: Many humans choose their dog pets following rules used for assortative mating." *Journal of Ethology* 23, 15–18; M. M. Roy and N. J. S. Christenfeld (2004). "Do dogs resemble their owners?" *Psychological Science* 15, 361–363; M. M. Roy and N. J. S. Christenfeld (2005). "Dogs still do resemble their owners." *Psychological Science* 16, 743–744.

p. 162: 關於人們從「值得信任」臉孔的合成圖中認同自己長相的傾向，見 S. C. Verosky and A. Todorov (2010). "Differential neural responses to faces physically similar to the self as a function of their valence." *NeuroImage* 49, 1690–1698.

p. 162: 關於正向互動效應對評估自我相似度的影響，見 H. Farmer, R. McKay, and M. Tsakiris (2014). "Trust in me: Trustworthy others are seen as more physically similar to the self." *Psychological Science* 25, 290–292.

p. 162: 關於微笑意涵的文化差異，見 M. Rychlowska, Y. Miyamoto, D. Matsumoto, U. Hess, E. Gilboa-Schechtman et al. (2015). "Heterogeneity of long-history migration explains cultural differences in reports of emotional expressivity and the functions of smiles." *Proceedings of the National Academy of Sciences of the USA* 112, E2429–E2436.

p. 162: 關於陽剛臉孔與侵略性感受間關聯的文化差異 I. M. L. Scott, A. P. Clark, S. C. Josephson, A. H. Boyette, I. C. Cuthill et al. (2014). "Human preferences for sexually dimorphic faces may be evolutionarily novel." *Proceedings of the National Academy of Sciences of the USA* 111, 14388–14393.

p. 163: 關於對同族人較高的認同，見 J. Hönekopp (2006). "Once more: Is beauty in the eye of the beholder? Relative contributions of private and shared taste to judgments of facial attractiveness." *Journal of Experimental Psychology: Human Perception and Performance* 32, 199–209.

p. 163: 關於對親密他者較高的認同，見 P. M. Bronstad and R. Russell (2007). "Beauty is in the 'we' of the beholder: Greater agreement on facial attractiveness among close relations." *Perception* 36, 1674–1681.

p. 163: 關於雙胞胎研究，見 L. Germine, R. Russell, P. M. Bronstad, G. A. M. Blokland, J. W. Smoller et al. (2015). "Individual aesthetic preferences for faces are shaped mostly by environments, not genes." *Current Biology* 25, 2684–2689.

p. 163: 「個人的生命歷史與經歷……」from p. 2687 in L. Germine et al. "Individual aesthetic preferences for faces." 但須注意，這些發現並未排除基因對於臉孔偏好的影響。關於基因對女性對陽剛男性臉孔偏好的影響，見 B. P. Zietsch, A. J.

Lee, J. M. Sherlock, and P. Jern (2015). "Variation in women's preferences regarding male facial masculinity is better explained by genetic differences than by previously identified context-dependent effects." *Psychological Science* 26, 1440–1448.

第 08 章　有圖沒真相

p. 167: C. Lombroso (2006). *Criminal Man*. Durham, NC, and London: Duke University Press. Quotations from pp. 51–53.

p. 167: 關於史杜克對德古拉伯爵的描述與龍布羅梭對天生罪犯的描述之間的相似處，見 p. 300 in L. Wolf (1975). *Annotated Dracula*. London: New English Library. 以下是小說中一開始對德古拉的描述：「他的臉孔很有力——非常有力——鷹勾鼻，鼻梁高挺肉薄，鼻翼尤其明顯；高圓頂狀的前額，太陽穴附近頭髮不多，但其他地方卻很濃密。他的眉毛非常厚重，幾乎連眉，濃密到自成一團。嘴巴——至少是我能從濃密的鬍鬚下看到的部分——緊閉，看起來相當冷酷，牙齒則十分潔白，從唇間突出來，格外鮮紅的雙唇顯示出對他這個年紀的人來說相當驚人的生命力。至於其他五官，他的雙耳蒼白，頂端極尖；下巴寬而有力，雙頰少肉但文風不動。整體給人的感覺格外蒼白」，from pp. 21–22 in Wolf. *Annotated Dracula*.

p. 168: 關於圖 8.1 圖像的轉變，見 p. 23 in the editors' introduction by M. Gibson and N. H. Rafter (p. 23) in Lombroso. *Criminal Man*.

p. 168: 關於給人奸犯科的感覺和奇特的長相之間的關係，見 H. D. Flowe and J. E. Humphries (2011). "An examination of criminal face bias in a random sample of police lineups." *Applied Cognitive Psychology* 25, 265–273.

p. 168: 「《犯罪人》在義大利、法國與德國……」from pp. 38–39 in H. Ellis (1895). *The Criminal*. London: Walter Scott.

p. 169: 「以非常突出的繪製方式……」from p. 53 in Ellis. *The Criminal*.

p. 169: C. Goring (1972). *The English Convict: A Statistical Study*. Montclair, NJ: Patterson Smith. 這部著作最早發表於 1913 年。

p. 169: 關於龍布羅梭在犯罪人類學大會提出的挑戰，見 E. D. Driver (1972). Introductory Essay. In Goring. *The English Convict*.

p. 169: 「關於龍布羅梭及其追隨者……」from p. 173 in Goring. *The English Convict*. 不消說，龍布羅梭的信徒質疑這些結論，幾年後虎頓也公開詆毀哥林的研究。

p. 170: 「細查這些對比鮮明的輪廓……」，from p. 1 in Goring. *The English Convict*.

p. 171: 「罕見與奇特的特徵……」from p. 4 in F. Galton (1892). *Inquiries into Human Faculty and Its Development*. London: Macmillan.

p. 171: 關於猜測性傾向、政治傾向、宗教傾向、心理健康問題和犯罪傾向的研究，見 S. Kleiman and N. O. Rule (2012). "Detecting suicidality from facial appearance." *Social Psychological and Personality Science* 4, 453–460; S. Porter, L. England, M. Juodis, L. ten Brinke, and K. Wilson (2008). "Is the face the window to the soul?: Investigation of the accuracy of intuitive judgments of the trustworthiness of human faces." *Canadian Journal of Behavioural Science* 40, 171–177; N. O. Rule and N. Ambady (2008). "Brief exposures: Male sexual orientation is accurately perceived at 50 ms." *Journal of Experimental Social Psychology* 44, 1100–1105; N. O. Rule and N. Ambady (2010). "Democrats and Republicans can be differentiated from their faces." *PLoS ONE* 5, e8733; N. O. Rule, N. Ambady, and K. C. Hallett (2009). "Female sexual orientation is perceived accurately, rapidly, and automatically from the face and its features."*Journal of Experimental Social Psychology* 45, 1245–1251; N. O. Rule, J. V. Garrett, and N. Ambady (2010). "On the perception of religious group membership from faces." *PLoS ONE* 5(12), e14241; J. Samochowiec, M. Wänke, and K. Fiedler (2010). "Political ideology at face value." *Social Psychology and Personality Science* 1, 206–213; N. J. Scott, A. L. Jones, R. S. S. Kramer, and R. Ward (2015). "Facial dimorphism in autistic quotient scores." *Clinical Psychological Science* 3, 230–241; J. M. Valla, S. J. Ceci, and W. M. Williams (2011). "The accuracy of inferences about criminality based on facial appearance." *Journal of Social, Evolutionary, and Cultural Psychology* 5, 66–91.

p. 171: R. Highfield, R. Wiseman, and R. Jenkins (February 11, 2009). "How your looks betray your personality." *New Scientist* (February 11), https://www.newscientist.com/article/mg20126957-300-how-your-looks-betray-your-personality/.

p. 171: D. M. Johns (2009). "Facial profiling: Can you tell if a man is dangerous by the shape of his mug?" *Slate* (October 14), http://www.slate.com/articles/health_and_science/science/2009/10/facial_profiling.html.

p. 172: 「我們總想像攝影提供了⋯⋯」from p. 92 in E. Morris (2011). *Believing Is Seeing (Observations on the Mysteries of Photography)*. New York: Penguin Press.

pp. 172–174: 關於辛蒂·雪曼的作品，見 E. Respini (ed.) (2012). *Cindy Sherman*. New York: Museum of Modern Art.

p. 174: 關於巴斯卡·丹金，見 L. Collins (2008). "Pixel perfect: Pascal Dangin's virtual reality." *New Yorker* (May 12), http://www.newyorker.com/magazine/2008/05/12/pixel-perfect.

p. 174: 「光是他曾經跟你合作過⋯⋯」from p. 3 in Collins, "Pixel perfect: Pascal Dangin's virtual reality."

p. 175: 拿第一印象的數學模型套用在真人臉像上，見 M. Walker and T. Vetter (2009). "Portraits made to measure: Manipulating social judgments about individuals with a statistical face model." *Journal of Vision* 9(11), 1–13; M. Walker and T. Vetter (2016). "Changing the personality of a face: Perceived big two and big five personality factors modeled in real photographs." *Journal of Personality and Social Psychology* 110, 609–624.

p. 176: K. Robinson, C. Blais, J. Duncan, H. Forget, and D. Fiset (2014). "The dual nature of the human face: There is a little Jekyll and a little Hyde in all of us." *Frontiers in Psychology* 5, 139, doi: 10.3389/fpsyg.2014.00139.

p. 177: R. Jenkins, D. White, X. Van Montfort, and A. M. Burton (2011). "Variability in photos of the same face." *Cognition* 121, 313–323.

p. 177: 「沒有哪張臉能兩度投射出一樣的圖像」from p. 314 in Jenkins, White, Van Montfort, and Burton. "Variability in photos of the same face."

p. 178: A. Todorov and J. Porter (2014). "Misleading first impressions: Different for different images of the same person." *Psychological Science* 25, 1404–1417.

p. 179: 關於宣稱能準確推測性傾向的研究，見 Rule and Ambady. "Brief exposures"; Rule, Ambady, and Hallett. "Female sexual orientation."

p. 179: 關於照片品質在性傾向猜測研究中造成的混淆，見 W. T. L. Cox, P. G. Devine, A. A. Bischmann, and J. S. Hyde (2016). "Inferences about sexual orientation: The roles of stereotypes, faces, and the gaydar myth." *Journal of Sex Research* 53, 157–171. 作者對於這種混淆提供了一種說得通的解釋：由於對男同性戀與女同性戀來說，潛在的伴侶資源遠比異性戀少得多，他們因此比異性戀男女更為競爭。後果之一就是他們會更要求自己的線上交友資料。

p. 179: 關於犯罪傾向印象的準確性，研究可見 Porter et al. "Is the face the window to the soul?" Valla, Ceci, and Williams. "The accuracy of inferences about criminality based on facial appearance."

p. 179: 「你在裡面找不到……」from p. 11 in R. Pellicer (2010). *Mug Shots*. New York: Abrams.

pp. 179–180: C. Landis and L. W. Phelps (1928). "The prediction from photographs of success and of vocational aptitude." *Journal of Experimental Psychology* 11, 313–324.

p. 180: 「任何一項按照類似思維進行的研究……」from p. 321 in Landis and Phelps, "The prediction from photographs."

p. 181: 「強烈而引人注目……」from P. Farhi (2011). "Publications grapple with Jared

Loughner mug shot." *Washington Post* (January 11), http://www.washingtonpost.com/wp-dyn/content/article/2011/01/11/AR2011011106921.html.

p. 183: 「肺結核病人由幾百個案例組成……」from pp. 12–13 in F. Galton (1892). *Inquiries into Human Faculty and Its Development*. London: Macmillan. First electronic edition 2001.

p. 184: S. C. Verosky and A. Todorov (2010). "Generalization of affective learning about faces to perceptually similar faces." *Psychological Science* 21, 779–785; S. C. Verosky and A. Todorov (2013). "When physical similarity matters: Mechanisms underlying affective learning generalization to the evaluation of novel faces." *Journal of Experimental Social Psychology* 49, 661–669.

p. 185: A. Kayser (1985). *Heads*. New York: Abbeville Press.

p. 185: 你可以上佳能澳洲實驗室網站看實驗的影片：https://www.youtube.com/watch?v=F-TyPfYMDK8. 出爐的照片可以在 http://www.diyphotography.net/6-portrait-photographers-demonstrate-the-power-of-our-own-perspective/ 看到。

p. 186: 「靈魂的一舉一動……」from p. 23 in G. C. Lichtenberg, *On Physiognomy, against the Physiognomists, for the Promotion of the Love and Knowledge of Man*, translated by Steven Tester for Princeton University Press. Translation courtesy of Steven Tester, University of Göttingen.

p. 186: P. F. Secord (1958). "Facial features and inference processes in interpersonal perception." In R. Tagiuri and L. Petrullo (eds.), *Person Perception and Interpersonal Behavior*. Stanford, CA: Stanford University Press.

p. 186: 我們感覺微笑的人比較值得信任，生氣的人比較不值得信任，相關研究可見 B. Knutson (1996). "Facial expressions of emotion influence interpersonal trait inferences." *Journal of Nonverbal Behavior* 20, 165–181; J. M. Montepare and H. Dobish (2003). "The contribution of emotion perceptions and their overgeneralizations to trait impressions." *Journal of Nonverbal Behavior* 27, 237–254; N. N. Oosterhof and A. Todorov (2009). "Shared perceptual basis of emotional expressions and trustworthiness impressions from faces." *Emotion* 9, 128–133.

p. 187: C. Said, N. Sebe, and A. Todorov (2009). "Structural resemblance to emotional expressions predicts evaluation of emotionally neutral faces." *Emotion* 9, 260–264.

p. 188: 關於睡眠對外表的影響，見 J. Axelsson, T. Sundelin, M. Ingre, E. J. W. Van Someren, A. Olsson, and M. Lekander. (2010). "Beauty sleep: Experimental study on the perceived health and attractiveness of sleep deprived people." *BMJ* 341: c6614; T. Sundelin, M. Lekander, G. Kecklund, E. J. W. Van Someren, A. Olsson, and J.

Axelsson (2013). "Cues of fatigue: Effects of sleep deprivation on facial appearance." *Sleep* 36, 1355–1360.

p. 188: 關於衣著對外貌的影響,見 M. Lõhmus, L. F. Sundström, and M. Björklund (2009). "Dress for success: Human facial expressions are important signals of emotions." *Annales Zoologici Fennici* 46, 75–80.

p. 188: 關於擺頭與相機角度的影響,見 A. Mignault and A. Chaudhuri (2003). "The many faces of a neutral face: Head tilt and perception of dominance and emotion." *Journal of Nonverbal Behavior* 27, 111–132; C. A. M. Sutherland, A. W. Young, and G. Rhodes (2016). "Facial first impressions from another angle: How social judgements are influenced by changeable and invariant facial properties." *British Journal of Psychology*, doi: 10.1111/bjop.12206; R. J. W. Vernon, C. A. M. Sutherland, A. W. Young, and T. Hartley (2014). "Modeling first impressions from highly variable face images." *Proceedings of the National Academy of Sciences* 111, E3353–E3361.

第 09 章　次優決定

p. 191: 你可以在 http://tlab.princeton.edu/about/mediacoverage/ 看到科伯訪談大衛・布魯克斯。

p. 192: 「想從剪影或肖像來評判……」from p. 22 in G. C. Lichtenberg, *On Physiognomy, against the Physiognomists, for the Promotion of the Love and Knowledge of Man*, translated by Steven Tester for Princeton University Press. Translation courtesy of Steven Tester, University of Göttingen.

p. 192: 這裡提到的研究是 study 2 in N. O. Rule and N. Ambady (2008). "Brief exposures: Male sexual orientation is accurately perceived at 50 ms." *Journal of Experimental Social Psychology* 44, 1100–1105.

p. 193: 關於蓋洛普調查,見 F. Newport (May 21, 2015). "Americans greatly overestimate percent gay, lesbian in U.S. Gallup." Available from http://www.gallup.com/poll/183383/americans-greatly-overestimate-percent-gay-lesbian.aspx.

p. 195: C. Y. Olivola and A. Todorov (2010). "Fooled by first impressions? Re-examining the diagnostic value of appearance-based inferences." *Journal of Experimental Social Psychology* 46, 315–324.

p. 195: 網站「我形象如何?」已經停用。

pp. 196–197: C. Y. Olivola, A. B. Sussman, K. Tsetsos, O. E. Kang, and A. Todorov (2012). "Republicans prefer Republican-looking leaders: Political facial stereotypes predict candidate electoral success among right-leaning voters." *Social Psychological and*

Personality Science 3, 605–613.

p. 197: 關於傻瓜演算法跟真人判斷結果的比較，見 C. Y. Olivola, D. Tingley, A. Bonica, and A. Todorov (2016). "The donkey in elephant's clothing: The prevalence, impact, and (in)validity of political facial stereotypes." Working manuscript. Carnegie Mellon University.

p. 198: J. F. Bonnefon, A. Hopfensitz, and W. De Neys (2013). "The modular nature of trustworthiness detection." *Journal of Experimental Psychology: General* 142, 143–150.

p. 201: 根據近年來經濟學家的研究，實驗賽局中的表現跟實驗室外的實際行為其實沒有關係。見 M. M. Galizzi and D. Navarro-Martinez (2016). "On the external validity of social-preference games: A systematic lab-field study." Working manuscript. London School of Economics and Political Science.

p. 201: R. T. LaPiere (1934). "Attitudes vs. actions." *Social Forces* 13, 230–237.

pp. 201–202: C. Efferson and S. Vogt (2013). "Viewing men's faces does not lead to accurate predictions of trustworthiness." *Scientific Reports* 3, 1047, doi: 10.1038/srep01047.

p. 202: H. Hartshorne and M. A. May (1928). *Studies in the Nature of Character, I: Studies in Deceit*. New York: Macmillan.

p. 202: 關於各種情勢之間的低度可類推性，見 W. Mischel (1968). *Personality and Assessment*. New York: Wiley; chapter 4 in L. Ross and R. E. Nisbett (1991). *The Person and the Situation: Perspectives on Social Psychology*. New York: McGraw-Hill; Y. Shoda, W. Mischel, and J. C. Wright (1994). "Intraindividual stability in the organization and patterning of behavior: Incorporating psychological situations into the idiographic analysis of personality." *Journal of Personality and Social Psychology* 67, 674–687.

p. 202: 「極為困難……」from p. 9 in Lichtenberg, *On Physiognomy, against the Physiognomists, for the Promotion of the Love and Knowledge of Man*. Translation courtesy of Steven Tester, University of Göttingen.

p. 203: M. P. Haselhuhn and E. M. Wong (2012). "Bad to the bone: Facial structure predicts unethical behavior." *Proceedings of the Royal Society of London B* 279, 571–576.

p. 203: J. M. Carré and C. M. McCormick (2008). "In your face: Facial metrics predict aggressive behaviour in the laboratory and in varsity and professional hockey players." *Proceedings of the Royal Society of London: Biological Sciences* 275, 2651–2656.

p. 204: R. O. Deaner, S. M. Goetz, K. Shattuck, and T. Schnotala (2012). "Body weight, not facial width-to-height ratio, predicts aggression in pro hockey players." *Journal of Research in Personality* 46, 235–238.

p. 205: 「感覺就像在舞會上撞到吸血鬼……」from B. McCall (2015). "When you meet the star you hate." *New Yorker* (April 19). Bruce McCall/The New Yorker, © Conde Nast. Reprinted by permission.

p. 206: 關於基本歸因謬誤，見 L. Ross (1977). "The intuitive psychologist and his shortcomings." In L. Berkowitz (ed.), *Advances in Experimental Social Psychology*, Volume 10. New York: Academic Press; R. E. Nisbett and L. Ross (1980). *Human Inference: Strategies and Shortcomings of Social Judgment*. Englewood Cliffs, NJ: Prentice-Hall.

p. 207: L. A. Zebrowitz, C. Andreoletti, M. A. Collins, S. Y. Lee, and J. Blumenthal (1998). "Bright, bad, babyfaced boys: Appearance stereotypes do not always yield self-fulfilling prophecies." *Journal of Personality and Social Psychology* 75, 1300–1320.

p. 207: 「他〔面試員〕對於其他人……」from p. 89 in K. M. H. Blackford and A. Newcomb (1917). *The Job, The Man, The Boss*. New York: Doubleday, Page and Company.

p. 208: 關於面試的預測力之弱，見 J. E. Hunter and R. F. Hunter (1984). "Validity and utility of alternative predictors of job performance." *Psychological Bulletin* 96, 72–98.

p. 208: 關於面試錯覺，見 Z. Kunda and R. E. Nisbett (1986). "The psychometrics of everyday life." *Cognitive Psychology* 18, 195–224; and pp. 136–138 in L. Ross and R. E. Nisbett (1991). *The Person and the Situation: Perspectives on Social Psychology*. New York: McGraw-Hill.

p. 208: 「直接流露……」from p. 35 in T. Töpffer (1965). *Essay on Physiognomy. In Enter: The Comics. Rodolphe Töpffer's Essay on Physiognomy and the True Story of Monsieur Crépin*, translated and edited by E. Wiese. Lincoln, NE: University of Nebraska Press, 1965. Originally published in 1845.

p. 208: 關於安娜·萊爾克斯，見 J. Perlez (1997). "Vienna Philharmonic lets women join in harmony." *New York Times* (February 28), http://www.nytimes.com/1997/02/28/world/vienna-philharmonic-lets-women-join-in-harmony.html?_r=0; H. Roegle (1997). "Notes on 26 years as official non-entity." *Los Angeles Times* (March 5), http://articles.latimes.com/1997-03-05/news/mn-35044_1_vienna-philharmonic-orchestra.

p. 209: 關於「盲」聽的效果，見 C. Goldin and C. Rouse (2000). "Orchestrating impartiality: The impact of 'blind' auditions on female musicians." *American Economic Review* 90, 715–741.

p. 209: 「這傢伙有你夢寐以求的……」from p. 7 in M. Lewis (2004). *Moneyball*. New York: W. W. Norton and Company.

p. 209:「因為我們所見而受其害」from p. 37 in Lewis. *Moneyball*.

p. 209:「整個職涯……」from pp. 117–118 in Lewis. *Moneyball*.

p. 210:「盡可能從外表中擠出……」from p. 3 in Lichtenberg, *On Physiognomy, against the Physiognomists*. Translation courtesy of Steven Tester, University of Göttingen.

p. 210:「視行事睿智者為睿智之人……」from p. 13 in Lichtenberg, *On Physiognomy, against the Physiognomists*. Translation courtesy of Steven Tester, University of Göttingen.

第 10 章　演化故事

p. 211:「奠基於三項非常簡單的科學真理……」from p. 432 in K. M. H. Blackford and A. Newcomb (1916). *Analyzing Character: The New Science of Judging Men, Misfits in Business, the Home, and Social Life*, third edition. New York: Review of Reviews Company.

pp. 211–212: 關於鼻型和某人祖先所生存氣候之間的相關性，見 R. G. Franciscus, and J. C. Long (1991). "Variation in human nasal height and breadth." *American Journal of Physical Anthropology* 85, 419–427; M. L. Noback, K. Harvati, and F. Spoor. (2011). "Climate-related variation of the human nasal cavity." *American Journal of Physical Anthropology* 145, 599–614; T. R. Yokley (2009). "Ecogeographic variation in human nasal passages." *American Journal of Physical Anthropology* 138, 11–22.

p. 212:「放諸四海，矮扁的鼻子都是……」from p. 433 in Blackford and Newcomb. *Analyzing Character*.

p. 212:「手腳慢、隨和、討厭改變……」from pp. 432–433 in Blackford and Newcomb. *Analyzing Character*.

p. 212: 關於膚色與氣候的關聯，見 N. G. Jablonski and G. Chaplin 2000). "The evolution of human skin coloration." *Journal of Human Evolution* 39, 57–106.

p. 214: E. M. Weston, A. E. Friday, and P. Liò (2007). "Biometric evidence that sexual selection has shaped the hominin face." *PLoS ONE* 2(8), e710.

p. 214: 從照片量得的 f WHR 有一些問題，因為同一個人的不同照片會產生不同的 f WHR。英國學者羅賓‧克拉默（Robin Kramer）測量了同一名演員在不同張（正面）電影鏡頭中的 f WHR。平均而論，麥特‧戴蒙的 f WHR 比約翰‧庫薩克（John Cusack）和班‧艾弗列克都高，但戴蒙在許多鏡頭中的 f WHR 仍比庫薩克與艾弗列克低。就算演員不做表情時，這種情況也會發生。差異的起因為無法控制攝影機掌鏡與角度。克拉默也發現情緒表情會改變 f WHR。見 R. S. S. Kramer (2016). "Within-person variability in men's facial width-to-height ratio." *Peer Journal* 4, e1801, doi: 10.7717/peerj.1801.

p. 214: 關於運用 f WHR 的研究，回顧可見 S. N. Geniole, T. F. Denson, B. J. Dixson, J. M. Carré, and C. M. McCormick (2015). "Evidence from meta-analyses of the facial width-to-height ratio as an evolved cue of threat." *PLoS ONE* 10(7), e0132726; M. P. Haselhuhn, M. E. Ormiston, and E. M. Wong (2015). "Men's facial width-to-height ratio predicts aggression: A meta-analysis." *PLoS ONE* 10(4), e0122637.

p. 215: 「男性性別內……」 from p. 15 in Geniole et al. "Evidence from meta-analyses of the facial width-to-height ratio."

p. 215: 「性別內衝突中優勢地位的誠實信號」 from p. 1 in M. P. Haselhuhn, Ormiston, and Wong. "Men's facial width-to-height ratio predicts aggression."

p. 215: J. Gómez-Valdés, T. Hünemeier, M. Quinto-Sánchez, C. Paschetta, S. de Azevedo et al. (2013). "Lack of support for the association between facial shape and aggression: A reappraisal based on a worldwide population genetics perspective." *PLoS ONE* 8(1), e52317.

p. 215: Geniole et al. "Evidence from meta-analyses of the facial width-to-height ratio."

p. 215: 關於性別與身高、體重與肌肉輻的關聯，見 W. D. Lassek and S. J. C. Gaulin (2009). "Costs and benefits of fat-free muscle mass in men: Relationship to mating success, dietary requirements, and native immunity." *Evolution and Human Behavior* 30, 322–328.

p. 216: 關於這種假說比較複雜的版本，見 S. W. Gangestad and J. A. Simpson (2000). "The evolution of human mating: Trade-offs and strategic pluralism." *Behavioral and Brain Sciences* 23, 573–644.

p. 216: 關於免疫強度假說，見 I. Folstad and A. J. Karter (1992). "Parasites, bright males, and the immunocompetence handicap." *American Naturalist* 139, 603–622. 關於套用在人類臉孔的情況，見 R. Thornhill and S. W. Gangestad (1993). "Human facial beauty: Averageness, symmetry, and parasite resistance." *Human Nature* 4, 237–269.

p. 216: 關於從演化角度對免疫強度假說的批評，見 I. M. L. Scott, A. P. Clark, L. G. Boothroyd, and I. S. Penton-Voak (2013). "Do men's faces really signal heritable immunocompetence?" *Behavioral Ecology* 24, 579–589.

p. 216: 關於睾酮角色的其他觀點，見 S. Braude, Z. Tang-Martinez, and G. Taylor (1999). "Stress, testosterone, and the immunoredistribution hypothesis." *Behavioral Ecology* 10, 345–350.

p. 216: C. P. Said and A. Todorov (2011). "A statistical model of facial attractiveness."

Psychological Science 22, 1183–1190.

p. 216: I. M. L. Scott, N. Pound, I. D. Stephen, A. P. Clark, and I. S. Penton-Voak (2010). "Does masculinity matter? The contribution of masculine face shape to male attractiveness in humans." *PLoS ONE* 5(10), e13585.

p. 217: 關於不同性別的皮膚反光度差異，見 N. G. Jablonski and G. Chaplin (2000)."The evolution of human skin coloration." *Journal of Human Evolution* 39, 57–106.

p. 218: 關於當下健康狀態對交配的重要性，見 Scott et al. "Does masculinity matter?"; and I. D. Stephen, I. M. L. Scott, V. Coetzee, N. Pound, D. I. Perrett, and I. S. Penton-Voak (2012). "Cross-cultural effects of color, but not morphological masculinity, on perceived attractiveness of men's faces." *Evolution and Human Behavior* 33, 260–267.

p. 219: I. M. L. Scott, A. P. Clark, S. C. Josephson, A. H. Boyette, I. C. Cuthill et al. (2014). Human preferences for sexually dimorphic faces may be evolutionarily novel. *Proceedings of the National Academy of Sciences of the USA, 111*, 14388–14393.

p. 219: 關於第二種演化假說，見 D. Puts (2010). "Beauty and the beast: Mechanisms of sexual selection in humans." *Evolution and Human Behavior* 31, 157–175.

p. 220: 估計值 0.16 取自 Geniole et al. "Evidence from meta-analyses of the facial width-to-height ratio."

p. 220: 估計值 0.11 取自 Haselhuhn et al. "Men's facial width-to-height ratio predicts aggression."

p. 221: 估計值 0.46 取自 Geniole et al. "Evidence from meta-analyses of the facial width-to-height ratio."

p. 221: C. Efferson and S. Vogt (2013). "Viewing men's faces does not lead to accurate predictions of trustworthiness." *Scientific Reports* 3, 1047, doi:10.1038/srep01047.

p. 221: M. P. Haselhuhn, E. M. Wong, and M. E. Ormiston (2013). "Self-fulfilling prophecies as a link between men's facial width-to-height ratio and behavior." *PLoS ONE* 8(8), e72259.

p. 222: 關於我們的「威脅」印象臉部模型跟 f WHR 的相關性，見 J. M. Carré, M. D. Morrissey, C. J. Mondloch, and C. M. McCormick (2010). "Estimating aggression from emotionally neutral faces: Which facial cues are diagnostic?" *Perception* 39, 356–377.

p. 223: 「單獨考量任一部位……」from p. 17 in R. Töpffer (1965). "Essay on Physiognomy." In *Enter: The Comics. Rodolphe Töpffer's Essay on Physiognomy and the True Story of Monsieur Crépin*, translated and edited by E. Wiese. Lincoln, NE: University of

Nebraska Press. Originally published in 1845.

p. 224: 關於 f WHR 與睪酮的潛在關聯，見 M. Stirrat and D. I. Perrett (2010). "Valid facial cues to cooperation and trust: Male facial width and trustworthiness." *Psychological Science* 21, 349–354; C. E. Lefevre, G. J. Lewis, D. I. Perrett, and L. Penke (2013). "Telling facial metrics: Facial width is associated with testosterone levels in men." *Evolution and Human Behavior* 34, 273–279. 不過，這項證據在近年來受到質疑。見 C. R. Hodges-Simeon, K. N. H. Sobraske, T. Samore, M. Gurven, and S. J. C. Gaulin (2016). "Facial width-to-height ratio (f WHR) is not associated with adolescent testosterone levels. *PLoS ONE* 11(4), e0153083.

p. 224: 關於睪酮對臉型的模擬影響，見 J. P. Swaddle and G. W. Reierson (2002). "Testosterone increases perceived dominance but not attractiveness in human males." *Proceedings of the Royal Society B* 269(1507), 2285–2289.

pp. 224–226: I. J. Holzleitner (2015). "Linking 3D face shape to social perception." Doctoral dissertation, University of St Andrews, Scotland; 並見 I. J. Holzleitner and D. I. Perrett (2016). "Perception of strength from 3D faces is linked to facial cues of physique." *Evolution and Human Behavior* 37, 217–229.

p. 225: 關於極度肥胖者的力量，見 C. L. Lafortuna, N. A. Maffiuletti, F. Agosti, and A. Sartorio (2005). "Gender variations of body composition, muscle strength and power output in morbid obesity." *International Journal of Obesity* 29, 833–841. 當然，過度肥胖者只有在絕對力量上比體重正常的人大，每公斤體重的相對力量上則不然。

p. 228: 「性情溫和……」from p. 319 in Blackford and Newcomb. *Analyzing Character*.

p. 228: 關於頭顱指數在 20 世紀初的運用，見 T. C. Leonard (2016). *Illiberal Reformers: Race, Eugenics, and American Economics in the Progressive Era*. Princeton, NJ: Princeton University Press.

p. 229: 關於小規模社會中豐富的個人資訊，見 C. Von Rueden, M. Gurven, and H. Kaplan (2008). "The multiple dimensions of male social status in an Amazonian society." *Evolution and Human Behavior* 29, 402–415.

p. 229: 「如何常常接觸陌生人……」from p. 273 in J. Diamond (1999). *Guns, Germs, and Steel: The Fates of Human Societies*. New York: W. W. Norton and Company.

第 11 章　臉上春秋

p. 231: 「伴隨諸如生氣……」from 805a and 806a in *Physiognomica*, a trea- tise attributed to Aristotle. In *Works of Aristotle: Translated into English under the Editor- ship of W. D.*

Ross. Volume VI (First edition 1913). Oxford University Press.

p. 231: 「關於人們能力與意圖跡象的學問……」from p. 20 in J. K. Lavater (1789). *Essays on Physiognomy; For the Promotion of the Knowledge and the Love of Mankind*, Volume 1, translated by Thomas Holcroft. London: Printed for G. G. J. and J. Robinson, Paternoster-Row.

p. 231: J. Parsons (1746). *Human Physiognomy Explain'd: In the Crounian Lectures on Muscular Motion. Read before the Royal Society, Being a Supplement to the Philosophical Transactions for That Year*. London: Printed for C. Davis.

p. 232: 「心中每一股熱情真正的代表」from p. ii in Parsons. *Human Physiognomy Explain'd*.

p. 233: 「一個人生了長下巴或長鼻子等等……」from p. 37 in Parsons. *Human Physiognomy Explain'd*.

p. 233: G.-B. Duchenne de Boulogne (1990). *The Mechanism of Human Facial Expression*. New York: Cambridge University Press. Originally published in 1862.

p. 233: P. Ekman and W. V. Friesen (1978). *The Facial Action Coding System: A Technique for Measurement of Facial Movement*. Palo Alto, CA: Consulting Psychologists Press.

p. 233: 「受驚嚇時，眼睛與嘴巴之所以……」from p. 60 in Parsons. *Human Physiognomy Explain'd*.

p. 233: 關於證明帕森斯洞見的研究，見 J. M. Susskind, D. H. Lee, A. Cusi, R. Feiman, W. Grabski, and A. K. Anderson (2008). "Expressing fear enhances sensory acquisition." *Nature Neuroscience* 11, 843–850.

p. 234: 「常駐的情緒，讓用於表達它的臉部肌肉 ..... 」from p. 43 in Parsons. *Human Physiognomy Explain'd*.

p. 234: 「在任何時機都開心雀躍的內心……」from p. 73 in Parsons. *Human Physiognomy Explain'd*.

p. 234: 「過度的哀傷讓那些肌肉保持放鬆……」from p. 78 in Parsons. *Human Physiognomy Explain'd*.

p. 234: 「經常重複的情緒徵象……」from p. 17 in G. C. Lichtenberg. *On Physiognomy, against the Physiognomists, for the Promotion of the Love and Knowledge of Man*, translated by Steven Tester for Princeton University Press. Translation courtesy of Steven Tester, University of Göttingen.

p. 234: 見 pp. 31 and 36 in de Boulogne. *The Mechanism of Human Facial Expression*; and p. 276 in P. Mantegazza (1891). *Physiognomy and the Expression of Emotions*. New York: Scribner and Welford.

p. 234: 「無論所謂的面相科學有幾分真實……」from p. 359 in C. Darwin (1998).

The Expression of the Emotions in Man and Animal, third edition. New York: Oxford University Press.

p. 234: 「我也認識一些人……」from p. 47 in Parsons. *Human Physiognomy Explain'd*.

p. 234: 關於對帕森斯假說的支持，見 C. Z. Malatesta, M. J. Fiore, and J. J. Messina (1987). "Affect, personality, and facial expressive characteristics of older people." *Psychology and Aging* 2, 64–69.

pp. 236–237: 關於睡眠剝奪對外貌的影響，見 J. Axelsson, T. Sundelin, M. Ingre, E. J. W. Van Someren, A. Olsson, and M. Lekander (2010)."Beauty sleep: Experimental study on the perceived health and attractiveness of sleep deprived people." *BMJ* 341, c6614; T. Sundelin, M. Lekander, G. Kecklund, E. J. W. Van Someren, A. Olsson, and J. Axelsson (2013). "Cues of fatigue: Effects of sleep deprivation on facial appearance." *Sleep* 36, 1355–1360; as well as pp. 187–188 in D. Perrett (2012). *In Your Face: The New Science of Human Attraction*. London: Palgrave Macmillan.

pp. 237–238: 關於飲食對外貌的影響，見 C. E. Lefevre and D. I. Perrett (2015). "Fruit over sunbed: Carotenoid skin colouration is found more attractive than melanin colouration." *Quarterly Journal of Experimental Psychology* 68, 284–293; C. Pezdirc, M. Hutchesson, R. Whitehead, G. Ozakinci, D. Perrett, and C. E. Collins (2015). "Can dietary intake influence perception of and measured appearance? A systematic review." *Nutrition Research* 35, 175–197; I. D. Stephen, V. Coetzee, and D. I. Perrett (2011). "Carotenoid and melanin pigment coloration affect perceived human health." *Evolution & Human Behavior* 32, 216–227; R. D. Whitehead, D. Re, D. Xiao, G. Ozakinci, and D. I. Perrett (2012). "You are what you eat: Within-subject increases in fruit and vegetable consumption confer beneficial skin-color changes."*PLoS ONE* 7, e32988. 並見 R. D. Whitehead, G. Ozakinci, I. D. Stephen, and D. I. Perrett (2012). "Appealing to vanity: Could potential appearance improvement motivate fruit and vegetable consumption?" *American Journal of Public Health* 102, 207–211; R. D. Whitehead, V. Goetzee, G. Ozakinci, and D. I. Perrett (2012). "Cross-cultural effects of fruit and vegetable consumption on skin color." *American Journal of Public Health* 102, 212–213.

p. 237: 關於圖 11.4，近來有證據顯示只有高加索人與非洲人會覺得帶黃色調的臉比較有吸引力，亞洲人則否（來自我跟 Lisa M. DeBruine 的個人交談）。

p. 238: 關於飲食在六至八週內的影響，見 Whitehead et al. "You are what you eat." 但別忘了，這種影響不見得能類推到非高加索人身上。南非有研究指出，受試者服用十週的胡蘿蔔素補充劑之後，只在太陽曝曬量低的皮膚處會有可

察覺到的影響，例如手掌；見 V. Coetzee and D. I. Perrett (2014). "Effect of beta-carotene supplementation on African skin." *Journal of Biomedical Optics* 19(2), 025004.

p. 238: 維持這種飲食至少十週：見 R. D. Whitehead, G. Ozakinci, and D. I. Perrett (2014). "A randomized control trial of an appearance-based dietary intervention." *Health Psychology* 33, 99–102.

p. 238: 關於運動對皮膚血液流動的影響，見 J. M. Johnson (1998). "Physical training and the control of skin blood flow." *Medicine & Science in Sports & Exercise* 30, 382–386.

p. 238: 關於紅色調對於「健康」與「吸引力」等感受的影響，見 I. D. Stephen, V. Coetzee, M. J. Law Smith, and D. I. Perrett (2009). "Skin blood perfusion and oxygenation colour affect perceived human health." *PLoS ONE* 4(4), e5083; I. D. Stephen, M. J. Law Smith, M. R. Stirrat, and D. I. Perrett (2009). "Facial skin coloration affects perceived health of human faces." *International Journal of Primatology* 30, 845–857; 並見 pp. 142–144 in Perrett. *In Your Face*.

p. 238: 關於從臉判斷體重，見 V. Coetzee, D. I. Perrett, and I. D. Stephen (2009). "Facial adiposity: A cue to health?" *Perception* 38, 1700–1711; R. M. Tinlin, C. D. Watkins, L. M. Welling, E. A. S. Al-Dujaili, and B. C. Jones (2013). "Perceived facial adiposity conveys information about women's health." *British Journal of Psychology* 104, 235–248.

p. 238: J. A. Levine, A. Ray, and M. D. Jensen (1998). "Relation between chubby cheeks and visceral fat." *New England Journal of Medicine* 339, 1946–1947.

p. 239: 關於從臉判斷體重的結果能預測健康問題，見 Coetzee, Perrett, and Stephen. "Facial adiposity: A cue to health?"; Tinlin et al. "Perceived facial adiposity conveys information about women's health."

p. 239: 一場健康相關議題的大型跨國研究：見 E. N. Reither, R. M. Hauser, and K. C. Swallen (2009). "Predicting adult health and mortality from adolescent facial characteristics in yearbook photographs." *Demography* 46, 27–41.

p. 239: 關於「菸槍臉」，見 D. Model (1985). "Smoker's face: An underrated clinical sign?" *British Medical Journal* 291, 1760–1762; 並見 pp. 140–141 in Perrett. *In Your Face*.

p. 239: 關於皮膚狀況對表面年齡的影響，見 B. Tiddeman, M. Burt, and D. I. Perrett (2001). "Prototyping and transforming facial textures for perception research." *IEEE Computer Graphics and Applications* 21, 42–50; 並見 pp. 163–165 and 167–169 in

Perrett. *In Your Face.*

p. 239: 關於「長得年輕」與健康指標的關係，見 G. A. Borkan and A. H. Norris (2009). "Assessment of biological age using a profile of physical parameters." *Journal of Gerontology* 35, 177–184; K. Christensen, M. Thinggaard, M. McGue, H. Rexbye, J. v. B. Hjelmborg et al. (2009). "Perceived age as clinically useful biomarker of ageing: Cohort study." *BMJ* 339, b5262.

p. 239: 關於丹麥雙胞胎的研究，見 Christensen et al. "Perceived age as clinically useful biomarker of ageing."

p. 240: 「目前來看，臉部照片⋯」from p. 7 in Christensen et al. "Perceived age as clinically useful biomarker of ageing."

p. 240: 關於讓人看起來年輕的環境決定因子，見 H. Rexbye, I. Petersen, M. Johansen, L. Klitkou, B. Jeune, and K. Christensen (2006). "Influence of environmental factors on facial ageing." *Age and Ageing* 35, 110–115.

p. 240: 「會變得又老，又恐怖⋯⋯」from p. 29 in O. Wilde (2004). *The Picture of Dorian Gray.* New York: Modern Library.

p. 241: 「眼中是狡詐的眼神⋯⋯」from p. 252 in Wilde. *The Picture of Dorian Gray.*

p. 241: 「我們的身體站在靈魂與整個世界之間⋯⋯」from p. 8 in Lichtenberg. *On Physiognomy, against the Physiognomists, for the Promotion of the Love and Knowledge of Man.* Translation courtesy of Steven Tester, University of Göttingen.

p. 241: 「無數寒冬、汙穢尿布⋯⋯」from p. 8 in Lichtenberg. *On Physiognomy, against the Physiognomists, for the Promotion of the Love and Knowledge of Man.* Translation courtesy of Steven Tester, University of Göttingen.

p. 241: 「縱使是先前情緒表現⋯⋯」from p. 23 in Lichtenberg. *On Physiognomy, against the Physiognomists, for the Promotion of the Love and Knowledge of Man.* Translation courtesy of Steven Tester, University of Göttingen.

p. 242: 「假如某人放鬆時⋯⋯」from p. 18 in Lichtenberg. *On Physiognomy, against the Physiognomists, for the Promotion of the Love and Knowledge of Man.* Translation courtesy of Steven Tester, University of Göttingen.

第 12 章　生來看臉色

p. 245: 關於新生兒視覺敏銳度的研究，見 F. Acerra, Y. Burnod, and S. de Schonen (2002). "Modelling aspects of face processing in early infancy." *Developmental Science* 5, 98–117; J. Atkinson, O. Braddick, and F. Braddick (1974). "Acuity and contrast sensitivity of infant vision." *Nature* 247, 403–404; M. S. Banks and P. Salapatek

(1978). "Acuity and contrast sensitivity in 1-, 2-, and 3-month-old human infants." *Investigative Ophthalmology and Visual Science* 17, 361–365; V. Dobson and D. Y. Teller (1978). "Visual acuity in human infants: A review and comparison of behavioral and electrophysiological studies." *Vision Research* 18, 1469–1483; A. Slater and M. Sykes (1977). "Newborn infants' visual responses to square wave gratings." *Child Development* 48, 545–554.

p. 245: R. L. Fantz (1963). "Pattern vision in newborn infants." *Science* 140, 296–297.

p. 248: 「這個結果並未暗示……」from p. 297 in Fantz. "Pattern vision in newborn infants."

p. 249: C. C. Goren, M. Sarty, and P. J. K. Wu (1975). "Visual following and pattern discrimination of face-like stimuli by newborn infants." *Pediatrics* 56, 544–549.

p. 249: 「這些結果暗示……」from p. 548 in Goren, Sarty, Wu. "Visual following and pattern discrimination of face-like stimuli by newborn infants."

p. 249: M. H. Johnson, S. Dziurawiec, H. D. Ellis, and J. Morton (1991). "Newborns' preferential tracking of face-like stimuli and its subsequent decline." *Cognition* 40, 1–19.

p. 251: 關於用「頭重腳輕的圖案」來解釋，見 V. Macchi Cassia, C. Turati, and F. Simion (2004). "Can a non-specific bias toward top-heavy patterns explain newborns' face preference?" *Psychological Science* 15, 379–383.

pp. 252–253: T. Farroni, M. H. Johnson, E. Menon, L. Zulian, D. Faraguna, and G. Csibra (2005). "Newborns' preferences for face-relevant stimuli: Effects of contrast polarity." *Proceedings of the National Academy of Sciences of the USA* 102, 17245–17250.

p. 253: 關於上下擺正且立體表現正確的刺激物，成年受試者眼球運動的情況，見 P. Tomalski, G. Csibra, and M. H. Johnson (2009). "Rapid orienting toward face-like stimuli with gaze-relevant contrast information." *Perception* 38, 569–578.

p. 254: 關於連續閃動抑制，見 N. Tsuchiya and C. Koch (2005). "Continuous flash suppression reduces negative afterimages." *Nature Neuroscience* 8, 1096–1101.

p. 254: T. Stein, M. V. Peelen, and P. Sterzer (2011). "Adults' awareness of faces follows newborns' looking preferences." *PLoS ONE* 6(12), e29361.

p. 254: 關於從負片認臉的困難處，見 R. E. Galper (1970). "Recognition of faces in photographic negative." *Psychonomic Science* 19, 207–208; N. George, R. J. Dolan, G. R. Fink, G. C. Baylis, C. Russell, and J. Driver (1999). "Contrast polarity and face recognition in the human fusiform gyrus." *Nature Neuroscience* 2, 574–580; T. Hayes, M. C. Morrone, and D. C. Burr (1986). "Recognition of positive and negative bandpass-filtered images." *Perception* 15, 595–602; M. Nederhouser, X. Yue, M. C. Mangini, and I. Biederman (2007). "The deleterious effect of contrast reversal on recognition is unique to faces, not objects." *Vision Research* 47, 2134–2142; M. White (2001). "Effect of photographic negation on matching the expressions and identities of faces." *Perception* 30, 969–981.

p. 255: S. Gilad, M. Meng, and P. Sinha (2009). "Role of ordinal contrast relationships in face encoding." *Proceedings of the National Academy of Sciences of the USA* 106, 5353–5358.

p. 256: P. Viola and M. J. Jones (2004). "Robust real-time face detection." *International Journal of Computer Vision* 57, 137–154.

p. 256: B. M. 't Hart, T. G. J. Abresch, and W. Einhäuser (2011). "Faces in places: Humans and machines make similar face detection errors." *PLoS ONE* 6(10), e25373.

p. 258: N. A. Sugden, M. I. Maohamed-Ali, and M. C. Moulson (2014). "I spy with my little eye: Typical, daily exposure to faces documented from a first-person infant perspective." *Developmental Psychobiology* 56, 249–261.

p. 258: 關於知覺窄化，見 D. J. Lewkowicz and A. A. Ghazanfar (2009). "The emergence of multisensory systems through perceptual narrowing." *Trends in Cognitive Sciences* 13, 470–478.

p. 259: 關於臉部感知方面的知覺窄化，見 D. J. Kelly, P. C. Quinn, A. M. Slater, K. Lee, L. Ge, and O. Pascalis (2007). "The other-race effect develops during infancy: Evidence of perceptual narrowing." *Psychological Science* 18, 1084–1089; O. Pascalis, M. de Haan, and C. A. Nelson (2002). "Is face processing species-specific during the first year of life?" *Science* 296, 1321–1323; O. Pascalis and D. J. Kelly (2009). "The origins of face processing in humans: Phylogeny and ontogeny." *Perspectives on Psychological Science* 2(2), 200–209.

p. 259: S. Sangrigoli, C. Pallier, A.-M. Argenti, V. A. G. Ventureyra, and S. de Schonen (2005). "Reversibility of the other-race effect in face recognition during childhood." *Psychological Science* 16, 440–444.

p. 259: Y. Sugita (2008). "Face perception in monkeys reared with no exposure to faces." *Proceedings of the National Academy of Sciences of the USA* 105, 394–398.

p. 260: 關於新生兒偏好眼睛睜大的臉孔，見 T. Farroni, G. Csibra, F. Simion, and M. H. Johnson (2002). "Eye contact detection in humans from birth." *Proceedings of the National Academy of Sciences of the USA* 99, 9602–9605.

p. 260: 關於新生兒偏好看開心的臉，而非憂心的臉，見 T. Farroni, E. Menon, S. Rigato, and M. H. Johnson (2007). "The perception of facial expressions in newborns." *European Journal of Developmental Psychology* 4, 2–13.

p. 260: 關於母親與嬰兒間高度同步的臉對臉行為，見 B. Beebe, J. Jaffe, S. Markese, K. Buck, H. Chen et al. (2010). "The origins of 12-month attachment: A microanalysis of 4-month mother-infant interaction."*Attachment & Human Development* 12, 3–141.

p. 260: 關於嬰兒自動把注意力撥給有活力的臉孔，見 M. C. Frank, E. Vul, and S. P. Johnson (2009). "Development of infants' attention to faces during the first year." *Cognition* 110, 160–170.

p. 260: 關於嬰兒分辨情緒，見 E. Kotsoni, M. De Haan, and M. H. Johnson (2001). "Categorical perception of facial expressions by 7-month-old infants." *Perception* 30, 1115–1125; C. A. Nelson and K. Dolgin (1985). "The generalized discrimination of facial expressions by 7-month-old infants." *Child Development* 56, 58–61; M. J. Peltola, J. M. Leppänen, S. Mäki, and J. K. Hietanen (2009). "Emergence of enhanced attention to fearful faces between 5 and 7 months of age." *Social Cognitive and Affective Neuroscience* 4, 134–142; M. J. Peltola, J. K. Hietanen, L. Forssman, and J. M. Leppänen (2013). "The emergence and stability of the attentional bias to fearful faces in infancy." *Infancy* 18, 905–926.

第 13 章　腦中的臉孔模組

p. 263: 關於靈長類的皮質視覺區域，見 J. H. Kaas (2014). The evolution of the visual system in primates. In J. S. Werner and L. M. Chapula (eds.), *The New Visual Neurosciences.* Cambridge, MA: MIT Press.

p. 263: H. D. Ellis and M. Florence (1990). "Bodamer's (1947) paper on prosopagnosia." *Cognitive Neuropsychology* 7, 81–105. This is a partial translation of Bodamer's paper.

p. 263: 「認得出臉……」from p. 86 in Ellis and Florence. "Bodamer's (1947) paper on prosopagnosia."

p. 264: 關於顳葉皮質視覺功能相關研究的歷程，見 C. G. Gross (1994). "How inferior temporal cortex became a visual area." *Cerebral Cortex* 4, 455–469; 並見 C. G. Gross (1998). *Brain, Vision, Memory: Tales in the History of Neuroscience.* Cambridge, MA: MIT Press.

p. 265: 休伯爾與威澤爾的研究收錄於 D. H. Hubel and T. N. Wiesel (2005). *Brain and Visual Perception: The Story of a 25-Year Collaboration.* Oxford: Oxford University Press.

pp. 265–266: C. G. Gross, D. B. Bender, and C. E. Rocha-Miranda (1969). "Visual receptive fields of neurons in inferotemporal cortex of the monkey." *Science* 166, 1303–1306; C. G. Gross, C. E. Rocha-Miranda, and D. B. Bender (1972). "Visual properties of neurons in inferotemporal cortex of the macaque." *Journal of Neurophysiology* 35, 96–111.

p. 266: 「對著刺激物螢幕一揮手」from p. 103 in Gross, Rocha-Miranda, and Bender. "Visual properties of neurons in inferotemporal cortex of the macaque."

p. 266: 「色彩複雜的圖形……」from p. 103 in Gross, Rocha-Miranda, and Bender. "Visual properties of neurons in inferotemporal cortex of the macaque."

p. 266: 當我們為……寫初稿時…… from p. 199 in Gross. *Brain, Vision, Memory.*

p. 266: J. Konorski (1967). *Integrative Activity of the Brain: An Interdisciplinary Approach.* Chicago: University of Chicago Press.

p. 267: C. G. Gross (1968). "Review of J. Konorski, *Integrative Activity of the Brain* (1967)." *Science* 160, 652–653.

p. 267: 關於「祖母細胞」笑話的歷史，見 C. G. Gross (2002). "Genealogy of the 'grandmother cell.'" *Neuroscientist* 8, 84–90.

p. 267: C. Bruce, R. Desimone, and C. G. Gross (1981). "Visual properties of neurons in a polysensory area in superior temporal sulcus of the macaque." *Journal of Neurophysiology* 46, 369–384.

p. 267: 關於臉部選擇性感知神經元的發現，早期的重現研究見 D. I. Perrett, E. T. Rolls, and W. Caan (1982). "Visual neurons responsive to faces in the monkey temporal cortex." *Experimental Brain Research* 47, 329–342; E. T. Rolls (1984). "Neurons in the cortex of the temporal lobe and in the amygdala of the monkey with responses selective for faces." *Human Neurobiology* 3, 209–222; S. Yamane, S. Kaji, and K. Kawano (1988). "What facial features activate face neurons in the inferotemporal cortex of the monkey?" *Experimental Brain Research* 73, 209–214. 關於這些初步發現的回顧，見 R. Desimone (1991). "Face-selective cells in the temporal cortex of monkeys." *Journal of Cognitive Neuroscience* 3, 1–8.

p. 267: 關於對整體產生反應的神經元，見 E. Kobatake and K. Tanaka (1994). "Neuronal selectivities to complex object features in the ventral visual pathway of the macaque cerebral cortex." *Journal of Neurophysiology* 71, 856–867.

p. 268: 關於臉神經元的因果重要性，見 S.-R. Afraz, R. Kiani, and H. Esteky (2006). "Microstimulation of inferotemporal cortex influences face categorization." *Nature* 442, 692–695.

p. 268: 關於臉部選擇性感知神經元對圓形物體產生反應，見 D. Y. Tsao, W. A.

Freiwald, R. B. H. Tootell, and M. S. Livingstone (2006). "A cortical region consisting entirely of face-selective cells." *Science* 311, 670–674.

p. 269: R. Q. Quiroga, L. Reddy, G. Kreiman, C. Koch, and I. Fried (2005). "Invariant visual representation by single neurons in the human brain." *Nature* 435, 1102–1107.

p. 270: 關於運用正子斷層照影的研究，見 J. V. Haxby, C. L. Grady, B. Horwitz, J. A. Salerno, L. G. Ungerleider et al. (1993). "Dissociation of object and spatial visual processing pathways in human extrastriate cortex." In B. Gulyas, D. Ottoson, P. E. Roland (eds.), *Functional Organization of Human Visual Cortex*. Oxford: Pergamon; J. Sergent, S. Ohta, and B. MacDonald (1992). "Functional neuroanatomy of face and object processing. A positron emission tomography study." *Brain* 115, 15–36.

p. 270: N. Kanwisher, J. McDermott, and M. M. Chun (1997). "The fusiform face area: A module in human extrastriate cortex specialized for face perception." *Journal of Neuroscience* 17, 4302–4311; for a subsequent review of related findings, see N. Kanwisher, and G. Yovel (2006). "The fusiform face area: A cortical region specialized for the perception of faces." *Philosophical Transactions of the Royal Society of London B* 361, 2109–2128.

p. 271: Y. Wada and T. Yamamoto (2001). "Selective impairment of facial recognition due to a haematoma restricted to the right fusiform and lateral occipital region." *Journal of Neurology, Neurosurgery, and Psychiatry* 71, 254–257.

p. 271: 「好囉，詹姆士，我要……」S. Mendes (Director), M. G. Wilson (Producer), and B. Broccoli (Producer) (2015). *Spectre* [Motion Picture]. United Kingdom: Eon Productions.

p. 272: P. M. Mende-Siedlecki, S. C. Verosky, N. B. Turk-Browne, and A. Todorov (2013). "Robust selectivity for faces in the human amygdala in the absence of expressions." *Journal of Cognitive Neuroscience* 25, 2086–2106.

p. 272: 關於對「值得信任」與「不值得信任」臉孔的反應，相關 fMRI 研究見 A. Todorov, C. P. Said, N. N. Oosterhof, and A. D. Engell (2011). "Task-invariant brain responses to the social value of faces." *Journal of Cognitive Neuroscience* 23, 2766–2781. 評論見 A. Todorov and P. M. Mende-Siedlecki (2013). "The cognitive and neural basis of impression formation." In K. Ochsner and S. Kossyln (eds.), *The Oxford Handbook of Cognitive Neuroscience*, Volume 2. New York: Oxford University Press; A. Todorov, P. M. Mende-Siedlecki, and R. Dotsch (2013). "Social judgments from faces." *Current Opinion in Neurobiology* 23, 373–380.

p. 272: J. B. Freeman, R. M. Stolier, Z. A. Ingbretsen, and E. Hehman (2014). "Amygdala responsivity to high-level social information from unseen faces." *Journal of Neuroscience* 34, 10573–10581.

pp. 272–273: 關於杏仁核中神經元臉部選擇性反應的發現，見 K. M. Gothard, F. P. Battaglia, C. A. Erickson K. M. Spitler, and D. G. Amaral (2007). "Neural responses to facial expression and face identity in the monkey amygdala." *Journal of Neurophysiology* 97, 1671–1683; K. Kuraoka and K. Nakamura (2006). "Responses of single neurons in monkey amygdala to facial and vocal emotions." *Journal of Neurophysiology* 97, 1379–1387; C. M. Leonard, E. T. Rolls, F. A. W. Wilson, and G. C. Baylis (1985). "Neurons in the amygdala of the monkey with responses selective for faces." *Behavioural Brain Research* 15, 159–176; K. Nakamura, A. Mikami, and K. Kubota (1992). "Activity of single neurons in the monkey amygdala during performance of a visual discrimination task." *Journal of Neurophysiology* 67, 1447–1463; F. A. W. Wilson and E. T. Rolls (1993). "The effects of novelty and familiarity on neuronal activity recorded in the amygdala of monkeys performing recognition memory tasks." *Experimental Brain Research* 93, 367–382. 評論見 E. T. Rolls (2000). "Neurophysiology and function of the primate amygdala, and neural basis of emotion." In J. P. Aggleton (ed.), *The Amygdala: A Functional Analysis.* Oxford: Oxford University Press.

p. 273: D. Y. Tsao, W. A. Freiwald, R. B. H. Tootell, and M. S. Livingstone (2006). "A cortical region consisting entirely of face-selective cells." *Science* 311, 670–674. 對於其研究的評論，見 W. A. Freiwald and D. Y. Tsao (2011). "Taking apart the neural machinery of face processing." In A. Calder, J. V. Haxby, M. Johnson, and G. Rhodes (eds.), *Handbook of Face Perception.* Oxford: Oxford University Press.

p. 274: 關於病人研究，見 I. Fried, K. A. MacDonald, and C. Wilson (1997). "Single neuron activity in human hippocampus and amygdala during recognition of faces and objects." *Neuron* 18, 753–765; G. Kreiman, C. Koch, and I. Fried (2000). "Category-specific visual responses of single neurons in the human medial temporal lobe." *Nature Neuroscience* 3, 946–953; R. Q. Quiroga, L. Reddy, G. Kreiman, C. Koch, and I. Fried (2005). "Invariant visual representation by single neurons in the human brain." *Nature* 435, 1102–1107; U. Rutishauser, O. Tudusciuc, D. Neumann, A. N. Mamelak, A. C. Heller et al. (2011). "Single-unit responses selective for whole faces in the human amygdala." *Current Biology* 21, 1654–1660; I. V. Viskontas, R. Q. Quiroga, and I. Fried (2009). "Human medial temporal lobe neurons respond preferentially to personally relevant images." *Proceedings of the National Academy of*

Sciences of the USA 106, 21329–21334.

p. 274: J. Parvizi, C. Jacques, B. L. Foster, N. Withoft, A. Rangarajan, K. S. Weiner, and K. Grill-Spector (2012). "Electrical stimulation of human fusiform face-selective regions distorts face perception." *Journal of Neuroscience* 32, 14915–14920.

p. 274: 關於用病人經歷拍的電影？見 http://www.jneurosci.org.ezproxy.princeton.edu/content/32/43/14915.full#media-1.

p. 275: 關於識字能力與「視覺文字形成區」，見 S. Dehaene, F. Pedago, L. W. Braga, P. Ventura, G. N. Filho et al. (2010). "How learning to read changes the cortical networks for vision and language." *Science* 330, 1359–1364.

p. 275: 關於訓練猴子分辨符號，見 K. Srihasam, J. B. Mandeville, I. A. Morocz, K. J. Sullivan, and M. S. Livingstone (2012). "Behavioral and anatomical consequencesof early versus late symbol training in macaques." *Neuron* 73, 608–619; K. Srihasam, J. L. Vincent, and M. S. Livingstone (2014). "Novel domain formation reveals proto-architecture in inferotemporal cortex." *Nature Neuroscience* 17, 1776–1783.

p. 275: 關於臉部選擇性感知神經元對對比極性的反應，見 S. Ohayon, W. A. Freiwald, and D. Y. Tsao (2012). "What makes a cell face selective: The importance of contrast." *Neuron* 74, 567–581. 關於臉部選擇性感知神經元對五官的反應，見 W. A. Freiwald, D. Y. Tsao, and M. S. Livingstone (2009). "A face feature space in the macaque temporal lobe." *Nature Neuroscience* 12, 1187–1196.

p. 275: 關於綿羊的臉部選擇性感知神經元，見 K. M. Kendrick and B. A. Baldwin (1987). "Cells in the temporal cortex of conscious sheep respond preferentially to the sight of faces."*Science* 238, 1497–1499; K. Kendrick, A. P. da Costa, A. E. Leigh, M. R. Hinton, and J. W. Peirce (2001). "Sheep don't forget a face." *Nature* 414, 165–166.

p. 275: 關於近年來對臉孔處理系統如何與大腦其他網路結合的研究，見 C. M. Schwiedrzik, W. Zarco, S. Everling, and W. A. Freiwald (2015). "Face patch resting state networks link face processing to social cognition." *PLoS Biology* 13(9), e1002245.

第14章　虛幻的臉部訊號

p. 277: 關於梅瑟許密特的作品，見 M. Pötzl-Malikova and G. Scherf (eds.) (2010). *Franz Xaver Messerschmidt 1736–1783: From Neoclassicism to Expressionism*. New York: Neue Galerie. 關於生平，見 M. Pötzl-Malikova, "The life and work of Franz Xaver Messerschmidt." In Pötzl-Malikova and Scherf (2010). *Franz Xaver Messerschmidt 1736–1783*.

p. 278: 「在波西米亞與奧地利⋯⋯」from p. 23 in Pötzl-Malikova. "The life and work of Franz Xaver Messerschmidt."

p. 278: 「你給東西貼標籤的那一刻起⋯⋯」from p. 50 in A. Warhol and P. Hackett (1980). *POPism: The Warhol Sixties*. Orlando, FL: Harcourt.

p. 279: 「各種程度的強烈情感⋯⋯」from p. 15 in G. C. Lichtenberg, *On Physiognomy, against the Physiognomists, for the Promotion of the Love and Knowledge of Man*, translated by Steven Tester for Princeton University Press. Translation courtesy of Steven Tester, University of Göttingen.

p. 280: 關於「恐懼／憤怒」臉孔的故事描述，改寫自 J. M. Carroll and J. A. Russell (1996). "Do facial expressions signal specific emotions? Judging emotion from the face in context." *Journal of Personality and Social Psychology* 70, 205–218. 故事完整版見 p. 208.

pp. 280–281: 關於把同一種情緒的臉孔接到不同的身體上，見 H. Aviezer, R. Hassin, J. Ryan, C. Grady, J. Susskind, A. Anderson et al. (2008). "Angry, disgusted or afraid? Studies on the malleability of emotion perception." *Psychological Science* 19, 724–732; H. Aviezer, S. Bentin, V. Dudareva, and R. Hassin (2011). "Automaticity in contextualized emotion perception." *Emotion* 11, 1406–1414.

p. 280: 「人，以及此人心中的意圖⋯⋯」from pp. 144–146 in Martin Kemp (ed.) (1989). *Leonardo on Painting*. New Haven, CT: Yale University Press.

p. 281: 「這連環畫最讓我印象深刻的是⋯⋯」from pp. 33–34 in R. Töpffer (1965). "Essay on Physiognomy." In *Enter: The Comics. Rodolphe Töpffer's Essay on Physiognomy and the True Story of Monsieur Crépin*, translated and edited by E. Wiese. Lincoln, NE: University of Nebraska Press. First published in 1845.

pp. 282–283: H. Aviezer, Y. Trope, and A. Todorov (2012). "Body cues, not facial expressions, discriminate between intense positive and negative emotions." *Science* 338, 1225–1229.

pp. 284–285: 圖 14.3 與 14.4 是根據 P. Sinha, B. Balas, Y. Ostrovsky, and R. Russell (2006). "Face recognition by humans: Nineteen results all computer vision researchers should know about." *Proceedings of the IEEE* 94, 1948–1962 提到的研究。

p. 284: 關於哈諾・皮芬的作品，見 www.pivenworld.com.

p. 285: A. Rice, P. J. Phillips, V. Natu, X. An, and A. J. O'Toole (2013). "Unaware person recognition from the body when face identification fails." *Psychological Science* 24, 2235–2243.

p. 286: 關於將蘇尼爾・提里帕西誤認為裘卡沙・沙尼耶夫，見 J. C. Kang (2013).

"Should Reddit be blamed for the spreading of a smear?" *New York Times Magazine* (July 25), http://www.nytimes.com/2013/07/28/magazine/should-reddit-be-blamed-for-the-spreading-of-a-smear.html?_r=0.

p. 287: 關於信心與目擊證詞精確性的關係，見 G. L. Wells, E. Olson, and S. Charman (2002). "The confidence of eyewitnesses in their identifications from lineups." *Current Directions in Psychological Science* 11, 151–154.

p. 288: R. Jenkins, D. White, X. Van Montfort, and A. M. Burton (2011). "Variability in photos of the same face." *Cognition* 121, 313–323.

p. 289: 我們低估了熟人圖片中的差異，而且沒有意識到這一點。關於這種現象，見 K. L. Ritchie, F. G. Smith, R. Jenkins, M. Bindemann, D. White, and A. M. Burton (2015). "Viewers base estimates of face matching accuracy on their own familiarity: Explaining the photo-ID paradox." *Cognition* 141, 161–169.

p. 289: 「我們可以從一人的衣著……」from p. 15 (Volume 1) in J. K. Lavater (1775–1778). *Physiognomische Fragmente zur Beförderung der Menschenkenntniss und Menschenliebe.* Leipzig and Winterthur: Weidmanns Erben & Reich; quotation translation from p. 34 in R. T. Gray (2004). *About Face: German Physiognomic Thought from Lavater to Auschwitz.* Detroit: Wayne State University Press. 這段引文出現在拉瓦特《論面相學》第一卷，但歷史研究證實這段文字出於哥德之手（見 pp. 32–34 in Gray. *About Face*）。

p. 289: A. Versluis and E. Uyttenbroek (2011). *Exactitudes.* Rotterdam: 010 Publishers.

p. 290: 「把生活看成後製……」from L. Collins (2008). "Pixel perfect: Pascal Dangin's virtual reality." *New Yorker* (May 12), http://www.newyorker.com/magazine/2008/05/12/pixel-perfect.

p. 290: 「相較於從上百個不同的角度……」from Lichtenberg, *On Physiognomy, against the Physiognomists*, quotation translation from p. 88 in Gray. *About Face.*

p. 290: M. D. Back, J. M. Stopfer, S. Vazire, S. Gaddis, S. C. Schmukle, B. Egloff, and S. D. Gosling (2010). "Facebook profiles reflect actual personality not self-idealization." *Psychological Science* 21, 372–374; S. D. Gosling, S. J. Ko, T. Mannarelli, and M. E. Morris (2002). "A room with a cue: Judgments of personality based on offices and bedrooms." *Journal of Personality and Social Psychology* 82, 379–398; L. P. Naumann, S. Vazire, P. J. Rentfrow, and S. D. Gosling (2009). "Personality judgments based on physical appearance." *Personality and Social Psychology Bulletin* 35, 1661–1671; P. J. Rentfrow and S. D. Gosling (2003). "The do re mi's of everyday life: The structure and personality correlates of music preferences." *Journal of Personality and Social*

Psychology 84, 1236–1256; S. Vazire and S. D. Gosling (2004). "e-perceptions: Personality impressions based on personal websites." *Journal of Personality and Social Psychology* 87, 123–132.

後記 · 更多演化故事

p. 291: H. Kobayashi and S. Kohshima (1997). "Unique morphology of the human eye." *Nature* 387, 767–768; H. Kobayashi and S. Kohshima (2001). "Unique morphology of the human eye and its adaptive meaning: Comparative studies on external morphology of the primate eye." *Journal of Human Evolution* 40, 419–435; H. Kobayashi and K. Hashiya (2011). "The gaze that grooms: Contribution of social factors to the evolution of primate eye morphology." *Evolution and Human Behavior* 32, 157–165.

p. 293: 關於「發展出對臉的敏銳觀察力，是因為新生兒會留心視線」的這個假說，見 T. Gliga and G. Csibra (2007). "Seeing the face through the eyes: A developmental perspective on face expertise." *Progress in Brain Research* 164, 323–339.

p. 294: 運用前額的角度做種族分類的構想，最初是由荷蘭科學家佩特魯斯‧坎珀（Petrus Camper）提出的。見 P. Camper (1794). *The Works of the Late Professor Camper, on The Connexion between the Science of Anatomy and The Arts of Drawing, Painting, Statuary.* Translated from the Dutch by T. Cogan. London: Printed for C. Dilly.

p. 294: 關於哺乳類顏色視覺類型，見 G. H. Jacobs and J. Nathans (2009). "The evolution of primate color vision." *Scientific American* (April), 56–63.

p. 294: M. A. Changizi, Q. Zhang, and S. Shimojo (2006). "Bare skin, blood, and the evolution of primate colour vision." *Biology Letters* 2, 217–221.

p. 294: 關於其他假說，見 P. W. Lucas, N. J. Dominy, P. Riba-Hernandez, K. E. Stoner, N. Yamashita et al. (2003). "Evolution and function of routine trichromatic vision in primates." *Evolution* 57, 2636–2643; B. C. Regan, C. Julliot, B. Simmen, F. Vienot, P. Charles-Dominque, and J. D. Mollon (2001). "Fruits, foliage and the evolution of primate colour vision." *Philosophical Transactions of the Royal Society London B* 356, 229–283.

p. 295: E. Herrmann, J. Call, M. V. Hernández-Lloreda, B. Hare, and M. Tomasello (2007). "Humans have evolved specialized skills of social cognition: The cultural intelligence hypothesis." *Science* 317, 1360–1366.

鷹之喙 01

顏值：
從第一印象到刻板印象，臉孔社交價值的科學解密
Face Value: The Irresistible Influence of the First Impressions

作　　　者　亞歷山大 托多洛夫 Alexander Todorov
編　　　者　馮奕達

副 總 編 輯　成怡夏
責 任 編 輯　成怡夏
校　　　對　翁仲琪
行 銷 企 劃　蔡慧華
封 面 設 計　莊謹銘
內 頁 排 版　宸遠彩藝

社　　　長　郭重興
發 行 人 暨
出 版 總 監　曾大福
出　　　版　鷹出版 遠足文化事業股份有限公司
發　　　行　遠足文化事業股份有限公司
　　　　　　231 新北市新店區民權路 108 之 2 號 9 樓
電　　　話　02-2218-1417
傳　　　真　02-8661-1891
客 服 專 線　0800-221-029

法 律 顧 問　華洋法律事務所 蘇文生律師
印　　　刷　成陽印刷股份有限公司

初　　　版　2021 年 5 月
定　　　價　500 元

國家圖書館出版品預行編目 (CIP) 資料

顏值：從第一印象到刻板印象，臉孔社交價值的科學解密 / 亞歷山大．托多洛夫
(Alexander Todorov) 作；馮奕達譯 . -- 初版 . -- 新北市：遠足文化事業股份有限公司 鷹
出版：遠足文化事業股份有限公司發行, 2021.05
　面；　公分 . -- (鷹之喙；1)
譯自：Face value : the irresistible influence of the first impressions
ISBN 978-986-06328-3-5(平裝)
1. 認知心理學　　2. 面貌

176.3　　　　　　　　　　　　　　　　　　　　　110004843